КДРІТДL / CAPITAL

КДSТЯО - КЦБД - КОМЦИISMO

COLECCIÓN CANIQUÍ

EDICIONES UNIVERSAL, Miami, Florida, 2014

José M. Alonso-Sed

KДPITДL / CAPITAL

KДSTЯO - KЦБД - KOMЦИISMO

Novela

Copyright © 2014 by José M. Alonso-Sed

———

Primera edición, 2014

EDICIONES UNIVERSAL
P.O. Box 450353 (Shenandoah Station)
Miami, FL 33245-0353. USA
Tel: (305) 642-3234 Fax: (305) 642-7978
e-mail: ediciones@ediciones.com
http://www.ediciones.com

Library of Congress Catalog Card No.: 2014947324
I.S.B.N.: 1-59388-263-7
EAN # 978-1-59388-263-1

Composición de textos: María Cristina Zarraluqui

Diseño de la cubierta: Luis García-Fresquet

Foto del autor en la cubierta posterior:
Gabriela Lingelfelder, www.photographybygabriela.com

El lector puede comunicarse con el autor en esta dirección electrónica:
havanamil@yahoo.com

Todos los derechos
son reservados. Ninguna parte de
este libro puede ser reproducida o transmitida
en ninguna forma o por ningún medio electrónico o mecánico,
incluyendo fotocopiadoras, grabadoras o sistemas computerizados,
sin el permiso por escrito del autor, excepto en caso de
breves citas incorporadas en artículos críticos o en
revistas. Para obtener información, diríjase a
Ediciones Universal.

ADVERTENCIA AL LECTOR:
Todos los personajes, lugares y sucesos, reales o ficticios, que emergen en esta obra, sólo aparecen como personajes, lugares y sucesos imaginarios.

A mi tío, el Dr. Armando J. Alonso,
Abogado y notario,
Tejadillo 162, La Habana

Un cubano habrá de nacer
que va tumbá toitica La Habana
y que la muralla va derrumbá ...

María la O

ÍNDICE

1. LA CAZA DE LA BESTIA 13
2. PRIMER DÍA 29
3. VERGÜENZA CONTRA DINERO 43
4. SANTA CLARA 57
5. LA MUERTE DEL SERENO 83
6. ARAÑA PELUDA 89
7. LA ODALISCA 97
8. SALIDAS 103
9. LA HUELGA DEL EMPERADOR 121
10. EXCURSIONES 129
11. MIAMI 137
12. EXILIADOS 157
13. DEPORTES O INFANTERÍA 173
14. LA PLAYA DE MARIANAO 195
15. PATRIA Y RELIGIÓN 219
16. REUNIÓN 243

EPÍLOGO 269

1

LA CAZA DE LA BESTIA

> Quien a hierro mata, a hierro muere
> *San Mateo* **26:52**

URBE CAPITALINA, LA ISLA

—¿QUÉ PASA SI SOSA PASA? —preguntó de nuevo retóricamente el fiscal de la Causa Sosa Blanco, Jorge Serguera, en medio del Palacio de los Deportes, abarrotado de un público bullicioso y sediento de sangre; sangre que correría sobretodo de oficiales del recién depuesto ejército del Indio.

—¡Paredón! ¡Paredón! ¡Paredón! —comenzó a gritar de nuevo la plebe.

Serguera se acarició la barba y esperó pacientemente hasta que el bullicio cesara en el estadio. Sabía que no era prudente interrumpir los estallidos espontáneos de una muchedumbre enfurecida.

Pese a su corta edad, Serguera era un abogado consumado, que gozaba a plenitud del don de la palabra. Sabía cómo manejar las masas y guiarlas hasta donde se propusiera.

A raíz del triunfo de la Revo, su máximo líder, el Caballo, nombró a Serguera Fiscal General del Ejército Rebelde en la Fortaleza de la Cabaña, donde obtuvo todas las penas de muerte que pidió. Todo estaba arreglado con anticipación; Serguera le entregaba la lista de acusados que deberían ser ejecutados al Comandante en Jefe de la fortaleza, el tristemente célebre Dr. Guevara, y éste firmaba de ante mano las órdenes de fusilamiento. En otras palabras, se trataba de un ejemplo más de «justicia revolucionaria».

Esto sucedía en la Isla por allá por el 1959; unos años más tarde, y en otra parte del continente, el Comandante en Jefe de la Cabaña se encontraría con que ya no tenía el sartén por el mango.

BOLIVIA, PRIMERA ENTREGA

La Higuera, octubre, 1967. Félix, agente especial de la CIA, se despertó antes del cantío del gallo esa mañana. Tenía el presentimiento de que ése día iba a ser el del encuentro final con «La Bestia», como llamaban temerosamente los campesinos al jefe de los guerrilleros que operaban en la región.

Salió de su tienda de campaña y se estiró un buen rato hasta que le crujieron los huesos. Se acercó al pequeño grupo de la compañía de *rangers* que ya estaba colando café y preparando el rancho para el frugal desayuno.

—Oiganme, compadres, ¡qué bien huele eso! ¿Qué carajo están cocinando ustedes tan temprano por la mañana?

Los tres *rangers* encargados del rancho se cuadraron en atención a medida que Félix se les acercaba.

—¡Descansen! –dio la orden Félix, sirviéndose una taza de café hirviendo—. Ahhhh, esto es lo que se necesita pa' empezar el día —dijo después de un largo trago que le quemó el gaznate—. ¡Coño, qué café más sabroso! ... me recuerda al café de mi Isla.

El capitán Prado, oficial del Ejército Boliviano a cargo del destacamento de *rangers*, se despertó con el vocerío, y salió de su tienda de campaña.

—A sus órdenes, mi capitán! —se cuadraron los *rangers* al verlo acercárseles.

—¡Descansen! —ordenó Prado bostezando—. A ver, un poco de café.

—Buenos días, capitán —saludó Félix.

—Muy buenos, mi coronel —dijo Prado todavía desperezándose.

КДРІТДL / CAPITAL

—Me parece que hoy damos con nuestro hombre, capitán.
—No sé, mi coronel. Esa bestia se las sabe todas. No entiendo cómo aún cuando ni un solo campesino se le ha unido, cómo todavía no hayamos podido dar con él, cómo es que nadie haya delatado su paradero.
—Paciencia, capitán, paciencia. Esa gente ha tenido un entrenamiento de primera. La KGB los prepara de tal manera que salen bien entrenados de sus cursillos o no salen nunca— dijo el asesor técnico de aquella compañía de *rangers*, conocido simplemente bajo el nombre de «el Coronel Félix».
—Ja, ja, ja —rio Prado con sarcasmo—; así parece ser.
Mientras la compañía de *rangers* recogía sus pertrechos para prepararse a marchar más adentro en la maleza, se oyeron unos disparos que parecían venir de no muy lejos de ahí.
—¡Vamos, *rangers*, en marcha... síganme... paso doble corto, *job*! —gritó Prado.
Rápidamente, todos se movilizaron y siguieron al capitán en fila india. Félix iba en la retaguardia portando su carabina en las dos manos frente al pecho. Así marcharon hasta llegar a la Quebrada del Yuro.
De pronto, sonaros otros disparos, y uno de los *rangers* cayó a tierra herido en el muslo; se quejaba calladamente agarrándose la pierna derecha con las dos manos. Todos los demás en la compañía se echaron al suelo instintivamente.
—Parece que están parapetados allá arriba en aquella colina al frente, entre los arbustos. Fíjese, capitán —dijo Félix desde el suelo y apuntando su carabina hacia los arbustos a que se había referido. Disparó un par de ráfagas que levantaron polvo en la distancia, un poco delante de los arbustos.
—*Rangers*, apunten hacia los arbustos —rugió Prado—. Listos a soltar una ráfaga cuando oigan mi orden. ¡Apunten! ... ¡Fuego!

Varias ráfagas ensordecedoras rompieron el silencio de la madrugada. Esta vez sí dieron en los mismos arbustos, de donde salió un grito y luego una voz que decía:

—No tiren, no tiren... me rindo... estoy herido... ¡Valgo más vivo que muerto!

Alguien de entre los arbustos tiró un rifle al suelo. Luego, salió de entre el matorral un hombre cojeando con las manos en alto.

—No tiren, no tiren —gemía dando dos o tres pasos cojeando hasta que cayó al suelo consumido por el dolor. Tenía un balazo en una pierna.

ALTURAS DE JAIMANITAS

Muchos años antes, el coronel Félix era simplemente el cadete Félix, cadete 233, en una academia militar, Haimanitas[1] Military Academy (H.M.A.), al oeste de la Urbe Capitalina de la Isla. Sus compañeros le decían «el Gato Félix» no sólo por su nombre, sino porque escondía, bajo la ropa en su taquilla de metal, una pequeña colección de muñequitos del Gato Félix, su personaje favorito cuando lo conocí, aunque después, con el tiempo, llegó a favorecer al «Fantasma» una vez que le demostré las destrezas bélicas de mi héroe. Félix era noble y valeroso; hacía cualquier cosa por uno, aun cuando le costara un sacrificio.

Qué lejos parecen aquellos días, en que nos levantábamos al toque de la diana al rayar el sol, tendíamos nuestras literas militares, nos vestíamos y cepillábamos los dientes a la carrera, para no llegar tarde a la primera inspección de la mañana.

---

[1] Los fundadores de la Academia optaron por la grafía «H» en vez de la «J» de Jaimanita, según aparece en un viejo mapa de cuando la Toma de La Habana por los ingleses. Estas interpretaciones fonéticas de vocablos oriundos del Nuevo Mundo eran comunes entre los ingleses (vide: «Havana» por «Habana»).

—¡Cadete 305, cama mal hecha! —resonó la voz del teniente Maderos, jefe del dormitorio, a medida que el sargento Espinet tomaba notas de los reportados de aquel día.

«Ya me jodí», pensé mientras Maderos me deshacía la cama de un tirón.

Después de la inspección de camas, salíamos al campo en frente a los dormitorios para formar e ir marchando a desayunar: jugo de naranja, una cajita de cereal, pan con mantequilla y un vaso de leche.

Acabado el corto recreo después del desayuno, mientras los estudiantes diurnos llegaban en las *guaguas* a la Academia, formábamos otra vez en el campo, esta vez de acuerdo a nuestros grados, y, acto seguido, entrábamos marchando en clase para las lecciones del día.

Un día, algún estudiante externo dio la noticia de que no hacía mucho un contingente de rebeldes había atacado un cuartel militar en la Provincia de Oriente, dando muerte a varios soldados antes de ser derrotados por el resto del regimiento del campamento. Desde ese día, sabíamos que a cualquiera lo podían matar.

Nuestro pequeño grupo decidió, durante el recreo después de la comida y antes de la hora del estudio, formar un grupo paramilitar para defendernos de los rebeldes en caso de que decidieran atacar nuestro batallón en la Academia.

En aquellos días, nuestras ideas políticas eran muy vagas, o inexistentes. Nuestro grupo estaba aglutinado más bien gracias a compatibilidades personales que a ideales políticos; por ejemplo, Montaner era más bien liberal, leía mucho y escribía algo, Filiberto venía de una familia de políticos profesionales, Félix procedía de Las Villas, de familia de terratenientes y militares de escuela. Otros, como Tamargo y Muñoz estaban relacionados con funcionarios públicos del Ministerio de Hacienda. En cambio, yo venía de familia de abogados y pedagogos.

Félix, líder nato al fin de cuentas, se encargó de encabezar el grupo. Lo primero que decidimos fue poner nombre al grupo. Alguien sugirió la «Brigada Jaguar», pero Félix advirtió en seguida que no había jaguares oriundos en la Isla, sólo en el zoológico. Añadió que allá por su tierra había muchos perros jíbaros; es decir perros que se habían escapado de sus amos y alzado al monte, donde se habían procreado por generaciones.

—Son bravos de verdad; no le tienen miedo a nadie ni a nada. También son muy fieles a sus compañeros de jauría. Yo propongo que adoptemos el nombre de «La Legión Jíbara».

—Bueno, vamos a echarlo a voto —dije.

Todos estuvimos de acuerdo, y, unánimemente, bautizamos al grupo con el nombre de «La Legión Jíbara».

Entre Félix y Montaner escribieron los estatutos de la legión durante los días siguientes. De noche nos reuníamos como siempre y tomábamos turnos en leer los estatutos y aprobarlos o modificarlos, siempre respetando mayoría de voto. Empezó siendo una verdadera democracia aquel asunto de «La Legión Jíbara».

Una vez completa la cuestión de los estatutos, nos dimos cuenta de que necesitaríamos a alguien con experiencia militar para entrenarnos.

—Quizás el profesor Velásquez se preste —dijo Filiberto—; tiene experiencia militar y el otro día lo oí hablando con el Profesor Rodríguez en contra de los rebeldes. Creo que si le preguntamos...

—Estás loco —interrumpió Tamargo—. ¿Cómo vamos a meter a un profesor en esto? Acabaríamos reportados para marcha forzada con rifle el sábado.

—Un momento —corrigió Félix—, a lo mejor no, a lo mejor sí se presta. Déjenmelo de mi parte que yo me ocupo de hablarle y preguntarle a mi manera. ¿Está bien?

Todos estuvimos de acuerdo.

Primero necesitábamos a alguien que supiera salir y volver a entrar en el precinto de la Academia sin levantar sospechas. Ese alguien era Gary, el Yanki. El Yanki era altísimo para sus quince años y medio. Su español era pésimo, por eso todavía estaba en segundo grado y repitiendo. «Es un bruto el Yanki», decían muchos de los cadetes que lo conocían.

A veces, movido por la nostalgia de su vida en el Norte, años atrás, cuando apenas era un muchachito, al Yanki le daba por escaparse de la Academia y ponerse a vagar por los matorrales y pequeños montes de las Alturas de Jaimanitas. Aunque no daba la talla académicamente, era muy listo orientándose y hallando su camino en el monte. Era un *boyescao* nato; a veces los de la Academia pasaban días para encontrarlo, y entonces, una vez capturado, se lo entregaban a Velásquez, su padre putativo, a quien la madre del Gary lo había encomendado. Se rumoraba que Velásquez, entonces, le ponía sus buenas palizas y el Yanki quedaba así curado del bichito de la jiribilla que lo movía a desertar de vez en cuando.

En resumen, no nos costó ningún trabajo reclutar al Yanki, sólo tuvimos que prometerle que lo llevaríamos con nosotros en caso de que desertásemos algún día. Fue el Gary el que nos convenció que era una locura reclutar al Profe Velásquez como instructor militar, y por lo tanto tuvimos que suprimir el plan de Félix.

Al mismo tiempo, Gary nos presentó una brillante idea, que en seguida pusimos en práctica bajo el nombre de «Plan B».

En una de sus escapadas, el Yanki había conocido a otro yanki, veterano del conflicto bélico de Corea. Su nombre era Alberto Smith. Aunque había nacido en la Isla, de madre criolla, su padre fue un americano que había venido a buscar fortuna en la Isla. Cuando estalló la guerra de Corea, Smith se embarcó con destino a Cayo Hueso para enlistarse en la armada yanki diciendo: «No voy a permitir que ningún chino le baje los pantalones al Tío Sam». Su reclutamiento en tiempo de guerra y el hecho de que era hijo nacido en el extranjero de un ciudadano americano le valió su carta de ciudadanía yanki.

Al mismo tiempo, Tamargo aportó otra brillante idea para poner en práctica el «Plan B».

La segunda parte del «Plan B» consistía simple y sencillamente en contratar a Cantillo —sobrino del general del Ejército Nacional del mismo nombre— para que nos proporcionara algunos manuales o folletos sobre tácticas militares en la *manigüa*. Por supuesto, teníamos que pasarle cierta suma de pesos al mes, y prometerle que los manuales lo usaríamos bajo carácter devolutivo.

Pronto comenzamos el entrenamiento. Félix, líder nato como dijimos, se encargaba de leer e interpretar los manuales; era un lince en ese asunto. Se reunía con Smith una noche a la semana para discutir tácticas y operaciones. Después, las noches que nos tocaba a nosotros salir sigilosamente del dormitorio a medianoche, nos daba un *briefing* del programa que pondríamos en práctica la noche en cuestión.

Así estuvimos entrenándonos varias semanas; aprendimos a infiltrarnos en el campo enemigo sin ser detectados; armar trampas con cuerdas, piedras y estacas para causar bajas en el enemigo; llegamos a pretender secuestrar a un oficial enemigo sin que sus guardas se dieran cuenta. También aprendimos a organizar misiones y a reaccionar ante una emboscada. En fin, no sólo era sumamente divertida la misión que nos habíamos impuesto, sino que estábamos haciéndonos ducho en el arte militar: teoría y práctica.

FORTALEZA DE LA CABAÑA

Poco después del triunfo de la Revo en la Isla, el «Prisionero de Félix» —como apodarían a Guevara años más tarde sus captores en Bolivia— se dio a imitar, mientras fungía de Jefe Militar de la Cabaña, a Fouché, Beria, Himmler, y otros esbirros semejantes, defensores de sangrientas dictaduras. Fue en esa fortaleza donde llevó a cabo cientos de juicios sumarios que terminaban las más de las veces en la ejecución por fusilamiento de los condenados; ya que no sólo era él el jefe militar de la fortaleza, sino también —convenientemente— el Compañero Presidente del Tribunal de Apelaciones. Así que no era de extrañar que una vez firmada la sentencia y leída cuidadosamente como en ocasiones solía hacer, ordenara. «Que el fusilamiento tenga lugar esta misma noche».

BOLIVIA, SEGUNDA ENTREGA

— No tiren, no tiren... me rindo... estoy herido... ¡Valgo más vivo que muerto!—repitió el guerrillero ya tendido en el suelo y con las manos en alto.

Pronto todo un pelotón de los *rangers* corrió hacia él, formando un círculo a su alrededor y todos apuntándolo con sus carabinas.

—No disparen, no disparen —dijo el herido despavorido.

—Es la Bestia, es la Bestia —dijo uno de los *rangers* habiéndolo identificado por unas fotos que había visto en el cuartel el día anterior.

—A ver, paramédico, atienda esa herida —ordenó el capitán Prado secamente, al mismo tiempo que bajaba su carabina y se la daba a un *ranger*. Se agachó al lado del herido y comenzó a registrarle los bolsillos, sacando de ellos unos papeles. Después ayudó a quitarle al herido la mochila que llevaba a la espalda.

Otros *rangers* improvisaron una camilla sobre la cual acostaron al herido y lo condujeron a una escuelita de un solo cuarto que se hallaba a eso de un kilómetro de distancia de allí, cerca del pequeño poblado de La Higuera.

Más tarde, Félix pidió comunicación con el Alto Mando a través de un teléfono de campaña.

—Aquí el Coronel Félix, general. Necesito autorización para registrar las cosas del Prisionero 500 y fotografiar documentos para mi país... Bien, gracias, general. Ya hablaré entonces con el capitán Prado... Bueno, nosotros pensábamos llevarnos al Prisionero a Panamá para ser interrogado... ya salió un avión de allá para esos efectos, general.... Repita el código, general, por favor, no oí bien con la interferencia... ¿código 600? ¿Usted dijo código 600? Sí, general, confirmado. Transmitiré la orden al capitán Prado en cuanto lo vea, pero que conste que mi gobierno quiere mantener al Prisionero vivo para ser interrogado en Panamá, perdóneme que insista, pero son las órdenes que tengo, general... Muy bien, a sus órdenes, general.

El capitán Prado llegó a donde Félix cuando éste colgaba el teléfono.

—¿Se pudo comunicar con el Alto Mando, mi coronel?

—Sí, capitán. Desgraciadamente nos pusieron el código 600 en operación... ya usted sabe lo que eso significa... Nosotros esperábamos podernos llevar al Prisionero a Panamá...

—Bueno, mejor así. Mi compañía ya tiene gana de meterle plomo a ese señor. No sólo invadió nuestro país, sino que hizo muchas muertes entre los compañeros de mis soldados.

—Es verdad, yo sería el primero que debería sentirme así después de todo el daño que causó también en mi país... y por años... dejó un saldo de miles de muertos... era una verdadera máquina de matar... eso, una efectiva, violenta, selectiva y fría máquina de matar, como él mismo dijo en uno de sus discursos. Pero en fin, las órdenes son las órdenes, y yo voy a hacer todo lo que pueda para que el Alto Mando dé una contraorden y me lo dejen llevar a Panamá.

—Bueno, buena suerte, mi coronel. Por el momento voy a hablar con el sargento Terán pa' que se vaya preparando. El es el que se ha estado encargando de las ejecuciones.
—Ah, una cosa, capitán. Me pudiera dar un par de horas para fotografiar las pertenencias del Prisionero; el general me dijo que lo consultara con usted.
—No hay inconveniente, mi coronel. Le diré a Terán que no haga nada hasta la una. ¿Está bien?
—Sí, gracias, capitán.

Félix entró en la escuelita por primera vez. En una mochila color camello se hallaban las pertenencias del Prisionero: un diario, libros de clave, viejas fotos, libretas con anotaciones, y una pipa. Félix saludó con la cabeza y dijo:
—Comandante, soy el coronel Félix del servicio de inteligencia.
—Sí, ya sabía que estabas por aquí —lo tuteó el Prisionero.
—¿No le importa que le saque fotos a sus pertenencias, comandante? —preguntó Félix retóricamente.
—No, no, claro que no —contestó el Prisionero sonriendo con sarcasmo.

Félix ignoró su actitud; no quería hacerlo enojar. Trató de hacerle unas preguntas, pero el Prisionero fue lacónico. Sólo le dijo su misión: «Liberar Bolivia de las garras del imperialismo».

«Mire, ¡quién habla de imperialismo!», pensó Félix. «¡Mandan huevos estos marxistas! Los más grandes imperialistas del mundo son ellos. En cuanto toman el poder: ¡zas! Se meten medio mundo, vivo o muerto... no importa. La cuestión es ocupar el poder, controlarlo todo. ¡Totalitarios de mierda!»

Félix salió de la escuelita con la mochila del Prisionero, y la llevó a una mesa de madera a varios metros de allí. Esparció los documentos cuidadosamente sobre la mesa. «CLIK,

CLIK, CLIK» repetía su *Penta* de 35 milímetros. No paró hasta haberlo retratado todo. Acto seguido, guardó los documentos en la mochila y la llevó de vuelta a la escuelita andando lentamente.

Camino a la escuelita, Félix se sintió algo raro al pensar en la decisión del alto mando boliviano de ajusticiar al Prisionero sin ni siquiera un simulacro de juicio. En su fuero interno sabía que eso no estaba bien. «Todos los hombres tienen derechos inalienables ... no importa cuán detestables y criminales hayan sido sus actos», pensó. Sin embargo, de repente, se acordó del Juicio de los Pilotos del *ancien régime*, allá en la Isla a principios de 1959, y del papel que seguramente jugó el Prisionero en negarle los derechos humanos a los 50 pilotos al ser condenados a treinta años de trabajo forzado.

Cuando el Indio dio el golpe de estado en 1952, asumiendo el gobierno de la Isla, los pilotos del caso eran apenas cadetes que comenzaban sus estudios de aviación militar. Ya graduados para 1957, habían entrado en la fuerza aérea nacional. El estado mayor del Indio dio la orden de bombardear ciertas áreas donde los rebeldes se encontraban ganando territorio. En resumidas cuentas, ocho civiles perecieron como resultado de daños colaterales de dichas acciones aéreas.

Cuando la Revo derrocó al gobierno del Indio, el Caballo, se reunió con los pilotos, detenidos en el campamento aéreo de Camagüey.

—Ustedes no tienen que temer represalias por parte de la Revo; al contrario, estamos dispuestos a invitarlos a participar en nuestra fuerza aérea, ya que ustedes sólo cumplieron con su misión honradamente... ya hemos confirmado que los civiles que resultaron muertos fueron muertes accidentales y no causadas voluntariamente por ustedes. Es más estamos dispuestos no sólo a aceptarlos en la fuerza aérea rebelde, sino que les ofrecemos un ascenso de grado… —dijo el Caballo sin interrupción en el salón de operaciones donde se encontraban los cincuenta pilotos escuchando atentamente.

En efecto, el juicio de los pilotos fue rápido y sin complicaciones. Como el Caballo les había asegurado semanas antes a los pilotos, no había nada en sus expedientes que manchara su proceder durante la guerra. El tribunal, presidido por el Comandante de la Revolución Félix Pena y otros revolucionarios, absolvió a todos los encartados, y firmaron la absolución.

No habían pasado ni unos minutos del dictado de la sentencia, cuando el Prisionero de Félix llama al Caballo por teléfono….

—Oye, quizás haya que pensar mejor la cuestión de los pilotos…. Es verdad que necesitamos protección aérea en la Isla contra futuras incursiones yanquis, pero corremos el riesgo con el tiempo de que se nos empiecen a virar estos pilotos… recordá que no están indoctrinados…

—En eso mismo estaba pensando—asintió el Caballo—, lo único que me preocupa es cómo vamos a formar una fuerza aérea de la nada, sin pilotos…

—No hay problema; los soviéticos nos pueden entrenar en menos de dos meses a cuantos les mandemos allá…

—Bueno, en ese caso hay que ir pensando cómo deshacernos de estos piloticos…

—Yo diría enjuiciarlos de nuevo basándonos en los civiles asesinados… cuestión de genocidio, como bien sabés esto se puede armar fácilmente…

Apenas un día después de terminado el juicio, el Caballo encadenó todas las estaciones de televisión, y montó el show del año, amenazando con renunciar a su cargo si no se les hacía otro juicio a los aviadores, y se les castigaba por sus acciones genocidas.

El único piloto que pudo escapar a la furia del Caballo fue Carlos Vals, quien logró robar un avión del campo militar de Columbia y huir a Miami. Sin embargo, unos meses después, en cuanto aterrizó en Trinidad, como miembro de la malograda Conspiración Trujillista, fue herido y apresado por las fuerzas revolucionarias, para luego fallecer en el hospital de esa ciudad.

El segundo juicio fue tan rápido como el primero, pero los resultados fueron funestos para los aviadores. Ahora el tribunal fue presidido por Manuel «Barbaroja» Piñeiro —a cargo más tarde del represivo servicio de inteligencia de la Isla.

Barbaroja fue implacable: los pilotos fueron condenados a décadas de prisión, y a la mayoría de los mecánicos y otros técnicos les salieron meses y hasta años en el penal de Isla de Pinos.

Una vez de regreso a la escuelita, frente por frente al Prisionero, Félix se halló momentáneamente sin palabras. Sencillamente no sabía cómo decirle que ya el Alto Mando había dado la orden de su ejecución, y que sólo un milagro podría salvarlo.

—Mire, comandante —dijo finalmente—, yo...

Fue interrumpido por un edecán del general, que abrió la puerta bruscamente.

—Perdone, mi coronel, pero el general quiere una foto de usted con el Prisionero.

—¿Le importa, comandante? —preguntó Félix cortésmente.

—A mí no... para nada —respondió el Prisionero.

El edecán y Félix lo ayudaron a salir por la puerta, pues todavía le molestaba la herida de la pierna. Cojeaba.

Una vez fuera, Félix se paró al lado del Prisionero, y poniéndole un brazo por el hombro le dijo:

—Comandante, mire el pajarito —el Prisionero se murió de la risa por unos segundos. El edecán enfocando por la mirilla de la cámara esperaba que dejaran de moverse.

—A ver, quietos… ahí va —CLIK sonó la cámara, pero para entonces el Prisionero ya había cambiado la expresión de su cara de una de risa incontenible a la que en realidad salió en los periódicos: la que le daba un aspecto total de bestia acorralada.

Una vez sacada la foto, los dos hombres ayudaron al Prisionero a regresar a la escuelita. Lo sentaron en un banco, ya le habían desatado las manos. El edecán saludó a Félix y se retiró llevándose la cámara.

Félix se llenó de valor y dijo:

—Mire, comandante, yo traté todo lo posible… pero… lo siento, son órdenes del Alto Mando…

El Prisionero comprendió en seguida lo que Félix trataba de decirle con rodeos, pues se puso momentáneamente blanco como una sábana. A Félix le pareció de repente que estaba frente a un fantasma.

—No importa —añadió el Prisionero recuperando poco a poco su color—, es mejor así, yo nunca debí dejarme coger preso. Mirá, tomá mi pipa, te la regalo a vos.

—Gracias, comandante —dijo Félix tomando la pipa de entre las cosas del Prisionero en la mochila—. Mire, ¿quiere hacerle llegar algún recado a algún familiar o algún amigo?

—Si podés, deciles a todos que pronto verán una revolución triunfante en América.

Alguien tocó en la puerta de la escuelita.

—¡Adelante! —gritó Félix.

Era el sargento Terán, quien abrió la puerta diciendo:

—Perdone, mi coronel, pero ya es la hora.

El Prisionero se levantó del banco donde estaba sentado, le tendió la mano a Félix, y, antes de éste retirarse, se saludaron militarmente ante la mirada perpleja del sargento Terán, quien no dejaba de apuntar con el rifle al prisionero.

Félix se alejó lentamente de la escuelita manoseando entretenidamente la pipa que le había regalado el Prisionero. De nuevo, le molestó la idea de que al Prisionero lo fueran a ejecutar así sin más ni más, sin ni siquiera un juicio sumario, pero pronto recapacitó y se dio cuenta de que se repetía lo que el Prisionero había llevado a cabo durante su campaña bélica en la manigua de la Isla, cuando, sin respetar la Convención de Ginebra, ejecutó prisioneros heridos, o llevó a cabo juicios sumarios que conducía en La Cabaña, donde —como ya vimos— los acusados habían sido seleccionados de antemano para el paredón. Ahora, la única diferencia era que los papeles estaban invertidos.

—Fusilamientos, sí, hemos fusilado, fusilamos y seguiremos fusilando mientras sea necesario. Nuestra lucha es una lucha a muerte... —declaró el Prisionero de Félix años atrás ante la Asamblea General de las Naciones Unidas, sin darse cuenta de que con esa confesión estaba firmando su propia sentencia de muerte.

«Seguramente —se dijo Félix— pensó que lo llevarían a la capital boliviana a ser el actor principal del juicio del siglo; pero le salió el tiro por la culata.... Como dijo Prado, esta es la única guerrilla en el mundo que yo conozco que jamás logró reclutar ni a un solo campesino», —meditó a medida que se acercaba a la mesa en donde había fotografiado los documentos del Prisionero. A lo lejos, escuchó una ráfaga pequeña.

Así murió ejecutado el tristemente célebre terrorista, evitándosele de esta manera cometer futuros crímenes contra la humanidad.

Era aproximadamente la una y diez de la tarde en Bolivia.

2

PRIMER DÍA

Los últimos serán los primeros.
J. C.

Serían cerca de las 4:00 de la tarde de un domingo de la década del cincuenta, cuando mi padre y un servidor, Cadete 305, abordamos por allá en un paradero de ómnibus de la Playa de Marianao la guagüita de la línea La Playera que nos llevaría a la famosa H.M.A. en las Alturas de Jaimanitas.

Hacía una semana que estábamos en la Urbe Capitalina, hospedado en el antiguo Hotel Plaza cerca de Prado y Neptuno, los predios de la «Engañadora». En los portales del hotel se exhibían para la venta todo tipo de chucherías para turistas, americanos en su gran mayoría, especialmente una colección de artículos de piel de caimán, tan prolíferos en el sur de la Isla.

Nuestra primera misión fue la de resolver la cuestión de los uniformes: de diario, de gala, medias, corbatas reglamentarias, y el marcial quepis, quizás el símbolo distintivo de todo el uniforme.

—¡A ver! Vamos a tomarles las medidas, cadete —dijo la dependiente de El Encanto, desenrollando la cinta de medir.

—Si le parece, señorita, consígale todo de una talla un poquito más grande que la suya, así toda la ropa le servirá por lo menos un par de años —dijo mi padre medio jugando y coqueteando con la bella dependiente, como era su costumbre, pues, mi padre fue un Casanova toda su vida, y de mucho éxito.

De regreso al hotel, cargados de cajas de ropa y zapatos, estábamos agotados, listos para una buena ducha y una siesta bien ganada. Papá recogió la llave de la habitación en la carpeta, y, acto seguido, montamos en el elevador.

—Buenas tardes, caballeros —dijo el gallego ascensorista abriendo la cancela del elevador.

—Muy buenas —contestó mi padre.

—¿A qué piso, señores? —preguntó el gallego, cerrando primero la puerta y después la cancela del elevador con una mano, y con la otra activando los controles.

—Al segundo —dijo papá.

Como el gallego nos daba la espalda para operar el elevador, mi padre aprovechó la ocasión para hacer una de las suyas: elevó la llave enorme que le habían dado en la carpeta y la orientó a la altura de las posaderas del gallego haciéndola girar en el aire, sin tocar ni un pelo, por así decir, del incauto ascensorista, quien ahora silbaba entretenidamente.

Como se pueden imaginar, yo no pude contener la risa y exploté en un ataque de hilaridad como aquellos que nos sobrecogían en la iglesia en los momentos más sagrados de la misa en los cuales el menor gesto de algún compañero, la menor mueca por muy insignificante que fuera, era suficiente para desatar el ataque de risa. El gallego paró de silbar y volteó la cabeza hacia mí repentinamente. Yo paré la risa en seguida y bajé los ojos al piso del elevador. Afortunadamente, llegábamos al segundo piso y era hora de bajar.

Después de la ducha y una siesta larguísima con las gruesas cortinas corridas para simular una oscuridad nocturna, mi padre se despertó y dijo:

—«Aquí lo que hay que hacer es *d'irse*» —el cual era uno de sus dichos recurrentes que decía siempre que estaba de buen humor—. Bueno, hijo —continuó—, ahora a comer chino y a ir a ver una buena película después. ¿Ya has probado la comida china?

—No, nunca —dije.

—Pues hoy vas a probar el chow mein, quizás el plato chino más famoso de todo el orbe asiático.

El «Dragón Dorado» estaba situado muy cerca del Plaza, en la calle Monserrate; tampoco quedaba lejos del «Slopy Joe», bar frecuentado por toda una serie de turistas americanos, sin mencionar actores famosos como Errol Flynn, uno de mis héroes favoritos de aquellos años de pubertad incipiente.

El dueño del restaurante, un cantonés de unos cuarenta años, obsequioso, con una sonrisa permanente de oreja a oreja, nos atendió con solicitud, presentándole un menú a mi padre.

—«Vamos a ver,» dijo un ciego y nunca vio —dijo mi padre, tomando el menú de las manos del chino. Era otro de sus dichos recurrentes. El chino se murió de la risa al oírlo, y comenzó a hacer inclinaciones con el torso al estilo oriental.

El chow mein me encantó después que lo bañé en salsa de soya como me indicó mi papá; la soya era también una novedad para mí en aquel tiempo.

Cuando nos estaba atendiendo en una de sus muchas vueltas por nuestra mesa, al dueño se le acercó una jovencita como de unos 14 ó 15 años, quien continuó una conversación que aparentemente ya había comenzado en la cocina.

—Pero, papi, ¿por qué no puedo ir a la playa con mis amigas?

—Ya dije que no... playa no pala señolitas... playa pala chancletelas... playa no pa' niña decente... playa mucho peliglo... mucho peliglo! —dijo el chino en su español chapuceado.

La joven se tapó la cara con las dos manos y se echó a llorar. Salió corriendo para la cocina, donde, una vez dentro, tiró la puerta tras de sí.

—Niña majadela... niña mala... necesita castigo fuelte —dijo el cantonés mirando a mi papá a la cara—. Niña buena no ir a playa sola ... mucho peliglo niña sola en playa.

Mi padre asintió con el asiático, guiñándole un ojo, y añadió que hacía bien en no dejarla ir sola a la playa.

Una vez que el dueño había desaparecido por la puerta de la cocina, le pregunté a mi papá:

—Oye, ¿por qué no la deja ir con sus amigas a la playa? ¿Por qué es la playa tan peligrosa? ¿Acaso hay muchos tiburones en el mar de aquí?

Mi papá rió de buena gana y por largo rato de mis preguntas, y me dijo secándose las lágrimas:

—No, hijo, no, no hay muchos tiburones; lo que pasa es que eres muy joven todavía para comprender estas cosas... algún día te las explicaré. Por ahora, acaba el chow mein y nos vamos al cine... ponen una película de piratas... creo que te va a gustar.

Tomamos un taxi, pues se hacía tarde y el cine donde ponían la película, El América, quedaba bastante lejos del Plaza.

Al llegar, mientras mi padre compraba las entradas, me puse a mirar las carteleras de los estrenos de aquella noche y se me abrieron los ojos enormemente de puro gozo: «Contra todas las banderas», en *technicolor*, ¡película de piratas! Aquella noche no pudo haber acabado mejor.

Casi una semana más tarde, un domingo por la tarde, mis vacaciones llegaban a su fin. Yo mismo había sido quien había pedido a mis padres que me mandaran a una escuela militar, pues además de haber suspendido el cuarto grado en los Maristas, —casi siempre era el último de la clase— a mí siempre me había encantado todo lo relacionado con lo militar: John Wayne era otro de mis héroes favoritos, especialmente en aquel «Regreso a Batán». Así que decidí que lo más correcto sería probar mi suerte a la John Wayne o a la Errol Flynn en una academia militar. Además, mi amigo Pedro Ramón me había dicho aquel verano del cincuenta y tanto que a él lo iban a mandar a la H.M.A. en donde a los cadetes se les asignaba desde el primer día no sólo un fusil Springfield, veterano de la Primera Guerra Mundial, sino además un cuchillo de comando inglés. En fin, no pude resistir la tentación y le rogué a mi mamá primero, y a mi papá después que me mandaran a una escuela militar.

Pero aún así, aunque yo había pedido mi propio reclutamiento, a la hora de la verdad: domingo por la tarde a eso de las 4:00 P.M., en la guagua de la Playera me empezaron a temblar las piernas y a sentir un extraño cosquilleo en el estómago, acompañado de una sensación de que los pies se me enfriaban, aún cuando afuera hacía un sol que rajaba piedras.

—Papá —balbuceé—, quizás sea mejor volver a la escuela vieja.

—No, hijo, no. Esto es lo mejor para ti— me dijo echándome un brazo por sobre los hombros tratando de darme valor—. Mira, mira, allá a lo lejos se ve el asta de la bandera... ¿La ves? Ya casi llegamos a la Academia... Te van a despertar con toque de Diana, ¿sabes?— me dijo tratando de entretenerme cambiando la conversación.

—Y ¿quién es Diana? —pregunté.

—Ja, ja, ja. No es una señora, es un toque militar con corneta. Se usa para despertar a los soldados. Ya verás... Ah, casi se me olvida, hay una parodia que dice así:

«Levántate soldado que las cuatro son
y ahí viene Carlos V con su batallón».
«Déjalo que venga, déjalo venir,
Vete tú a la porra y déjame dormir».

Como me hizo gracia la canción empezamos a cantarla los dos al unísono. Pronto varios muchachones en la guagua, cadetes novatos como yo, y sus padres, empezaron a cantarla también.

Casi sin darnos cuenta, llegamos a la parada de ómnibus de la H.M.A. Mi padre agarró el saco en donde venían todas mis pertenencias y bajó primero de la guagua.

Antes de bajar, miré por la ventanilla a la distancia y vi a muchos cadetes corriendo y gritando en pleno juego detrás de la cerca de alambre trenzado que encerraba a manera de perímetro todo el territorio de la Academia. De repente, y como tocado de un valor inusitado, no sentí miedo; al contrario, escuché una especie de llamado a la aventura; pensé, momentáneamente, que así debería sentirse el Fantasma —otro de mis héroes—, cuando, con sus sendas pistolas calibre .45 largo a la cintura, penetraba en una parte de la selva desconocida para él a encarar nuevos y misteriosos peligros. Esta era una aventura semejante para mí, que habría de durar unos cuantos años por lo menos.

Una vez fuera de la guagua, mi padre y yo nos reportamos a la portería. Allí, el cadete de guardia, encargado de dirigir a los recién llegados a sus dormitorios respectivos, examinó mis papeles.

—Litera 24-B, Cadete 305. «B» es la parte baja de la litera— dijo extendiéndome una llave—. Mejor ponla en tu llavero antes de que la pierdas.

Mi padre me acompañó al dormitorio. Decenas de cadetes y sus padres hablaban al mismo tiempo, deshaciendo maletas, colocando uniformes, medias, zapatos en taquillas de metal. El Profesor Rodríguez, un español encargado del dormitorio, nos daba la bienvenida, saludando a los padres afablemente. Al poco rato, dijo:

—Cadetes, despídanse de sus padres pues todos los cadetes deben reportarse en pocos minutos frente al comedor. El toque para la cena es a las seis en punto.

Una vez que los padres abandonaron la Academia, los cadetes corrimos hacia la nave donde se encontraba el comedor. Todos nos agolpamos en un grupo deforme empujándonos unos a otros.

—¡Atención! —rugió una voz desde la puerta del comedor. Era el Sargento Martínez, profesor de Infantería y administrador general de la Academia. Vestía un uniforme viejo de la Marina de Guerra de donde se había jubilado hacía ya varios años—. A ver ... a formar dos pelotones de tres escuadras, ocho cadetes por escuadra.... Rápido .... A ver el dormitorio de los mayores aquí me forman... el de los menores allá —señaló con el brazo extendido y el índice apuntando los dos lugares frente al comedor.

En pocos segundos ya estábamos formados en dos pelotones. Martínez se paró en medio de los dos y gritó de nuevo «¡Atención!»

—A la voz de «atención» todos firmes, mirando al frente, sin hablar y sin moverse.

Así lo hicimos sin atrevernos a desobedecer. Tenía Martínez una voz que imponía obediencia, aunque no era una voz severa ni regañona.

—Después de la cena quedarán libres veinte minutos. Cuando oigan el timbre, vengan a formar aquí de nuevo, frente al comedor. Pueden pasearse por el campo militar en que están formados ahora, pero, eso sí, no tienen permiso para ir cerca de la piscina, ni siquiera a los escalones alrededor de la piscina. ¿Entendido?

Nadie si atrevió a decir palabra.

—¿Entendieron? —repitió Martínez enérgicamente.

—Sí —contestaron algunos.

—¿«Sí» qué, cadetes?

—Sí, señor —gritamos todos al unísono.

Acto seguido nos dirigió escuadra por escuadra hacia el comedor para empezar la cena.

Al acabar la cena, Martínez nos ordenó formar de nuevo en las afueras del comedor.

—¡Abjob! —gritó en su dialecto militar.

Todos nos paramos firmes en silencio y sin movernos como nos había instruido antes de la cena.

—Recuerden....veinte minutos libres, vuelvan a formar aquí al oír el timbre... nada de merodear por la piscina. ¿Entendido?

—¡Sí, señor! Gritamos todos.

—¡Rompan ... filas! —gritó Martínez y todos los cadetes salimos corriendo por el campo militar, saludándose unos a otros los viejos amigos, formando grupos de amigos nuevos nosotros.

Después de unos cinco minutos de romper filas, algunos cadetes se fueron reuniendo en las escalinatas de la piscina desobedeciendo la orden de Martínez. Yo me encontré entre ellos, pues con la distracción de hacer nuevos amigos, ni me acordaba de la orden.

De repente, y como saliendo de la oscuridad de la noche, nos vimos rodeados de dos o tres oficiales que Martínez dirigía.

—¡A ver... a formar aquí en la escalinata... todos ustedes, rápido! —rugió Martínez; no parecía nada contento.

Una vez formados, Martínez nos dirigió la palabra.

—Como han desobedecido mi orden de no acercarse a la piscina, ahora pasarán el resto del recreo aquí parados en atención.

El timbre sonó después de algunos minutos que nos parecieron horas debido a la falta de libertad en que nos encontramos parados en atención.

—¡Corran ahora a formar frente al comedor!

Formados todos, El Sargento Martínez le relegó el mando al Profesor Rodríguez, quien nos condujo al dormitorio en formación militar y marchando al paso:
—Un, dos, tres, cuatro. Un, dos, tres, cuatro —canturreaba Rodríguez, mientras que nosotros tratábamos lo mejor posible de llevar el paso. Temíamos que de lo contrario habría consecuencias funestas para los desobedientes. Era nuestra primera lección en disciplina militar. Antes de amedrentarme, me gustó aquella disciplina que nos parecía hacer más fuerte al formar parte de un grupo coherente y con un objetivo, por lo menos en aquel momento: llegar al dormitorio.

Una vez en nuestras literas, el Profesor Rodríguez gritó la orden: «A dormir». Acto seguido dio un manotazo al interruptor, apagando así todas las luces del dormitorio.
Así concluyó el primer día en la HMA.

La Isla también tuvo su primer día —o primeros días para ser más exactos— cuando llegaron ellos en inmensas canoas adornadas de sábanas gigantes...

... corría el Año del Señor 1510 y durante la temporada de la canícula una temperatura salida de los mismos infiernos se les echó encima sin misericordia. Ellos avanzaban sigilosamente. De día era el calor insoportable de la sabana, avivado por la resolana del sol; y por la noche la tierra rezumaba un vaho caliente y pegajoso que, en confabulación con los mosquitos y jejenes, no dejaba dormir. Ellos avanzaban sigilosamente. Vagos rumores, no totalmente mal fundados, hablaban de indios belicosos que se encontraban siempre al acecho. Pero ellos, ellos seguían avanzando. Atrás dejaban mujeres y hacienda al cuidado de los mayores, o de los más afortunados, pero ellos, ellos tenían que seguir avanzan-

do. Necesitaban más tierra, y sobre todo pacificar a los indios, esos indios de quienes los rumores hablaban que habían comido cristianos en más de una ocasión, sacándoles primero las entrañas, para ser ofrecidas a unos lagartos de descomunal tamaño, con tres o cuatro hileras de colmillos, que habitaban las profundidades de los ríos. Especie de dioses fluviales, los caimanes -como los nombraban los aborígenes- permanecían inmóviles por mucho tiempo, remedando grandes peñascos verde oscuros. De repente, y cuando menos se esperaba, abrían sus enormes fauces y se abalanzaban sobre sus víctimas con irascible voracidad.

Rodelas, corazas y morriones habían sido fajados sobre las mulas de carga. Ellos avanzaban con una mano casi siempre en el pomo de la espada. Algunos lo cubrían con retazos de algodón que habían sacado del relleno de sus rodelas; así no sentían tanto la irradiación lacerante de los metales al sol. Aun así, les parecía tener las manos en ascuas, pero ellos ya no se quejaban, preferían ampollárselas antes que encontrarse desapercibidos ante una manada de salvajes.

De entre un pequeño pinar que se veía a la distancia, se divisaba una tenue columna de humo. No detuvieron la marcha aunque sabían que las señales de vidas que encontrarían por aquellos parajes no serían de cristianos. Iban hambrientos y cansados, aun así doblaron el paso y, eso sí, se dieron prisa en aprestar las rodelas y encasquetarse los morriones, los que los tenían. Al mismo tiempo, los perros se volvieron inquietos y empezaban a olfatear alocadamente. Parecían gemir, y no se calmaban ni con las amonestaciones de sus amos. Parecían saber a qué iban.

Ellos sí que sabían a qué iban. Aunque las Reales Ordenanzas rezaban «pacificar cristianizando», lo que conllevaba un cierto sentido de benevolencia mezclado con algo del amor al prójimo, en la realidad, su misión se veía reducida, las más de las veces, a un «cristianizar pacificando»; es decir, la espada, invariablemente, le abría el paso a la cruz. Así había sido desde que salieron del Bayamo, donde encontraron los pueblos pacificados por Narváez

KAPITAL / CAPITAL

hacía solamente unos meses. Ahora se hallaban unas a unas 20 leguas al noreste de Trinidad.

Don Fernán ordenó a dos mozalbetes quedarse a cargo de la jauría —cinco perrazos de cuellos poderosos. No quería que sus ladridos pusieran sobre aviso a los habitantes del pueblito que ya se vislumbraba desde la colina en que se hallaba la compañía de quince hombres —flecheros veteranos de la Española en su mayoría— y un fraile dominico, Fray Gastón. A la orden de don Fernán, los de a caballo lo imitaron y desmontaron. Todos mantuvieron silencio a medida que se aproximaban al villorrio.

Al salir de la espesura del pinar, se hallaron frente a un riachuelo, la caballería comenzaba a tener dificultad al pisar los guijarros. Sus amos tenían que tirar fuerte de las riendas para insinuarles que tenían que continuar. Don Fernán levantó una mano, y la compañía se detuvo a la orilla del riachuelo. Tres inditos quedaron momentáneamente atónitos ante la inesperada visita, y salieron corriendo del riachuelo donde jugaban, dando gritos ininteligibles. De los cuatro o cinco bohíos que constituían el villorrio, empezaba a salir gente en cueros. La pequeña plaza se llenó de una muchedumbre de unos cincuenta indios. Todos se sentaron en cuclillas formando un semicírculo en la orilla opuesta a la ocupada por la compañía de españoles.

Don Fernán, viendo que el riachuelo era de poca hondura, ya que desde donde estaba parado podía ver el fondo pedregoso del mismo, y después de observar la postura pacífica que habían adoptado los indios, dio la orden de vadear el riachuelo de uno en fondo.

Fray Gastón fue el segundo en cruzar el agua. Resbaló al salir a la otra orilla, pero no perdió el equilibrio, no cayó en el lodazal que unía el riachuelo con la plazuela. Como conocía algo de las lenguas de esas comarcas, plantó su cruz de fierro en el suelo y pidió, más por señas que por palabras, que presentaran a su jefe.

De entre los congregados en la plaza, se levantó con dificultad un anciano, llevaba un taparrabo de algodón y algunas plumas de guacamayo en la cabeza. Su andar era lento y premeditado, se apoyaba en una vara de eucalipto. A una señal del viejo, varias mujeres salieron de uno de los bohíos, trayendo pescados y pan cazabe que pusieron por el suelo en hojas de plátanos. Por señas el viejo invitó a los españoles a servirse del pequeño banquete.

Ellos no esperaron una segunda invitación: el hambre era grande y la comida abundante. Todos se echaron al suelo y comenzaron a comer con mucha rapidez. Las mismas indias que habían traído los manjares se dispusieron a pasar a los convidados calabazas secas llenas de agua de lluvia. Ellos comían y bebían olvidadizos por el momento de su misión. Después de saciar el hambre y la sed, todos pusieron la mirada en los figurines dorados que llevaban muchos indios prendidos del cuello. Parecían de oro. Muy pronto comenzó el cambalache: un figurín por dos, tres y hasta cuatro cuentas de vidrio de color. Los indios parecían muy complacidos con el trueque; los españoles, mucho más. Quien viera tal escena diría que comerciaban como buenos cristianos, cada cual sacando provecho según sus intereses y preferencias. La paz reinaba entre todos hasta tal extremo que ya nadie se acordaba de sus armas; es decir, por parte de los españoles, pues los indios nunca mostraron ninguna.

Pero el diablo, que está en todas —como más tarde resumiría Fray Gastón en su memorial— no perdió la oportunidad para inmiscuirse en los asuntos del hombre. Nadie supo decir después qué o quién «lanzó la primera piedra». Se oyó un griterío en lengua desconocida seguido de un «Voto a tal, infiel, que te he de partir en dos». Como si eso hubiera sido una señal secreta, los cristianos se dieron a sus armas con tal presteza y determinación, que la plazuela quedó cubierta de piezas doradas y vidrios de cristal. Se vio subir una espada desnuda, al bajar entró por el hombro de uno de los indios, y no paró hasta el suelo donde el desventurado se hallaba en cuclillas. Sus gritos se sobreponían a los vituperios de los españoles y al llanto y lamento ininteligible de los indios. Cayó sentado, ya no gritaba, con la mano izquierda recogió todo el costado derecho ensangrentado, y alzándolo así hasta la altura del cuello, lo mantenía en posición con la mano. Ahora gemía levemente y su respiración se hizo profunda y muy regular. Se mecía como si estuviera durmiendo a un niño de brazos.

En pocos minutos, la plazuela quedó cubierta de cuerpos desnudos, que mostraban huecos ensangrentados. La arena rezumaba sangre.

Cuando los de a caballos montaron en sus yeguas, sacaron unos sartales de cascabeles de sus alforjas, y las ataron al cuello de su caballería. Dieron en correr en círculo por la plazuela, espada en mano, repartiendo estocadas a diestra y a siniestra, pero no por mucho tiempo: los indios que habían sobrevivido el ataque de los de a pie, al ver las yeguas enfurecidas que se les venían encima, y al oír aquel cascabelear endemoniado, se dieron todos a correr despavoridamente y en todas direcciones. Los flecheros de Narváez aprovecharon la oportunidad para practicar al blanco. Dos, tres, cinco indios caían en su carrera, atravesados por las certeras saetas. Fueron pocos los afortunados que pudieron ganar la otra orilla del arroyo e internarse en el pinar por donde habían llegado los españoles.

Al oír la algarabía y los pasos de los pocos indios que se les aproximaban huyendo de la plazuela ensangrentada, los mozalbetes al cuidado de los perros soltaron la jauría. Los mastines no tardaron en dar con los desgraciados que, como andaban en cueros, no tenían otra cosa que ofrecerles para su protección que el propio pellejo. La carnicería que se desató entonces fue pavorosa: Leoncico, uno de los perros favoritos de don Fernán por sus acometidas furiosas, asió a uno de los despavoridos indios del vientre, y según reza el memorial de Fray Gastón ... «regose todo el suelo con los entestinos del mozo, cuando este y el perro que lo tenía del vientre con sus dientes decidieron se partir el uno del otro y en rumbos opuestos».

Horas después de la matanza, comenzó a oscurecer. Fray Gastón sintió necesidad de comulgar, pero como no tenían pan, sólo casabe, se acercó al río, de poco caudal, vació un poco de agua en su güiro, la bendijo, y cuando fue a beberla, a la luz de la luna, vio que bebía sangre: esa noche dudó si todavía creía en milagros.

3

VERGÜENZA CONTRA DINERO

> La patria es ara, no pedestal.
>
> *J. M.*

«VERGÜENZA CONTRA DINERO», había sido el tema principal del hermano del director de la Academia cuando todavía tenía su programa radial dominical. Mi abuelo, el doctor Juan Bautista Sed y Peláez, Cirujano Dentista, nunca se lo perdía. Acostado en su cama en Santa Clara, ponía «el aparato», como él lo llamaba, a todo dar, y se disponía a participar indirectamente en la política criolla del momento.

El Director de la HMA se veía nervioso aquel día, paseándose por el estrecho pasillo al frente de su despacho en el ala izquierda del edificio principal de la Academia. Su secretaria salió un momento de la oficina, se le acercó y le susurró algo al oído que sólo él pudo escuchar. Lo vimos entrar en su oficina de nuevo y salir poniéndose su chaqueta azul. Casi corrió a su carro, lo puso en marcha, y salió volando.

—Oye, Trescientoscinco, y lo buena que estaba su secretaria, caballo, ¿te acuerdas? —exclamó Félix sentado en una cómoda butaca en el bar del Mojito Club en Miami, donde rememorábamos aquellos días pasados de la Academia.

—Cómo no me voy a acordar, Félix, todas las secretarias de la Academia estaban buenísimas.

—Bueno, caballo, sígueme contando lo del Dire... oye, ¿quieres otro trago? Este lo pago yo, ¿oíste?

—No, todavía estoy bien con éste, Félix, pero te lo agradezco igual. Mira, dos días después de aquel incidente, supimos la noticia en la Academia: el Dire se había «alzao pa' la manigua». Allí colaboró con el Caballo en la redacción del Manifiesto de la Sierra. Después bajó y se metió en la clandestinidad a recaudar fondos para los alzados.

—Ah, ya yo me había ido de la Academia en aquel tiempo. Mi familia me mandó pa' Nueva York por allá por el 57.

—Efectivamente, Félix, era el 57 cuando el Dire se alzó. Alguien nos contó después que lo habían detenido por actividades subversivas contra el gobierno dictatorial del Indio. Lo iban a eliminar por allá por el Laguito, pero hubo una contraorden, y se lo llevaron al Príncipe, donde le dieron unos «subes» de películas pa' que cantara, pero parece que no chivateó a nadie, sino que aguantó como un hombre las palizas y no dijo ni pío. Así pasó como dos meses de prisión hasta que pudo irse al exilio al Norte.

—Yo nunca regresé a la Isla hasta después del triunfo de los alzados. Mi familia se mudó por completo a Nueva York; recuerda que mi mamá era americana. Y luego a mi papá nunca le hizo gracia aquello de las revoluciones. Total, te sacan de Guatemala pa' meterte en Guatepeor.

—Así es, Félix. Oye, tuvieron suerte ustedes, Félix, en poderse mudar al extranjero en aquel tiempo cuando todavía se podía sacar plata de allá por muy poco que fuera. Cuando me tocó a mí venir aquí a Miami, por allá por el 61, sólo me dejaron traer una muda de ropa en una maleta de plástico que parecía una salchicha, y un níquel de los viejos que aún tengo por ahí. Pero bueno, déjame seguir contándote lo del Dire. Pues, bien, al fin, cuando gana la Revo, el Dire tomó, con otros compañeros de armas, el cuartel de Columbia y después lo vemos de juez, junto con Solís Marín y Universo Sánchez, en el tribunal rebelde que condenara a muerte a Sosa Blanco y otros militares del *ancien régime*.

—Chico, pero ¿cómo pudo el Dire participar en esos juicios si había firmado el Manifiesto de la Sierra que aseguraba al pueblo que restablecerían la Constitución del 40 cuando ganaran. Y, si no me equivoco, la Constitución del 40 proscribe la pena de muerte.

—Sí, es verdad, Félix, pero desgraciadamente, el Artículo 25 exceptúa a los miembros de las fuerzas armadas de esto, y pueden ser ajusticiados con la pena de muerte por delitos de carácter militar. De ahí se agarraron los de los tribunales militares revolucionario pa' meterle plomo a varias docenas de militares. Claro, que algunos habían conducido una guerra agresiva y sanguinaria, y así, no hubo mucha gente que protestara.

—¡Lo que son las cosas, caballo! ¡Quién te iba a decir que el Dire, tan tranquilo y dedicado a los estudios que siempre nos pareció en la Academia, era en realidad todo un guerrillero, todo un héroe!

—Bueno, eso de héroe no sé qué decirte, chico — le dije—. Como te darás cuenta, su participación en aquel tristemente célebre juicio que le celebraron del Capitán Sosa Blanco a principios del 59 fue comparado con un circo romano ... allá en el Palacio de los Deportes en la capital...

—¿Qué pasa si Sosa pasa? —preguntó de nuevo retóricamente el fiscal de la Causa Sosa Blanco, Jorge Serguera, en medio del Palacio de los Deportes, abarrotado de un público bullicioso y sediento de sangre.

—¡Paredón! ¡Paredón! ¡Paredón! —comenzó la plebe a gritar de nuevo.

Serguera se acarició la barba pacientemente, esperando que el bullicio cesara en el estadio.

—¡Que lo maten! ¡Que lo maten— gritaron muchos desde las gradas.

Cuando el bullicio se apaciguó, y Serguera empezaba a hablar de nuevo, fue interrumpido por el acusado, un hombre de unos 50 años, vestido de reo

—¡Estoy en el Coliseo de Roma! —gritó—. Conocí a valientes rebeldes en las montañas, no tipos como ustedes aquí. Todo lo que hacen es hablar...

Serguera le apagó la voz a Sosa Blanco, agarrando el micrófono para rugir:

—¡A este hombre se le acusa de asesinato y robo! Hay más de 50 testigos que comparecerán con sus acusaciones.

—¡Paredón! ¡Paredón! ¡Paredón! —interrumpió ahora el público.

Serguera hizo otra pausa; más larga esta vez. Ojeó unos papeles que tenía en la mesa. Ajustó el micrófono y empezó a llamar testigos.

—Jacinta María Martínez —vociferó Serguera—. Favor de pasar adelante.

Después de pedirle que se identificara con nombre, apellido y dirección, Serguera indujo a la testigo a que expusiera su testimonio.

—¡Este es el peor criminal del mundo! —dijo Jacinta—. ¡Mató a todos los miembros de la familia Argote, mis vecinos!

—A ver, señora, por favor, ¿podría señalar con el dedo al acusado, al capitán Jesús Sosa Blanco?

Jacinta apuntó con un dedo tembloroso hacia donde estaba sentado el acusado, pero, para sorpresa de todos, apuntó hacia uno de los milicianos que escoltaban al prisionero.

Todo el estadio se vino abajo a carcajadas, cuando el público se dio cuenta del error de la señora. Serguera no atinaba qué hacer. Hundió la vista en sus papeles, pretendiendo buscar algo.

El abogado de Sosa Blanco, un ex capitán del ejército del Indio, se incorporó inmediatamente de su silla, se apoderó del micrófono más cercano, y aprovechó la coyuntura creada por la confusión de Serguera, la testigo y el público en general, para aventurar una defensa.

—Señora, ¿cómo se atreve usted a acusar a un hombre que ni siquiera usted conoce como ha quedado en evidencia hace un minuto? Dígame, señora, ¿quién le ha pagado para acusarlo?

—¡Paredón! ¡Paredón! ¡Paredón! —interrumpió la muchedumbre cortándole la palabra al abogado defensor, quien, viendo que era inútil continuar hablando, regresó a su asiento.

Así continuó el famoso juicio de Sosa Blanco durante casi toda la noche. Al amanecer, después de 13 horas y cuando la multitud se había reducido a un grupito, el tribunal devolvió el veredicto: CULPABLE; lo que equivalía a ser llevado ante el paredón fusilamiento.

—Lo que son las cosas, Félix… cómo cayó el Dire en esa trampa no puedo ni imaginarme… Imagínate, una vez que te metes en una situación como la de juez en un tribunal revolucionario ya sabes que tienes que seguir órdenes; no tienes oportunidad de discurrir por cuenta propia…

—Sí así mismo es, caballo. Cómo le remordería la conciencia después, ¿no?

—Yo diría que empezaría a oír la voz de su hermano muerto, repitiéndole aquello de «Vergüenza contra dinero», Vergüenza contra dinero». Hasta que terminó en el exilio.

—Sí— dije—, pero era valiente el Dire… y no tenía nada que envidiar ni al Fantasma ni al mismo Erroll Flynn cuando se fajaba con cinco o seis piratas al mismo tiempo.

—¿Tú te acuerdas de aquellas películas que nos ponían en la Academia los sábados cuando no había salida? Luego nos inspiraban en nuestras salidas nocturnas pa' entrenarnos en la Legión Jíbara, ¿te acuerdas?

—Sí, cómo no me voy a acordar —dije nostálgicamente.

—Así que el Dire era *comecandela* en aquel tiempo.

—Así mismo es, Félix, y eso que el Dire venía de familia adinerada; tenían hasta un edificio de 10 pisos o algo así por allá por el Vedado.

—No me digas, chico, y ¿de dónde les venía el dinero? ¿de la trata de negros?

—No, no jodas, Félix, eso es del tiempo de España... el dinero del Dire creo que venía de los ferrocarriles, de cuando los yankis empezaron a desarrollarlos por toda la Isla a principio de siglo. Creo que su papá era ingeniero o algo así. Y, figúrate, en aquellos tiempos los políticos, como el tiburón, se bañaban, pero también salpicaban... y así, el que más y el que menos, agarraba su salpicón.

—Tú sabes, caballo, yo nunca he entendido a esa gente, así como los Kennedy, que te salen con plata hasta pa' hacer dulce, y, sin embargo, se meten en la política con un plan liberal que ni Carlitos Marx les hace mella. Qué cosa, ¿no?

—Debe ser la mala conciencia que tienen al pensar en de dónde les vino la fortuna, digo yo. Y ¿tú qué crees, Félix?

—No sé, 305, a lo mejor. Pero por otro lado, no es culpa de ellos que sus padres fueran ricos, ¿no? A quien Dios se la dio, San Pedro se la bendiga.

—Sí, claro, yo pienso igual... Pero, ven acá, Félix, dime una cosa, nunca me contaste de lo de Bolivia, ¿cómo es que ustedes dieron con la «Bestia», como lo llamaban los campesinos de la región? Es decir, ¿ya ustedes lo estaban esperando en Bolivia o cómo fue eso, chico?

—No, no, nada de eso; al contrario, teníamos inteligencia de que planeaba él y otros comunistas internacionales una incursión en Suramérica, pero nunca supimos por dónde. Tuvimos que poner agentes en muchos aeropuertos claves, y uno de ellos era el de La Paz. Por ahí entraron pretendiendo ser estudiantes del Caribe en plan de estudio de campo; arqueología, sociología, algo así, ahora se me olvida. Coño, no jodas, de esto hace más de cincuenta años.

—¿Que no fue en el 67, Félix?

—Sí, efectivamente, en el 67. A mí me contrata la CIA en el 67 y me dan el grado de coronel, pero sólo mientras participara en operaciones en cualquier teatro de Suramérica. Bueno, volviendo al caso de «el Prisionero», como yo prefiero llamarlo, pues aquello de llamarlo «la Bestia» no me parece honroso para militares de escuela como yo. Al enemigo hay que tratarlo con dignidad, si no, no hay diferencia entre él y tú; y los dos devienen unos salvajes, unos gorilas disputándose una mona, o trogloditas un trozo de carne. ¿Me explico?

—Cabalmente, Félix, totalmente; pero así es como le decían los campesinos de por allá, ¿verdad?

—Sí, es verdad, y hasta con cierta razón, pues dejó muchas muertes a su paso; era como un puma herido que va arrasando con todo lo que se le ponga de por medio. Pero, en fin, déjame contarte cómo dimos con él por primera vez.

—OK, Félix, ahora si te acepto el trago que me brindaste. Qué calor, ¿no?

—Oigame, joven —se dirigió Félix al barman—, nos pone otros dos mojitos aquí, por favor.

—Sí, como no —respondió el barman sonriendo.

—Un buen día —prosiguió Félix—, nuestro hombre en La Paz se comunica con nosotros en la Central y nos dice: «Félix, aquí acaba de llegar un grupo de estudiantes y profesores caribeños, y entre ellos escuché a uno de ellos que le dice a otro: "Che, pibe, pasame un faso a ver si logro calmar este ataque de asma que me tiene loco"».

—Coño, ahí mismo se jodió —le comenté a Félix.

—Sí, imagínate, 305, un tipo del Caribe con acento argentino... «Coño, que raro esta eso», me dije, y que además sufra de asma, bueno eso sí que era ya mucha coincidencia. Ahí mismo, sin estar allá ni ver a nadie ni un carajo, ya yo sabía que ese era nuestro hombre.

—Así que así fue como se pusieron sobre la pista de tu «prisionero», como tú lo llamas.

—Efectivamente. Y no pedí que lo detuvieran ahí mismo en el aeropuerto pa' que le siguieran la pista a ver quién más se les unía. Y fue buena idea, pues luego en la puna se les unen unos comunistas bolivianos y un par de extranjeros. Casi todos resultan muertos o presos en unos cuantos meses.

—De manera —dije— que podemos decir que a tu «prisionero» lo perdió su argentinidad en el aeropuerto.

—Completamente, 305; se descuidó, es todo; esto le pasa a cualquiera; un momento de tensión, un bajón en las defensas, y, paf, ahí mismo te jodiste.

—Sí, viejo, fue tremendo error, ¿no?.

—Sí, pero su peor error no fue ése, no. Su peor error fue que una vez en la puna, él se cree que va a convencer a los campesinos de la región a que se le unan, pero se equivoca por completo: su segundo, y peor error fue escoger a Bolivia como base de operaciones, sin darse cuenta que el Ejército Nacional venía desarrollando un plan de ayuda a los campesinos de la región.

—No me digas, es raro ver al ejército ayudando a los campesinos, ¿no?

—No en Bolivia y en aquel tiempo; pa' darte un ejemplo, habían acabado de construir un puente con la ayuda del cuerpo de ingenieros del Ejército Nacional por el área donde se infiltraron los invasores. Así que ¿para qué carajo iban los campesinos a respaldarlo?, si ya lo tenían todo.

—No, no, de película, Félix.

—Qué ironías tiene la vida, 305. Vivir para ver. Así que de cierto modo el capital es el que ayuda a los campesinos de la región y los va liberando de su pobreza nata, y, ¿quién lo iba a pensar?, mediante el ejército, que casi siempre es el instrumento que usa el capital para defenderse de sus enemigo, no para ayudar a los pobres. Yo soy el primero en reconocerlo.
—¿Quieres ver ironía, Félix? —le dije—. Ironía es lo que pasó en la Isla cuando el Prisionero empezó a hacer revolución allá en la Sierra. El mismo usaba el capital para comprar a los supuestamente defensores del capital, oficiales del ejército, en su mayoría. Incluso hubo terratenientes que contribuyeron con su capital a la revolución. ¿Qué te parece? Así que se puede decir que —paradójicamente— el capital venció al capital anulándose a sí mismo, y dejando el campo abierto a los marxistas para tomar el poder totalitariamente en la Isla.
—Sin embargo —dijo Félix—, aunque siempre consideré al Prisionero como un individuo muy inteligente, nunca pude explicarme su ingenuidad en cuanto cómo interpretaba la psicología de la humanidad con la que le tocó trabajar ...

El prisionero había notado que el socialismo en la Isla no estaba funcionando debidamente; pronto se dio cuenta —como Ministro de Industria— que la carencia de macheteros en la zafra se hacía cada vez más marcada. Uno de sus ayudantes le dijo:
—Comandante, lo que pasa es que ¿pa'qué un machetero va a regresar a machetear por unos pesos más si, en primera, no hay nada más que comprar con esos pesos, y, segundo, ya tiene una colchoneta rellena de pesos de zafras anteriores? ... además, con lo que tiene ahorrado más sus raciones ya tiene casa y comida paga... así que ¿qué más le da?
—Sí, pero y ¿el espíritu de cooperación, el patriotismo, el sacrificio por crear al hombre nuevo dentro del socialismo? —

preguntó el Prisionero—. ¿Acaso tú piensas que todo esto no hace mella en el machetero?

—Sí, yo pienso que hace mella, pero no todos los días... un día uno se levanta con ese espíritu en el cuerpo y se va a trabajar y hasta hace trabajo voluntario sin paga, pero, le apuesto, Comandante, que más de las veces se levanta uno con una pereza del carajo, y sobre todo viendo que esto progresa muy lentamente... Usted sí, a usted sí le funciona el socialismo, usted es un santo, Comandante, se sacrifica por los demás, pero la gente común y corriente no es así, Comandante, y perdone que se lo diga.

—No, no, al contrario, Herminio, si te llamé a mi oficina fue para que me dijeras exactamente cómo tú ves la situación, ya sabés que lo que hablemos no va a salir de esta habitación.

Poco después del diálogo con Herminio, administrador de uno de los centrales azucareros más grandes de Oriente, el Prisionero sugirió al Caballo que lo que el país necesitaba inmediatamente para controlar el absentismo era un estatuto contra la vagancia; y así, unos años después de la captura y muerte del Prisionero, la Asamblea Nacional, orquestada por el Caballo, ponía en vigencia en 1971, la Ley Número 1231 Contra la Vagancia.

El Prisionero —como Ministro de la Industria— fue en una gira de compras por todo el bloque soviético y compró tractores, maquinarias para fábricas, camiones, y todo tipo de herramientas mecanizadas para avanzar la producción en la Isla. Pronto descubriría que muchas de esas maquinarias estaban acumulando óxido cerca de los centros en donde desembarcaron, sobre todo eran netamente visibles en las afueras del Aeropuerto de Rancho Boyero, donde se veían hileras e hileras de tractores verdes, rojos, amarillos, los cuales no llegaban a su destino bien debido a cuestiones de logística en el trasporte o porque simplemente no rendía económicamente ponerlos a funcionar. Se contaba en la Urbe Capitalina

—secretamente y a manera de chiste— que un comisario de ventas de maquinarias checas que había logrado un contrato de millones de rublos con el Prisionero, vendiéndole palas mecanizadas para recoger la nieve. Además de todo esto, el Prisionero siempre mostró mucha ingenuidad en cuanto al modus operandi de sus colegas de la Europa Oriental a la hora de hacer comercio. Él pensaba que en casos como los que estaba presenciando en la Isla, en caso en que no funcionara la mercancía adquirida del bloque del Este, los funcionarios soviéticos se olvidarían de pasarle la cuenta. Muy pronto observaría la triste realidad del socialismo en cuanto a sus operaciones comerciales que se podrían resumir en un estribillo de una canción popular en la Isla: «¡Toma chocolate, paga lo que debes!». Su ingenuidad era proverbial; habría sido como esperar que el Vaticano le mandara un cheque mensual a un párroco que recién hubiera convertido al catolicismo a toda una congregación. «A Dios rogando, y con el mazo dando», habría sido la encíclica que le habrían mandado desde Roma.

Para su pesar también descubriría más tarde el Prisionero que las fábricas recientemente instaladas en la Isla empezaban a hacer paro; no tanto por el absentismo, sino por la falta de piezas de repuesto, pues al romperse los componentes de algunas maquinarias, era casi imposible obtener repuesto inmediato ya que tenían que llegar desde casi la otra mitad del mundo: Checoslovaquia, Polonia, la misma URSS. Fue entonces cuando el Prisionero decidió que la única solución para estos problemas de abastecimiento era expandir la esfera de acción de la Isla. Acto seguido, habló con el Caballo para empezar la formación de un segundo frente en la batalla contra el capitalismo; ese frente muy pronto sería llamado «BOLIVIA».

—Eso fue más o menos lo que me insinuó a mí el Prisionero —resumió Félix—, pero muy vagamente, ya que era muy parco en el hablar, al menos con nosotros una vez que lo capturamos. Quizás ya estaba cansado de todo, no digo físicamente, aunque también estaba exhausto después de meses de vagar por la selva boliviana, sino en su espíritu; tenía el alma partida, yo diría.

—Pues mira, Félix, no conocía esa parte del Prisionero; vivir para ver, ¿no?

—Así es la maraña, caballo. Pero, bueno, chico, ahora cuéntame más del Dire que me interesa esa parte de la historia de la Isla que me perdí por estar en Nueva York.

—No, no hay mucho más. Pronto el Dire se da cuenta del error nacional: la Revo traicionada; y se marcha con su familia al exilio. Estuvo enseñando en varias escuelas por aquí por el Norte y por fin, ya retirado, se ubicó aquí en Miami. Yo hablé con él por teléfono un día; me acuerdo que tenía problemas técnicos con su computadora. Poco después falleció.

—Él tenía un hermano mayor muy metido en la política por allá por los años de Grau y Prío, ¿verdad?

—Sí, el «Loquito», como lo llamaban algunos. Fue vocero de Grau por un tiempo, y siempre anticomunista de primera fila. Después, al ver el despilfarro que hacía Grau con la Hacienda Pública, decide poner un frente cívico en su programa radial dominical. «Vergüenza contra dinero», parece haber sido su tema entonces. El Caballo se inició en la política con él; al Loquito lo seguían legiones, pero, al fin, el capital pudo más que él. Recuerda: «PODEROSO CABALLERO ES DON DINERO». Y cuando ya estaba por exponer a unos malversadores, pejes grandes del gobierno, a última hora que se le raja su informante y se quedó en la calle y sin llavín. Figúrate, no le quedó otro remedio que pegarse un tiro. A los pocos días falleció. Su entierro en el Cementerio de Colón fue apoteósico. Todo el que era alguien en la política de entonces estaba presente.

—Qué cosa, ¿no? —dijo Félix.

—¡Así es! Sin embargo, pa' que tú veas, el tipo tenía un buen sentido del humor; no se daba humos, y participaba en la jarana cuando se presentaba. Déjame contarte lo que pasó allá en mi pueblo con un tal Vierita, cuando el Loquito fue a un mitin político allá por el año 48, según nos lo contó un antiguo alumno de los Maristas.

—Ah, ¿sí? No, no me digas. Yo siempre pensé que era un tipo serio y aburrido.

—No, no, qué va, Félix. Deja que te cuente, viejo. Mira, por allá por 1948, llegó el tiempo de las elecciones, y este Vierita era un tipo alocado a quien siempre la gente le estaba haciendo bromas o jaraneando con él. Bueno, la cuestión es que lo convencen a Vierita a que se meta de candidato a la Cámara. Lo llevan a mítines políticos, lo hacen hablar ahí, y, lo más bueno del caso es que Vierita se lo cree todo; recuerda, es un poco loco, pero no loco del todo, de manera que actúa y se porta normal, como otro político cualquiera, y hay gente del pueblo que lo oye hablar y, ¡caramba! creen que Vierita es de verdad la solución política del momento, y hasta están dispuestos a votar por él.

—Oye, 305, parece que esos tipos raros na'más se dan en tu pueblo, ¿no?

—No, espérate, que ahora viene lo bueno. Mira, da la casualidad que en esos días se aparece el Loquito en el pueblo, como parte de su campaña política. Por medio de unos amigos en común, el grupito que le estaba corriendo la máquina a Vierita logra hablar con el Loquito, le cuentan lo de Vierita. El se rio de lo lindo, y aceptó a participar en la broma. En fin, le dio una audiencia a Vierita, y lo aconsejó cómo llevar adelante su campaña. Estoy seguro que debido a su gran sentido del humor, seguro que se ganó una pila de votos allá en Santa Clara.

—Chico, qué desgracia lo que le pasó después, ¿no? A lo mejor ese Loquito hubiera sido hasta presidente, y a lo mejor el Caballo no hubiera tenido pie pa' meterle mano al poder como lo hizo.

—Sí, a lo mejor, Félix. Uno se pone a pensar en lo que pudo haber pasado en situaciones semejantes, y uno se queda pasmado al ver que la historia pudo haber acabado a las mil maravillas y no en el desastre en que acabó nuestra isla.

—¡Así mismo es! Yo muchas veces, ya metido en la cama, antes de dormirme, me preguntó ¿para qué quería el Prisionero fabricar un HOMBRE NUEVO, si nosotros teníamos hombres viejos muy buenos como el Loquito de tu cuento y otros tantos que pudieron haber enderezado el país sin tanta locura? Ganas de joder, diría yo.

—Algunos sí, lo hacen para vengarse del prójimo por equis razones —añadí—; pero, por otro lado, hay mucha de esa gente que se cree que sólo ellos tienen la clave de la verdad; todos los demás estamos errados o somos ciegos pequeños burgueses. No, y lo que más duele es que, después de años en el poder, un poder que, dicho sea de paso, no están dispuesto ni a dejarlo ni a compartirlo, después de todo ese tiempo tratando de crear al HOMBRE NUEVO y de descuartizar la economía en el proceso, después de todo eso, caen en un sistema peor que al que suplantaron: aglutinación del capital en mano de unos pocos; y por capital se entiende ahora no sólo dinero, sino, aun más importante, capital humano. El hombre nuevo es una máquina más del Estado.

—Me parece a mí que sólo una dispersión y distribución del capital entre el pueblo puede hacer resucitar una economía marxista-enfermiza como la de la Isla —aseveró Félix—: capital contra comunismo.

—De acuerdo... ¡CAPITAL contra KAPITAL! si el Loquito estuviera vivo, y le devolvieran su programa de radio dominical, su lema sería entonces «DINERO CONTRA SINVERGÜENZAS».

—¡Tú lo has dicho, hermano, tú lo has dicho!

4

SANTA CLARA

> Yo no como pescado; yo soy de Santa Clara.
>
> *Mamá*

No era raro oír el poemita entero, cuyos dos primeros versos rezaban:

Villaclara, pueblo oscuro
Vivir en ti, Dios me valga...

en bocas de cienfuegueros, enemigos naturales de los villaclareños. Desde 1819, año de la fundación de la Perla del Sur, la rivalidad entre ésta y Santa Clara se fue desarrollando a medida que corría el tiempo. Ninguna de las dos ciudades se daba por vencida; si Santa Clara era oficialmente la capital de provincia, Cienfuegos guardó celosamente en su seno el obispado y al señor obispo.

Hasta que llegó el día del triunfo de la Revo, poniendo así fin a esta disputa de más de un siglo, al hacer de la antigua provincia de Las Villas, tres provincias: una con capital en Santa Clara otra con la sede en Cienfuegos y la otra en Sancti Spíritus.

Como mis abuelos maternos vivían en Santa Clara y los paternos en Cienfuegos, nunca tomé partido ni por los «guajiros» de Villaclara ni por los «come jaibas» de Cienfuegos; sino que pasaba el año escolar en Santa Clara y las vacaciones de verano en Cienfuegos.

Fue así que transcurrió casi toda mi niñez de la primaria en Santa Clara, antes de la Academia, asistiendo al colegio religioso de los Hermanos Maristas. Gracias a las gestiones que llevó a cabo mi abuelo Juan Bautista con el director del colegio, pude ingresar en el preprimario. El colegio estaba en plan de expansión debido a la crecida demanda por parte de los padres de que admitieran a sus hijos como nuevos estudiantes. La realidad era triste, pero clara: ni el plantel escolar ni los hermanos, que en él vivían y enseñaban, daban a basto para tanto estudiante.

Fue así que mi familia me consideró el afortunado entre mi primo Diosdado y yo; pues cuando mi abuelo le pidió al director del colegio que por favor diera entrada a los dos, el director dijo que a duras penas podría dejar entrar a uno de nosotros. Años después pensé que el director cedió ante la petición de mi abuelo teniendo en cuenta todo lo que había hecho, en años anteriores, por la planificación y construcción de dicho colegio, aunque mi abuelo era Primer Vigilante de la Logia Masónica local.

El preprimario y el primer grado no fueron del todo desagradables para mí. Sólo recuerdo un incidente con el Hno. Leonardo en el prepi, cuando me encontraba hurgándome el oído con la punta de un lápiz y que de repente alguien me agarra la mano transgresora, me arrebata el lápiz, lo coloca ruidosamente arriba de mi pupitre, y, acto seguido, me propina tremendo manotazo en el centro de la cabeza.

—¿Estás loco, muchacho? ¿Quieres quedarte sordo? —preguntó el Hno. Leonardo.

Antes de tener tiempo a reaccionar y empezar a llorar, sonó el timbre de salida... las tres de la tarde... hora de ir a casa... «Me salvó la campana», pensé.

—Bueno, prepárense para salir. A ver, a formar dos filas como de costumbre.

Al oír la orden del hermano, abrí la tapa del pupitre para meter mis libros y papeles en la maleta y disponerme a salir con los demás estudiantes.

—No tan rápido, muchacho —me dijo Leonardo al oído. Tú te quedarás conmigo a copiar del libro de lectura. Así aprenderás a meterte cosas en la oreja.

Saqué, horrorizado, el libro de lectura, una hoja y el dichoso lápiz —causante de todo mi mal— y empecé a copiar: *Leal es un perro muy bonito, tiene el pelaje amarillo y lacio.* Para mi sorpresa, me di cuenda de que mi trabajo de copista se movía a gran velocidad. Si seguía así, quizás todavía tendría tiempo de alcanzar la última *guagua*, pues la primera ya estaría poniendo el motor en marcha, lista para salir llevando estudiantes hacia sus casas.

De repente, mis ojos se negaban a creer lo que había surgido en el renglón en donde me encontraba marcando con un dedo la palabra que me tocaba copiar. La palabra *gato* apareció lentamente. Se refería al enemigo mortal del perro Leal. Siempre que se encontraban estos dos animales había problemas en la historia. Casi siempre era Leal —nuestro héroe— el que llevaba la de perder. Mi frustración en aquel momento fue causada no por la aparición del felino en la lectura, sino porque *gato* empezaba con la letra más temible de todo el alfabeto: la «g» minúscula con sus curvas casi imposibles de delinear; y para colmo en aquel tiempo no habíamos aprendido todavía a escribir en cursiva. Pura letra de molde. Apreté lo mejor que pude el lápiz, me mordí el labio inferior para esmerarme en la escritura, y comencé el lento proceso de crear una «g» minúscula en cursiva.

—A ver, muchacho, a casa que se te va el ómnibus —gritó el Hno. Leonardo desde la puerta de la clase mientras yo lidiaba con otras ges que habían surgido en mi tarea de copista.

Metí todo lo que tenía sobre el pupitre en mi maleta, y salí corriendo a todo dar. Cuando llegué a la salida del colegio, ya la segunda *guagua* estaba en movimiento. No me di por vencido, corrí paralelo a ella golpeándola con la maleta hasta que el chofer, Carlos, paró y abrió la puerta empujando una manigueta muy larga que le permitía abrir la única puerta de la *guagua* sin tener que levantarse de su asiento.

Una vez dentro de la *guagua* y sentado en mi asiento favorito —bien atrás de todo el mundo— me sentí el muchacho más dichoso de la escuela, pues me iba a casa sin tener que quedarme a lidiar con las arañas y cucarachas que todos sabíamos infestaban las clases del colegio todas las tardes después que los hermanos cerraban las puertas con llave y se iban a descansar a sus habitaciones en el tercer piso.

El primer grado tuvo la ventaja de que era regido por el Hno. Humberto —un *pan*, como todos decían que era. El Hno. Humberto era el hombre más bueno, más humilde y caritativo que jamás habíamos conocido en nuestra corta vida. En realidad, nunca hubo un hermano Marista más santo y bondadoso que el Hermano Humberto. Quizás ya lo estén beatificando, pues a Marcelino, fundador de los Maristas por allá cerca de Lyon durante la Revo Francesa, fue hace poco ascendido a santo en la nomenclatura celeste.

Sin embargo, a partir del segundo grado, el plantel de los Maristas empezó a cobrar un parecido inequívoco con el campo de concentración de Dachau.

Todo empezó con el Hno. Juan de Segundo —también conocido bajo el apodo de «Iván el Terrible». Su tortura favorita era mandar a la víctima del día —acusado de no saber la lección, o de hablar sin permiso, o dormir en clase u otras infracciones menores— a pararse en frente de la clase, al pie de la tarima y mirando hacia el pizarrón. Entonces, al terrible Iván sólo le quedaba esperar a que el pobre condenado se orinara en los pantalones; ya que a los castigados no se les permitía el privilegio de ir al baño.

Invariablemente, alguien en la clase descubría, tarde o temprano, el cambio de color de los pantalones del castigado, y no vacilaba en anunciar el nuevo parte meteorológico.

—Ja, ja, ja... miren, Fulanito se meo en los pantalones. Ja, ja, ja.

La clase se moría de la risa, e Iván pretendía enojo dando golpes en la mesa con su chasca —o *tiki-tiki* como yo la llamaba.

Ah, sí, todos los hermanos tenían arriba de la mesa una *chasca*. Consistía el *tiki-tiki* en un palo como de cinco pulgadas de largo terminado en una especie de esfera, a la cual estaba atado con una liga un palito como de dos pulgadas de largo. Cuando el hermano accionaba el palito chico, éste, propulsado por la liga, chocaba contra la bola y hacía un ruido parecido a *tiki-tiki*.

Este *tiki-tiki* tenía el propósito de llamar la atención de los estudiantes, pero, a veces, los alumnos no prestaban atención o no oían el *tiki-tiki* del hermano, y entonces éste, arremetía con la bola del *tiki-tiki* contra su mesa de trabajo, y eso sí que llamaba la atención de los estudiantes, quienes se callaban inmediatamente por miedo a que el hermano se enojara más de lo que estaba, y se decidiera a usar el *tiki-tiki* contra sus cabezas. El Hno. Miguel, un viejo francés que nos enseñó a leer en el prepri, usaba el *tiki-tiki* cuando supervisaba nuestros viajes en la *guagua*; como casi nadie oía el dichoso *tiki-tiki* entre el ruido del motor y de la calle, el Hermano terminaba por arremeter contra el primer desdichado que encontrara saltando o gritando en la *guagua* y después de darle un par de *tiki-tikazos* en la cabeza, se entregaba a trepanarle el cráneo de la víctima con sus cinco dedos en forma de garra chillando entre dientes: «¡Demonio!».

Volviendo al asunto de los pantalones mojados, cuando llegué a casa esa tarde, mi mamá le contó a mi abuelo lo que pasó. Abuelo Juan vino a hablarme y me dijo:

—La próxima vez que el cura no te deje ir al baño, te orinas bien cerca de su mesa para que lo huela —dijo y se fue maldiciendo a Iván el Terrible.

Las torturas en los Maristas-Dachau no se quedaban en el nivel físico. ¡No! El castigo moral era el más perverso y pernicioso de todos los castigos en el plantel. Consistía éste en una especie de auto da fe que tenía lugar todos los lunes con la entrada del hermano director a escuchar las calificaciones de todos los estudiantes de la clase. Las calificaciones eran leídas sumariamente por el hermano a cargo del aula. Los primeros estudiantes, los sobresaliente y notables, no tenían nada que temer...

—Primero: Juan Octavio Carbó, Segundo: Jorge Luis Alvarez ... Vigésimo Primero... —ya aquí, cuando las menciones pasaban el límite de la segunda decena de los ordinales, el semblante del director empezaba a cambiar de risueño y complacido a estupefacto y enojado. «¿Cómo era posible», se preguntaría, «que alumnos Maristas se rebajaran tanto hasta caer en el área de los aprobados raspados o aún peor, en la de los suspensos?» Sus ojos se empequeñecían y las cejas comenzaban a acercarse una a la otra hasta casi tocarse. Era feo el Hno. Mauro, feo, rudo e intransigente. Su mala sangre se le notaba en su cara que casi nunca sonreía.

—Trigésimo segundo...—se aventuró a susurrar el Hno. Juan de Segundo, echándome una mirada de perdonavidas.

Al oír mi nombre, me levanté lentamente, cabizbajo, y me paré al lado de mi pupitre. ¡Qué bochorno más grande! Hasta Vilela, el trigésimo primero de aquella semana, me ganaba en las calificaciones; y eso que acababa de llegar de España, de una aldea gallega desconocida que ni siquiera aparecía en el mapa, y, para colmo, apenas sabía leer y hablaba el español como si tuviera una papa en la boca. ¡Qué vergüenza más grande! Sentí ganas de morirme o de que me tragara la tierra en ese mismo instante. «Así deben sufrir las almas en el infierno», pensé. «No, en el infierno no, pero sí en el purgatorio», me autocorregí. Sabía, por las lecciones de catecismo, que las penas del infierno estaban todas acompañadas del fuego eterno. Al menos, todavía no había llegado a eso. Menos mal.

Una vez terminada la lectura de las calificaciones, el Hno. Director echaba su pequeño discurso, que era siempre el mismo. Elogiaba a más no poder a los sobresalientes y notables. Alentaba a los aprovechados a mejorar para la siguiente semana, y nos hacía sentir como animales a nosotros los aprobados y suspensos. ¡Era bruto el Mauro! ¡Bruto y feo!

Un día, durante las vacaciones, un colega de mi tía, catedrático en el Instituto de Segunda Enseñanza, se encontró con el Hno. Mauro en Isla de Pinos. Andaba con una camisa multicolores disfrutando de un tabaco, feliz y sonriente. ¡Qué diferente del Mauro que conocíamos en el colegio! ¿Sería el ambiente agobiante de la escuela el que lo convertía en un monstruo? ¡Vente a saber!

Recuerdo otro incidente de castigo moral que llevó a cabo Iván el Terrible. Un día nos dio un ejercicio de escritura y dijo:

—A ver, muchachos, hoy vamos a ver quién es el campeón de letra bonita. Saquen sus libretas de escritura y copien lo que voy a poner en el pizarrón.

Al día siguiente, llegó a la clase con todas las libretas que se había llevado para calificar. Después de terminada la primera oración del día, Iván comenzó a llamar a los dueños de las libretas mencionando sus calificaciones en la competencia de caligrafía.

—Primero, y campeón de caligrafía Fulano de tal... Trigésimo primero José Vilela... Trigésimo Segundo... —dijo mirándome con desprecio.

Cuando hubo acabado de repartir todas las libretas, tronó Iván el Terrible.

—A ver, esos dos últimos, los que escriben con letra de gato, pónganse de pie para que todos los veamos bien, y para que no olviden que la letra con sangre entra.

Vilela y yo nos paramos cabizbajos al lado de nuestros pupitres, mientras el resto de la clase explotaba de risa. Era horrible aquella tortura. Día tras día sufríamos alguna humillación nueva cortesía de Iván el Terrible.

El ambiente de campo de concentración nazi se extendía hacia el patio de recreo del colegio. Después de que los hermanos indicaban con el *tiki-tiki* que saliéramos al recreo, nos echábamos a correr por ese patio como animales libres de sus jaulas. Era entonces el dale al que no te dio, el empuja-empuja, el a ver quién pateaba más fuerte a quién. Las peleas en ese patio eran casi a muerte, o así me parecía a mí y a mi primo Diosdado —quien venía ahora un año tras de mí. Para evitar todo tipo de conflicto en aquel patio infernal, nos refugiábamos casi siempre bajo un árbol raquítico en medio de una depresión en el centro del patio. Nos sentíamos como el árbol: fuera de lugar. Pero todo era inútil. Nunca podíamos escapar la violencia. Tarde o temprano venían los lugartenientes de las pandillas a reclutarnos para la lucha. De negarnos a seguirlos, recibiríamos una buena paliza, y, arriba de eso, teníamos que seguirlos y encarar al enemigo de la pandilla en cuestión.

Los hermanos supervisaban el patio durante el recreo, pero o no se daban cuenta o pretendían no darse cuenta de los horrores que allí acontecían diariamente. Se la pasaban jugando con algún fiñe con el cual se habían encariñado, o bien, cabizbajos, rezaban el rosario en silencio.

El tercero y cuarto grados no fueron muy diferentes, la única diferencia era que yo era mayor y había desarrollado mejor técnicas para soportar el terror.

El Hno. Alberto de Tercero era más bien un tipo reservado, a quien no le gustaba mucho hablar. Sin embargo, cada vez que hallaba la oportunidad, sacaba su librito de cuentos edificantes, nos hacía despejar todo lo que teníamos sobre el pupitre, cruzar los brazos y escuchar atentamente. Ahora, eso sí, pobre del que interrumpiera la lectura amena del Hno. Alberto. Su furia, una vez desatada, era de película.

Un día nos leyó el cuento de San Tarsicio, mártir, el cual yo lo interpreto hoy de esta manera:

—¿Adónde vas tan temprano, Tarsicito? ¿A ver a tu novia?

Tarsicio ignoró la pregunta que salió de un grupo de jóvenes paganos agrupados como todas las mañanas durante sus vacaciones de verano, a la entrada de la Vía Apia, buscando la manera de divertirse ya que eran patricios y no tenían que trabajar.

—¡Tarsicito, no seas así! Danos aunque sea los buenos días—le dijo, con fingida voz de mujer, Claudio, el mayor del grupo, saliéndole al paso.

Los demás paganos rodearon a Tarsicio impidiéndole el paso.

Tarsicio paró en seco, miro al cielo muy azul de la Roma Antigua, desprovisto de vapores industriales y otras taras de hoy en día, y cruzó los brazos sobre el pecho.

—¡Ajá! ¿Qué llevas ahí, escondido bajo la toga, mariconcito? ¿Alguna novelita pornográfica?

Tarsicio apretó con más fuerzas los brazos contra el pecho, pues en realidad ahí llevaba escondida la Sagrada Eucaristía que el obispo de Roma, Sixto II, le había comisionado que llevara a los cristianos que esperaban el martirio en los calabozos del Anfiteatro Flavio.

Los jóvenes comenzaron a forcejar con Tarsicio, quien halló fuerzas sobrenaturales para defenderse de tal ultraje. Por fin, Claudio se apoderó de un pedrusco, de esos abundantes en la Vía Apia, y arremetió contra la cabeza de Tarsicio.

—Viva Cristo Rey! —gritó Tarsicio con todas sus fuerzas antes de recibir un segundo golpe en la cabeza, que le hizo caer al suelo desfallecido.

—Acto seguido —continuó el Hno. Alberto—, los paganos lo patearon y apalearon hasta que exhaló el último suspiro pero no pudieron encontrar el sacramento de Cristo ni en sus manos, ni en sus vestidos. Los cristianos recogieron el cuerpo de Tarsicio y le dieron honrosa sepultura en el cementerio de Calixto. Poco después, según el Martirologio romano, el papa Sixto II también fue detenido durante la celebración de la Misa en el cementerio de *Pretextato*, y fue martirizado decapitado junto algunos de sus diáconos.

Algunos estudiantes estaban llorando amargamente; muchos escondían la cabeza entre los brazos cruzados sobre el pupitre para que no los vieran sollozar.

—Tarsicio —concluyó el Hno. Alberto— quiso cumplir aquello que dijo Jesús: «No arrojen las perlas a los cerdos», y se negó a acceder a la petición de los paganos.

Fue aquí, en el Tercer Grado, que nos llamaron para participar en un club muy, pero muy exclusivo: ¡Los Cruzados! La Cruzada Eucarística era un ejército juvenil, a las órdenes del Papa, y cuyo fin era procurar la santidad propia y la salvación de las almas de todos los jóvenes. Tenía sus orígenes en el siglo XIX en Francia, pero muy pronto se extendió por todo el mundo católico hasta abarcar remotos lugares como Abisinia y el Congo.

Los Maristas iban a la vanguardia en esta institución papal; y sus reclutamiento por medio de sus colegios resultaban en verdaderas legiones, que, como los cruzados medievales, estaban dispuesto a luchar contra el mal en cualquier parte del mundo a una simple llamada del Vaticano. Así de sumisos nos tenían indoctrinados.

Todo empezó en un frío día de diciembre; el Hno. Miguel, el Asesor del Núcleo de nuestro colegio, llegó a la clase del Hno. Alberto de Tercero.

—Muchachos, a ver ¿quiénes quieren hacerse miembro de mi cruzada? —dijo desplegando unas láminas a todo color representando un cruzado a caballo, vestido regiamente con toda su armadura traspasando de lado a lado a un moro negro como la pez, que corría despavoridamente delante del caballo blanco del cruzado.

—Yo, yo, yo —todos levantamos las manos gritando.

—Bueno, síganme.

Casi toda la clase siguió al viejo Hno. Miguel por los pasillos hasta un salón al lado de la clase de Quinto Grado. Una vez ahí, entramos y nos sentamos en el primer asiento que encontramos.

—A ver, muchachos, miren estas láminas para que aprendan —dijo el Hno. Miguel—. Los cruzados amamos a Cristo Rey y por él estamos dispuestos a dar la vida. La Sagrada Eucaristía es nuestro escudo protector; el Santo Rosario, rezado diariamente, es nuestra arma, más poderosa que la espada; y María es nuestra madre celestial. Oremos: Padre nuestro, que estás en los cielos...

Todos los martes, a las diez de la mañana, íbamos a las reuniones de los cruzados con el Hno. Miguel. Allí se nos inculcaba no sólo amor al catolicismo, sino también el odio a sus enemigos mortales: el demonio encarnado en José Stalin al frente del comunismo internacional, y el protestantismo, iniciado por el malvado Lutero, quien ardía eternamente en el infierno desde el día que feneció en pecado mortal.

Entre estos dos enemigos mortales, se encontraba, de vez en cuando en las diatribas del Hno. Miguel, los miembros de la masonería, debido posiblemente a sus recientes persecuciones de cristianos en México durante la Guerra de los Cristeros.

Muchos de los hermanos en el colegio habían salido huyendo de México durante la matanza de cristianos en ese país en los años veinte. Algunos habían sido torturado por las fuerzas del presidente Plutarco Elías Calles y sus adeptos masones. Como mi abuelo Juan era masón, yo temía que se supiera y se divulgara en el colegio, y quizás me echaran de los cruzados. Sería horrible tener que devolver mi capa blanca con cruz roja en el pecho, el casco romano con su cresta roja y la espada de madera con que nos habíamos iniciado en nuestro Núcleo Champagnat. ¡Qué horror! ¡Qué horror!

Sin embargo, Juan Octavio no tendría nada que temer; no sólo era el primero de la clase todas las semanas, sino que su padre era miembro directivo de la Asociación de Caballeros Católicos de Santa Clara. Carbó tenía una mente excepcional; sólo tenía que leer una página de cualquier libro que tuviera delante, y, ¡paf! en un abrir y cerrar de ojos, ya la tenía memorizada. Lo de él era una memoria fotográfica, como los que exhiben los *idiots savants*, pero con la ventaja de que iba acompañada de una inteligencia preclara sin rival en todo el colegio.

Carbó fue nombrado en seguida guía de nuestro grupo cruzado Marcelino Champagnat. *Ipso facto* recibió no sólo la capa y la espada que le correspondía como cruzado, sino también un escudo con la enseña del colegio grabado en él. Ese mismo día, ya en el patio de recreo, Carbó exhibió con orgullo su nueva vestimenta. Alto, valiente, espigado, parecía un campeador listo a defender cualquier causa justa de la Iglesia contra sus enemigos.

Años más tarde, con apenas catorce años, poco después del triunfo de la Revo, le tocó defender una causa tan justa como perdida concerniente a la total ocupación del Tibet por las huestes maoístas en 1959.

Se encontraba Carbó un sábado por la tarde en el Parque Central de Villaclara, cuando, de repente, oyó el diálogo a favor de Mao y en contra del Dalai Lama que llevaban a cabo un grupo de la sección juvenil del Partido Socialista Popular. Carbó no pudo sufrir más los ataques de los marxistas y se lanzó a la defensa de las víctimas con un ataque verbal a favor de la independencia tibetana y en elogio del Dalai Lama. Los jóvenes marxistas no respondieron con palabras a la defensa de Carbó, sino que arremetieron contra él propinándole menuda golpiza de la cual le llevó tiempo recuperarse.

En cuarto grado, mis calificaciones iban de mal en peor. Mi madre decidió emplear a una maestra particular para ayudarme a estudiar en casa después de la escuela. Ahora la tortura era doble, pues, no sólo no hallaba el más mínimo interés en las asignaturas que veíamos en la escuela, sino que tenía que continuar el aburrimiento total en casa por un par de horas diarias. «¡Qué perra suerte!» pensaba. «¡Hasta cuándo!»

El fin llegó el día de premios al terminar yo el cuarto grado. Era el Hno. Juan de Cuarto un verdadero campesino español; de aquellos de armas tomar en cuanto se tratara de patria o religión. Obstinado franquista hasta la ceguera, no veía el día de parar de elogiar al Caudillo y su Guardia Mora. Un día, en la clase de catecismo, le tocó hablar de los enemigos principales de la Santa Madre Iglesia Católica, Apostólica y Romana. El primer enemigo mortal de la Iglesia era, sin duda, el Marxismo-Comunismo, creación diabólica del Maligno, encarnado en el mismísimo cuerpo —y alma— de José Stalin, como nos inculcaron en las reuniones de los cruzados.

El segundo enemigo mortal de la Santa Madre Iglesia, como ya dijimos, eran los protestantes con Lutero a la cabeza. Este fue el tema de la clase de catecismo de aquel día en cuestión. El Hno. Juan de Cuarto, el rudo campesino español, desató en aquella ocasión su odio incontenible contra los Testigos de Jehová.

Nos contó, después de comparar y contrastar las dos religiones, del día en que él se hallaba acompañando a sus casas a los estudiantes de a pie. En una esquina no muy lejos del colegio, había un puñado de gente agrupado alrededor de un Testigo de Jehová que pregonaba lo cercano que estábamos todos del fin del mundo. El Hno. Juan de Cuarto, apenas controlando su voz para no gritar de pura ira, nos contó cómo sintió ganas de arremeter contra el Testigo y arrancarle de cuajo el anuncio de cartón que le colgaba del cuello, anunciando el fin del mundo.

Fue aquel mismo día, y durante aquella misma clase de catecismo, que se le ocurrió a Raimundo gastarse una broma de muy mal gusto conmigo. Raimundo se me acercó al oído y me amenazó con decirle al Hno. Juan de Cuarto que yo había dicho una mala palabra contra la castidad de Santa María Goretti, virgen y mártir. Preso del pánico, me eché a llorar. Pronto el Hno. Juan de Cuarto se me acercó y me preguntó que qué me dolía.

—Nada, Hermano, es que Raimundo me dijo que me iba a acusar que había dicho algo malo contra Santa María Goretti.

El Hno. Juan de Cuarto, que ya venía caliente después de recordar, al contarnos, el incidente con el Testigo de Jehová, agarró a Raimundo por una oreja y casi lo arrastró hasta la tarima, en donde lo dejó arrodillado con la vista al pizarrón. Esa fue la última vez que Raimundo me atormentó en mucho tiempo.

Al día siguiente, mi primo Diosdado y yo llegamos temprano al patio de la escuela. Aquella mañana presenciamos lo que nos pareció un portento: tanto la luna como el sol aparecían al mismo tiempo en el cielo despejado

—Es una señal divina —dijo Diosdado horrorizado—, se aproxima el fin del mundo como decía aquel Testigo de Jehová del cuento del Hno. Juan.

No me atreví a contestar. Miré con mucho miedo el portento otra vez, y decidí irme a guarecer bajo el techo de uno de los pasillos.

Como decía, el fin de mis tribulaciones en los Maristas llegó aquel día de repartición de premios de fin de curso en el patio del plantel. Todos los años en el mes de junio, un día después de acabadas las clases, el patio de los Maristas se vestía de gala. Una tarima enorme se montaba hacia la entrada del colegio, con asientos para el Hno. Director y sus invitados de honor. Suntuosas cortinas de terciopelo colgaban de un andamiaje construido en la parte posterior de la tarima. El acto de los premios de fin de curso duraba varias horas; pues no sólo hacían uso de la palabra algunos de los invitados de honor, sino que cada hermano leía las calificaciones finales de cada estudiante de su clase. Todo el alumnado estaba sentado en sillas de tijeras ocupando casi todo el resto del patio. Los padres y familiares de los alumnos se acomodaban sentados en las pocas sillas que quedaban sin ocupar, o bien, se paraban a la sombra de los pasillos que rodeaban el patio. El acto comenzaba arriba de la tarima detrás de un micrófono que las más de las veces chillaba como un pajarraco.

—Uno dos tres. Probando. Uno, dos, tres. Probando —dijo el Hno. Reinaldo, ayudante del director, ajustando el micrófono.

El Hno. Reinaldo señaló con la cabeza al Hno. Director que todo estaba listo para empezar. Acto seguido el Hno. Mauro se levantó de su silla, se dirigió al micrófono y lo ajustó a su estatura.

—Muy buenos días amadísimos padres de nuestros queridos estudiantes. Bienvenidos todos, padres y estudiantes —dijo.

Era todo dulzura y amor en aquel momento aquel diablo escapado de los mismos infiernos. Alabó a los invitados del día, presentándolos por sus nombres y cargos impresionantes en la comunidad. ¡Hipócrita! Luego habló de lo bien que había culminado el año escolar y de los muchos premios que estaban a punto de ser otorgados a legiones de orgullosos alumnos maristas.

Como siempre, la repartición de premios comenzaba con los de Quinto Grado y de ahí descendía grado por grado hasta llegar al preprimario. Ese día hacía un sol que rajaba piedras y el calor era insoportable bajo el saco blanco del uniforme de gala.

Cuando todo el estudiantado estaba ya sentado en el patio, y después de las palabras iniciales del director, vislumbré a lo lejos, en una parte del pasillo cerca de la puerta principal, protegido contra el sol infernal, a mi abuelo paterno. Mi abuelo venía de Cienfuegos cada año a la repartición de premios de los Maristas. Me esperaba calladamente cerca de la puerta interna del colegio, y una vez terminado el acto, yo corría a abrazarlo, besarlo y darles las medallas con las cuales me habían condecorado. Después, nos íbamos caminando por la acera de la sombra hasta casa de la abuelita (mi bisabuela paterna) para almorzar opíparamente, como siempre se comía en esa casa.

Una vez que el hermano a cargo del quinto grado acabó de mencionar al último aprobado de su curso, le tocó el turno al Hermano Juan de Cuarto. El Campesino Español empezó, como de costumbre, con los sobresalientes a los cuales siguieron los notables y aprovechados. Cuando empezó la lista de los aprobados, empecé a prepararme para levantarme, abrirme paso lentamente entre los estudiantes sentados en la hilera de sillas donde yo estaba sentado, caminar hacia la tarima, subir la pequeña escalinata que terminaba a los pies del Hermano Director, darle la mano derecha y recoger con la izquierda, el diploma que me extendería, que certificaba con su firma de puño y letra que yo había aprobado el cuarto grado lo cual me permitiría matricularme en el quinto.

Para mi sorpresa, el Hermano Juan nunca mencionó mi nombre; José Antonio Vilela fue el último de la lista de los aprobados de cuarto grado, lo cual quería decir que me habían suspendido; ya que a los suspensos no los mencionaban... no púbicamente...

Aunque me preocupó algo que no mencionaran mi nombre, albergué la esperanza de que había sucedido un error... ¿Cómo iban a suspenderme si yo tenía una maestra particular que me había dicho a mí y a mi mamá que yo estaba listo para los exámenes finales? No, no, era imposible... todo fue seguramente un error, un infortunado error, el cual sería corregido una vez que mi mamá hablara con el Hermano Director. ¡Ya verán! Todo se arreglará.

Si bien era cierto que los nombres de los suspensos no eran mencionados en público, El Campesino Español tenía otro estándar dentro de su clase. Así, una vez terminado el acto de repartición de premios, todo el alumnado entró en sus aulas respectivas para recoger el material escolar que todavía les quedaba en los pupitres y llevarlo a sus casas. Fue aquí, en la privacidad de su aula, que El Campesino Español soltó su odio contra los mal estudiantes, contra aquellos que perdieron el tiempo de los demás y su propio tiempo durante todo el año escolar, y que ahora recibían su merecido.... SUSPENSO. El Campesino me llamó por mi nombre, me hizo parar al lado de mi pupitre y me dijo que aunque llorara todo lo que quisiera que no permitiría bajo ningún pretexto que yo pasara al quinto grado, y que mejor que me preparara para una larga y calurosa escuela de verano, en donde acababan siempre todos los detestables suspensos.

No pude ya contener mis lágrimas. Me senté de repente, escondí la cabeza entre los brazos cruzados sobre el pupitre, y comencé un lento, aunque estridente sollozo, el cual me acompañó no sólo durante la salida de la clase, sino hasta el árbol del centro del patio, en el cual apoyé un brazo, hundiendo la cara en él para seguir llorando amargamente. De repente sentí una mano sobre la cabeza.

—¡Niño! ¿Qué te pasó? ¿Por qué estás llorando? —me preguntó mi tía Alicia, madre de Diosdado.

—Me suspendieron —contesté entre sollozos, y salí corriendo hacia la puerta del colegio, evitando la mirada de mi abuelo, que me esperaba mirando de un lado a otro tratando de encontrarme entre tanta gente.

Hice lo mejor que pude para salir del colegio sin que me viera, y, una vez en la calle, salí corriendo para mi casa.

Cuando llegué, le conté entre lágrimas a mamá lo que me había pasado y me dijo que no me preocupara, que me tirara en la cama un rato y descansara. Así lo hice.

Poco después oí a mi primo Diosdado y tía Alicia entrar en la casa saludando. Al poco rato, me levanté y me dirigí al «cuartico», un espacio de desahogo de dos pisos en el fondo de la casa. Ahí me encontré a Diosdado escribiendo algo en la pared con un pincel y pintura roja: SUSPENS...

No terminó de escribir la palabra; me miró pensativo, y, de repente, dejó el pincel sobre la mesita al lado de la pintura. Le iba a decir algo, pero entonces oí a mi abuelo que llegaba, y salí corriendo hacia la sala para abrazarlo. Ya no tenía pena de verlo, pues ya mi mamá le habría dicho de mi suspenso.

—Pues no sé qué decirte, muchacho. Ni tu padre, ni tu abuelo Juan ni yo, ninguno de nosotros, nunca recibió un suspenso. Todos estudiamos algo y nos hicimos hombres de bien —me dijo mi abuelo abrazándome.

No parecía que hablara con enojo, sino más bien como dándome un consejo para que mejorara en un futuro. Yo no decía nada; seguía abrazado a él fuertemente.

Por fin, me apartó de sí, y me dijo:

—Bueno, vamos a casa de la abuelita para almorzar.

Mi hermana y yo nos dispusimos a salir con el abuelo. Todavía hacía un sol que rajaba piedras; el dichoso sol de verano en la Isla. No había manera de librarse de él. Cruzábamos de una acera a otra tratando de ampararnos bajo las «sombritas» que aparecían de vez en cuando en algunas casas con toldos. De repente, pasó por la acera opuesta un muchacho como de unos diez u once años con un tabaco enorme en la boca. Mi abuelo lo miró sonriendo y dijo en voz baja que sólo mi hermana y yo escuchamos:

—¡Tabaco, suelta a ese muchacho!

Acto seguido, los tres nos echamos a reír. Ya estaba seguro de que abuelo no estaba enojado conmigo.

Aquellas vacaciones de verano, después del suspenso, no me vieron someterme a la tortura de una escuela de verano. ¡No! Unos días después de la repartición de premios, me encontré en la heladería frente a mi casa con mi mejor amigo, Pedro Ramón, quien no había soportado su estadía en los Maristas-Dachau y tuvo la suerte de que lo matricularan en el Colegio Metodista hacía un año. En ese colegio, me contó, los maestros no torturaban a los estudiantes y de paso les enseñaban inglés. Pero como Pedro Ramón, como todos nosotros, estaba obsesionado con todo lo que tuviera que ver con la vida militar, me dijo muy complacido:

—El semestre que viene, me van a mandar a una academia militar en la Capital. Me darán un rifle y un cuchillo de cazador.

Fue la mejor noticia que había recibido en mucho tiempo. De repente se me encendió el foco que dicen todos tenemos en el fondo del cerebro.

Corrí a mi casa, y le rogué a mi mamá que me mandara a la academia militar a donde se dirigía Pedro Ramón.

—Anda, mami, no seas mala…. Mándame a la academia militar… Te prometo que voy a estudiar mucho…

—Bueno, tendré que hablar con tu papá. Ya veremos — me dijo pensativa.

No le llevó mucho tiempo a los adultos a cargo de mi vida de decidir mi suerte académica. Iría a la academia militar para que aprendiera a estudiar y adquiriera valores patrios. Desde ese momento, todo estaba a mi favor: no tendría que ir a la escuela de verano; además, estaría en la misma escuela con mi mejor amigo, y, tendríamos la oportunidad de emular a uno de los héroes de nuestras fantasías infantiles: John Wayne. Esta vez, ¡con rifle y cuchillo de verdad!

CIENFUEGOS era un lugar muy diferente a Santa Clara; no sólo estaba al borde del mar, sino que hasta la misma arquitectura de la ciudad —mucho más moderna que la de Santa Clara— reflejaba un lugar más alegre, más apacible, más amistoso.

El escapar los horrores de la escuela de verano en los Maristas se traducía en tiempo de vacaciones en la Perla del Sur. La abuela Carmelina ordenaba a la cocinera de comprar palomilla, la cual sustituía la carne de segunda que le daban a mis primos durante su estadía provisional en la casa de los abuelos, mientras le construían su casa nueva cerca del Cinfuegos Yacht Club. Sí, sin duda yo era el favorito de la abuela Carmelina.

Apenas me había bajado del tren de Santa Clara, vislumbré a mi abuelo que me había venido a recoger en la estación en su carro. Ampudia, el chofer y ayudante de mi abuelo, se ocupó de mi maleta después de darme la bienvenida con un helado de chocolate —mi favorito.

—A casa, Ampudia —ordenó mi abuelo, una vez que todos estábamos dentro del carro.

—Muchacho, ¡qué grande estás! —gritó la abuela desde los altos de la escalera de la casa en la calle Tacón.
—Hola, abuela —le di un beso abrazándola.
—Ven, lávate las manos que te preparé el almuerzo: bistec de palomilla, frijoles negros y arroz blanco.
Mis primos, Richín y Robert, corrieron a abrazarme. Eran un par de años más jóvenes que yo, y me querían mucho. Después del almuerzo, su mamá nos mandó alistar para llevarnos al famoso Yacht Club.
—Los voy a inscribir a los tres en las clases de natación con el profesor Muñoz. Tienen que aprender a nadar antes de que se acabe el verano— dijo la tía sonriendo.
La primera lección no fue nada fácil ya que le teníamos pánico al agua. Pero después de varios días, cuando ya habíamos perdido el miedo, empezamos a nadar sin la ayuda de la tabla. Esperábamos con ansias el descanso del medio-tiempo durante el cual la manejadora de mis primos nos obsequiaba con un refrescante jugo de naranja.

—Antes de ir a la Academia, tendrás que tomar no sólo lecciones de natación, sino también de yudo —me había dicho mi padre antes de embarcarme en el tren para Cienfuegos—. Ya hice los arreglos necesarios. Natación en Cienfuegos y yudo en Santa Clara.
Aunque en Cienfuegos siempre pasaba unas vacaciones tranquilo y contento, ese verano no fue del todo así. En la clase de natación había un muchacho más o menos de mi edad, que venía de la Capital. Era fuerte, fornido y dado un poco a molestar a los más pequeños. Un día, me llené de valor y le llamé la atención.
—Oye, deja a los fiñes tranquilos; ¿por qué no te metes con uno de tu tamaño?
—¡Ah, no me digas, chico! Y ¿quién coño me va a obligar?

—Pues, yo mismo, chico. ¿Qué coño te pasa a ti?
—¡Espérame a la puerta del Club después de la ducha! ¡Ya vas a ver, so maricón!

No le contesté en seguida, pues de repente me di cuenta de que tenía las espaldas muy anchas. Iba a ser difícil vencerlo.

En efecto, una vez fuera del Club, del otro lado de una puerta lateral, ya me estaba esperando el fornido combatiente. Nos pusimos en guardia. Nos amagamos y finalmente nos dimos unos cuantos golpes. Resultado: uno de los grandes nos separó y nos dijo que cada uno se fuera en sentido contrario o de lo contrario nos reportaría a la policía por pelear en la vía pública.

Una vez en la *guagua,* camino a casa de mis abuelos, me sentí deprimido, pues estaba seguro de que había perdido la pelea. Muchos años después, recapacité dándome cuenta de que lo importante de la cuestión no era ganar o perder una pelea, sino pelear de acuerdo a las reglas.

Al llegar a la casa de los abuelos, me tiré bocarriba en la cama con las manos en la nuca y mirando al techo.

—Muchacho, ¿qué te pasó? ¿Te peleaste con alguien? —me preguntó la abuela adivinando lo que había sucedido.

No contesté nada. Me di media vuelta en la cama y quedé mirando hacia la pared. Poco después me quedé dormido.

Al día siguiente fui a jugar con mis amigos de los bajos de la casa de los abuelos. Era una familia mulata: Luis era negro como un totí, Casimiro era cobrizo tirando a amarillo, Silvia, la hermana mayor, era más bien blancuzca, y María, la más pequeña, era trigueña y muy bonita.

Ese día que los visité, tuve suerte que era la hora propicia para «la película». Los amigos me hicieron sentar en la sala con ellos. Silvia cerró bien la puerta de la calle, pero dejo la ventana entreabierta creando así una pequeñísima rendija, de manera que todo el recinto quedaba a oscuras menos un haz de luz que se filtraba por la rendija. De repente, en la pared de la sala, aparecían unas toscas figuras fuera de foco, distorsionadas, pero en movimiento. Era como estar en el cine frente a la pantalla....

—¡Miren, ahí viene mami, ahí viene mami! —gritó Luis de repente, apuntando con un dedo hacia una de las figuras móviles en la pared.

Todos empezaron a gritar y a aplaudir, y en pocos segundos, la mamá, Juana, entraba cargada de paquetes por la puerta de la calle.

Quedé maravillado ante el acto de magia que había presenciado... era el cine de los pobres.

Al día siguiente, para premiar a mis amigos de los bajos por haberme regalado el espectáculo del cine de los pobres, se me ocurrió una idea genial. Corrí adonde estaba mi abuela y le pedí:

—Abuela, quiero invitar a Luis y Casimiro al Yacht Club. ¿Cuándo vamos?

—¡Muchacho! —me gritó con lágrimas en los ojos—. No me pidas eso. Allá no admiten gente de su raza.

—Y ¿por qué no, abuela?

— ¡Por que no! Eres muy joven todavía; algún día comprenderás —dijo enjugándose las lágrimas con un delantal.

De regreso a Santa Clara, siguiendo el mandato de mi padre, fui a inscribirme en las clases de yudo cerca del Instituto de Segunda Enseñanza. Un tal Pozo estaba a cargo del programa.

—Nombre y apellido —me preguntó al yo entrar en el salón y acercarme a la mesa donde estaba sentado el tal Pozo. Había una lona deportiva extendida por casi todo el piso del recinto.

—Aquí tiene —le dije un poco amedrentado, sólo atiné a extenderle el recibo de pago que me había dado mi padre.

—¡Ah, ya pagaste! Bueno, déjame ponerte en la lista de la clase del lunes y miércoles a las 10 de la mañana. ¿Te va bien?

—Sí.

—Mira, vete a casa de esta señora para que te mida para un quimono... a no ser que ya tengas uno —me dijo dándome una tarjeta con la dirección de la costurera.

—Bueno, hasta el lunes.

—Adiós.

Las clases de yudo eran aburridísimas. Me parecía estar de regreso en los Maristas. Entre bostezos, seguía las instrucciones del cinta negra a cargo de la lección: primero de pierna, primero de brazo, segundo de pierna... primero de *sutemi*. Luego nos extendíamos en la lona para las técnicas de inmovilización y estrangulación o *katame waza*.

En una ocasión me tocó practicar con el gigante Sarito, el chico más alto de la clase; medía cerca de seis pies y pico. Al comienzo, Sarito me zarandeaba de arriba a abajo, de derecha a izquierda y me tiraba en la lona con gran estrépito y dolor para mis espaldas. En una de esas, que me levanto de la lona y, cegado por la rabia, arremeto contra Sarito-Goliat, y con una técnica de «barrido al pie adelantado» o *de ashi harai,* doy con el gigante en la lona con un enorme estrépito que despertó a todos mis compañeros, tan aburridos como yo antes, quienes empezaron a vitorearme y aplaudir efusivamente. El instructor se quedó con la boca abierta de pura incredulidad.

Un día vinieron de visitas dos o tres jóvenes como de veinte años y escuché que proponían expandir el club de yudo para incluir otras ciudades de la provincia, entre ellas Cienfuegos.

Al oír esta palabra, interrumpí:

—Mi tío es el Presidente de la Casa del Cienfuegos Yacht Club. Si quieren yo se los puedo presentar.

El profe de yudo y sus amigos inmediatamente organizaron un viaje a Cienfuegos. Después de obtener el permiso de mi mamá, montamos en el carro de uno de ellos y nos encaminamos a La Perla del Sur.

A Tito, el padre de mis primos, Richín y Robert, lo encontramos en el bar del Club, adonde iba todos los domingos por el mediodía.

—Muchacho, ¿qué haces por aquí? ¿Con quién viniste?

—Con unos amigos de Santa Clara, Tito.

Acabadas las presentaciones, los amigos de Santa Clara convencieron a Tito de tratar de empezar un equipo de yudo en el Cienfuegos Yacht Club.

De manera que, aunque nunca se me reconoció, yo fui el primer móvil de que el CYC ganara el campeonato nacional de yudo en uno de los años de la década de los cincuenta.

Al finalizar el verano, me dirigí con mi padre hacia la Urbe Capitalina, con vista a ingresar en la Academia Militar. Y si bien fue verdad que allá me dieron el rifle del que me habló Pedro Ramón —un Springfield veterano de la Primera Guerra Mundial— el cuchillo de cazador, el famoso cuchillo, todavía lo estoy esperando.

5

LA MUERTE DEL SERENO

> El que la hace, la paga.
>
> *Refrán castellano*

El día que mataron al sereno fue un día común y corriente como cualquier otro en la Academia. Nos encontrábamos en la clase de Mario Pérez, quien nos había dejado unos cuantos problemas de matemáticas para resolver, como solía hacer todos los días a la hora del café de media mañana.

¡PAF! ¡PAF! Sonaron dos disparos en la distancia. Mario Pérez ya estaba disfrutando su Partagás superfino que siempre encendía después de acabar la mitad de su cafecito y de cubrir la taza con el platico en que se la traían, para que así no se le enfriara el otro poquito que siempre guardaba para después del cigarro. Nos miraba desde fuera de la clase, pues en aquel entonces todavía dejaban fumar a los profes siempre y cuando no estuvieran dentro de la clase. Nos miraba desde fuera, como dije, y nos decía: «Café, café, ya llegó el café, un poquito ahora y otro pa' despué'», tratando así de darnos una lección de economía marxista sin que perdiéramos tiempo a causa de su mini recreo. La clase se moría de risa con las cosas de Mario Pérez y sus economías mal entendidas, que, años más tarde, él mismo pondría en práctica en aquel plantel de la Academia, convertido entonces en una escuela de adoctrinamiento marxista-leninista para jóvenes del ejército rojo.

¡PAF! ¡PAF! Sonaron los dos disparos como si hubieran sido dos cuetes que estallaran uno tras otro. Todos nos levantamos y nos agolpamos de repente en la puerta. Mario Pérez apagó rápidamente el cigarro, aplastándolo con la suela del zapato en el piso, y se paró en el umbral de la puerta, evitando así que saliéramos de la clase, siempre con la vista dirigida hacia afuera, hacia los comedores, en donde habían sonado las dos detonaciones.

Pronto se oyeron voces lejanas y alguien que gritaba, «¡Una ambulancia, una ambulancia, que llamen una ambulancia!»

El sereno había sido reclutado recientemente para trabajar en la Academia. Era regordete y lucía un bigotico *manicurado* a lo Clarck Gable. Siempre vestía uniforme azul y gorra militar del mismo color, todo lo que lo hacía lucir como un policía común y corriente.

Era bastante antipático, el sereno; por las tardes, después de la cena, nos gustaba a muchos de los cadetes irnos a jugar allá lejos de todo, por la piscina. Él nos esperaba medio escondido entre los arbustos que rodeaban la piscina y nos regañaba mandándonos a volver al campo de recreo cerca de los comedores y amenazándonos con un reporte para «ponernos rifle el sábado».

Era un «pesao», para qué mentir, pero, eso sí, retrospectivamente tenemos que reconocer que casi siempre el sereno cumplía con su deber, el cual consistía en vigilar y defender el bien común de la Academia. Sin embargo, y para su desgracia, así no lo hizo aquel día en que su trabajo le salió bien caro, pues le costó la vida.

Era sabido que el sereno tenía un hermano en el Ejército Nacional; si bien recuerdo era un teniente que había sido destacado, junto con el batallón a que pertenecía, en una región donde los rebeldes estaban ganando terreno y quemando cañaverales a diestra y siniestra. Muchos de los oficiales en aquel entonces —oficiales de carrera en su mayoría— eran caballeros que cumplían con su deber respetando los estatutos de la Convención de Ginebra. Cierto, había algunos que se desviaban despiadadamente de estos acuerdos y llevaban a cabo una guerra cruenta contra el enemigo, el cual, a su vez, y si lo analizamos ahora fríamente, no tenía el menor escrúpulo de poner una petardo en un cine lleno de gente — hombres, mujeres y niños— y despedazar a tanto desgraciado como se le pusiera delante. «C'est la guerre», decían algunos; «C'est la vie», decían otros. En fin, fue por mediación de este teniente que el sereno obtuvo el puesto en la Academia.

Volviendo a nuestra crónica, en la Academia había dos mozos de cocina que eran hermanos gemelos. No recuerdo ahora sus nombres, pero, para el caso, podríamos llamarlos Rómulo y Remo. Los gemelos estaban altamente comprometidos en la guerrilla urbana del movimiento rebelde; participaban en reuniones clandestinas donde traían gente nueva para ser reclutada e indoctrinada en los ideales y tácticas de «los alzados», imprimían y repartían volantas clandestinamente, ponían bombas en lugares claves de la ciudad, hacían atentados contra la vida de miembros de la fuerzas armadas y políticos prominentemente corruptos del régimen imperante entonces en la Isla y, principalmente, recaudaban fondos para enviarlos a los rebeldes en la Sierra. Todo esto salió a relucir en el juicio de Rómulo, pues Remo no tuvo la suerte, como veremos, ni siquiera de llegar a los tribunales.

¡PAF! ¡PAF! Sonaron dos tiros, pero ¿qué había acontecido antes de los dos disparos? ¿Cuál fue la causa de que en un día común y corriente, como cualquier otro día, nuestras vidas en la Academia quedaran marcadas para siempre con aquella tragedia que ocurriera en la cocina del plantel durante el mini recreo del profesor Mario Pérez, quien, años más tarde llegaría a ocupar el puesto más alto de aquella institución arrastrado, por así decir, por la corriente avasalladora del marxismo-leninismo a la cual estaba ya secretamente sumado aún en los años de vida republicana de la Isla, donde, experto en camuflaje después de todo, impartía, muy discretamente y sin que nadie de nosotros lo notáramos entonces, los valores de una sociedad supuestamente sin distinciones de clase?

El día anterior a los hechos de aquella mañana, Rómulo y Remos habían decidido «hacer desaparecer» un barril de manteca de cerdo que ellos habían notado que había pasado desapercibido por el Administrador de la Academia. Nunca consideraron aquella decisión como un hurto común y corriente, ¡Oh, no! Al contrario, se trataba, en efecto, de acuerdo a la mitología infantil de Rómulo y Remo, saturadas de películas *holliwoodenses*, como aquella de «Robin Hood», en la que un joven Errol Flynn roba a los ricos para dar a los pobres; se trataba precisamente de poner en práctica el dicho que el hermano del Dire había hecho manifiesto en sus programas radiales: «VERGÜENZA CONTRA DINERO», antes de sucumbir a causa de aquel infausto incidente que consistió en dispararse un tiro en el estómago.

Así pues, los gemelos, movidos por aquel «grito de guerra», decidieron, el día anterior a los hechos, que era su deber patriótico poner el barril de manteca en una carretilla sin que nadie los viera, llevarlo detrás de la cocina, donde se depositaban provisionalmente los desperdicios del día hasta que fueran recogidos por la tarde por un camión de basura, y, confabulados con el chofer de dicho camión, esperarlo en las afueras de la Academia para hacer la transferencia del barril del camión a un auto de un amigo de ellos, para así transportarlo y venderlo a unos chinos por allá por la calle Zanja. Con el dinero así obtenido, comprarían armas y municiones en el mercado negro —tan prolífico en aquellos tiempos— y enviarían la remesa con un correo rebelde a los alzados de la Sierra.

Desgraciadamente, el azar, que todo lo dispone, no dispuso que así fueran los hechos; al contrario, acaeció que el buen sereno, que empezaba su turno aquella tarde, había notado también que dos y dos no eran cuatro, como de costumbre, sino tres, según las cuentas erradas del Administrador, quien, había asentado tres barriles de manteca en el mayor, en vez de los cuatro que se hallaban en inventario. Cómo llegaron a esta conclusión tanto el sereno como los gemelos nunca salió a relucir en el juicio de Rómulo, acusado de la muerte a puñaladas del sereno, en venganza por el asesinato de su hermano.

La primera página del Diario de la Marina del día siguiente a la muerte del sereno, mostraba un gran titular que rezaba:

«MUERTO A PUÑALADAS SERENO DE LA H.M.A.»
Agentes del Cuerpo Nacional de Policía han detenido a Rómulo X, de 25 años, acusado del homicidio del sereno de la HMA, muerto a puñaladas el 5 de febrero del año 1955. El hecho tuvo lugar en la cocina de la Academia, en las Alturas de Jaimanita. En el marco de las investigaciones practicadas en la escena del crimen, agentes de la Brigada de Policía Científica realizaron una minuciosa labor de recogida de pruebas, que a la postre han resultado determinantes para su resolución. El informe pericial con los resultados de éstas y la perseverancia de los agentes de Homicidios han permitido detener al presunto homicida. Lo arrestaron en una vivienda que habitaba desde hace dos años en la localidad de la Playa de Jaimanita.

La policía encontró el cadáver del sereno tendido en el piso, con dos heridas incisas mortales: una en la región laterohicidea derecha y otra en la dorsal superior, además de numerosas heridas de defensa en las manos, antebrazo y mentón.

Como ya habíamos dicho, nunca salió a relucir en el juicio de Rómulo cómo, tanto él como su hermano y el sereno, llegaron a la conclusión de la discrepancia entre el asiento en el mayor y el inventario de barriles de manteca, y, es más, hasta el presente es uno de los grandes misterios que se llevara primero a su celda en Isla de Pinos el malhadado de Rómulo, —condenado a veinte años de presidio— y más tarde a su lecho de muerte.

6

ARAÑA PELUDA

> Yo para entender a los hombres,
> estoy estudiando los insectos....
> *J.M.*

El reino de las arañas peludas no quedaba muy lejos de las canchas de básquetbol. No había que buscar mucho entre las piedras rojizas que cubrían el terreno también rojizo de la Academia para encontrar una madriguera que, sin duda alguna, ocultaba la siniestra *tarentula cubensis*.
    Sin embargo, hacerla salir de su cueva no era tarea fácil, ya que estos arácnidos, a pesar de su monstruosa apariencia, eran básicamente unos desgraciados seres tímidos a más no poder. Sólo —habíamos descubierto accidentalmente— saldrían de su cueva si se las tentaba con un suculento bocadillo que, en este caso, consistía en la tradicional, y algo endémica, lagartija casera. Primero teníamos que capturar a la víctima por medio de un lazo corredizo al final de una pajita de hierba. Con mucho cuidado nos echábamos sobre el césped cerca de la piscina, donde abundaban aquellos lagartos en miniatura, entretenidos en su mayoría en papar moscas. Cuando veíamos que la víctima se aproximaba, preparábamos el nudo, nos quedábamos tiesos como un majá ante un pájaro, esperábamos a que el cuello de la lagartija estuviese ya dentro del lazo, y ... zas, apretábamos el lazo, y la desgraciada quedaba medio ahorcada aunque sacudiéndose como si tuviera mal de San Vito.
    Acto seguido, llevábamos a la víctima al lugar del sacrificio, y, todavía sacudiéndose espasmódicamente, la introdu-

cíamos, con lazo y todo, en la puerta de la cueva de la peluda; no muy adentro, pues teníamos que hacerla salir de la cueva, y, si se apoderaba del delicioso manjar antes de que nosotros pudiéramos tirar de él, la araña se salía con la suya, y se quedaba con la presa pero sin salir de la madriguera. Una vez ya afuera, cubríamos la araña con la boca de un pomo ancho y hacíamos que entrara en él, cerrándolo en seguida con una tapa horadada de diminutos agujeros para que el arácnido respirase.

Después era aquello de ir a sacar a la otra contrincante de su cueva, y volver a llevar a cabo la misma operación, pero sin tener que ir por la carnada esta vez, ya que usábamos la misma lagartija enlazada previamente.

Nada... una vez capturada la segunda peluda, era sólo una cuestión de minutos preparar una especie de circo romano en miniatura con la circunferencia demarcada con piedras rojas. Destapábamos los dos pomos simultáneamente, y los poníamos boca abajo en el centro del circo de tierra roja; cuando las arañas tocaban tierra, retirábamos los pomos rápidamente y se iniciaba el combate. Las dos arañas se acercaban lentamente, parecían estar olfateándose para cerciorarse de que no eran de género opuesto, pues entonces la lucha degeneraría en una especie de espectáculo del Teatro Shangai, y en aquel tiempo, en los primeros años en la Academia, chamacos de once o doce años en la mayoría, no estábamos para aquellas bromas.

Las mejores peleas no eran, como sería de esperar, entre arañas desesperadamente luchando a muerte por conseguir el botín de la victoria: la dichosa lagartija, que manteníamos enlazada y de vez en cuando enarbolábamos por sobre las gladiadoras para entusiasmarlas en la lucha. No, las mejores peleas eran entre especies diferentes: una *tarentula cubensis* contra un *anax imperator,* mejor conocido por «caballito del diablo».

Estos bichos alados eran difíciles, sino imposibles, de atrapar. Primero había que esperar a que se posaran en una superficie a la cual tuviéramos acceso. Casi siempre mandábamos a un voluntario a que se metiera en la piscina y esperara, pomo en mano, a que viniera una libélula a beber la ninfa cristalina. Si tenía suerte, y era rápido, lograba su propósito; pero, las más de las veces, cuando, muy lentamente empezaba a sacar el pomo del agua y preparar la tapa para atrapar al incauto *imperator*, éste, insecto después de todo, recurría a sus poderosas alas y se daba a la fuga sin más ni más. Eran unos diablos huyendo, por eso, creo, los tildaron «caballitos del diablo».

Las batallas arañiles eran, por lo general, a muerte. Casi siempre una araña daba cuenta de la otra, pero, cuando encontrábamos alguna huidiza intentando saltar el cerco de piedras rojizas, la obligábamos con un palo a volver a la lucha. Cuando la lid era entre el *anax* y la araña, la victoria era casi siempre de la libélula, que, con ayuda de su musculoso vientre aguijoneaba a la peluda despiadadamente hasta llenarla de mortal veneno. Muchas veces observamos que después de la victoria, depositaba sus huevecitos en ella, asegurando así abundante sustento para su prole.

Un viernes mientras nos preparábamos para recibir visitas en el nuevo dormitorio, descubrí dos peludas que se aproximaban lentamente a la puerta interior.

—¡Campanería, Campanería! —llamé rápidamente a mi compañero—. Trae el pomo que hay dos arañas peludas entrando al dormitorio. ¡Apúrate! Son enormes. Tendremos buena pelea este fin de semana.

Campanería corrió con dos pomos hacia la puerta. Ya estaba destapando uno, mientras mantenía el otro bajo el sobaco del otro brazo. Me dio uno de los pomos, y me dispuse a atrapar a la primera víctima.

Era un espécimen formidable, se veía corpulenta, debería haber sido una hembra, luchadoras infatigables cuando se trataba de conseguir el sustento de sus crías. A la otra ya Campanería la había metido en el pomo, y la admiraba sonriente. Era también corpulenta y trataba inútilmente de subir por la superficie resbalosa del pomo hacia la tapa agujereada.

Campanería guardó el botín en su closet hasta el sábado por la mañana, cuando, después del desayuno, preparábamos el circo de piedras rojizas.

El sábado, las dos arañas, como de costumbre, se olfatearon cuidadosamente. Acto seguido, trabaron patas, y comenzaron a morderse violentamente con sus colmillos hasta que una, vencida por las picaduras, quedó tiesa bocarriba; las patas encogiéndose lentamente.

La muchedumbre de cadetes alrededor del circo, después de haber puesto su capital en riesgo, empezó a cobrar o pagar —según su suerte— sus apuestas. Campanería había perdido diez pesos; no tendría ni un quilo prieto para el guarinero que vendría en su carrito por la tarde del domingo a vendernos helados y todo tipo de golosinas, hasta perros calientes y los fabulosos *Sundaes*.

¡PODEROSO CABALLERO ES DON DINERO!

Cegado por la ira, Campanería levantó con las dos manos un pedrusco rojo, y lo dejó caer sobre el cuerpo herido de la vencedora. Un silencio momentáneo se impuso en el círculo; todos miraron a Campanería levantar la piedra lentamente de arriba de lo que había sido la araña. Una vez cerciorado de que la vencedora no se levantaría de aquella masa sanguinolenta, dejó caer la piedra a un lado. De nuevo, el bullicio del «págame-lo-que-me-debes» se impuso en el grupo.

Estas batallas de los sábados eran preludio de las grandes batallas que tenían lugar durante el medio día hacia las dos o las tres de la tarde. Ahora los combatientes eran desproporcionadamente gigantes comparados con las peludas. Se trataba de los encuentros de box patrocinados por el Gran Velázquez, profesor a cargo de los internos durante los fines de semana.

De manera que no eran aquellos temibles insectos los únicos seres que nos proporcionaban el deleite del combate. A veces, dos cadetes, disgustados por equis razones, se retaban a «ponerse los guantes». Ahora no teníamos que ir a cazar a los contrincantes, no, al contrario: ellos mismos se presentaban a la lucha por cuestiones personales, y como el Código Militar nos tenía prohibido pelear como en la calle, el único recurso que les quedaba a los ofendidos en su honor o los que querían sacarse la mala sangre que podían tener contra alguien era «ponerse los guantes».

El protocolo de «ponerse los guantes» era simplísimo. Un cadete retaba a otro, el otro aceptaba el reto —casi siempre— de lo contrario caía en desgracia y lo tildaban de cobarde por el resto del semestre. Los nombres de los contendientes eran llevados ante el Profesor Velásquez, quien los apuntaba en la libretica negra que siempre llevaba en el bolsillo de su camisa. Después asignaba la hora precisa de cada pelea para el sábado en cuestión. Los viernes por la noche, después de comida, podíamos ver quién peleaba contra quién en una cartelera colgada a la entrada del comedor.

De todas las peleas que presenciamos por allá por los años cincuenta y pico, la más espectacular fue, sin duda, la del cabo Amargós contra el comandante Salas. Ambos eran pugilistas fornidos; Salas jugaba al fútbol americano, y Amargós, aunque más bien filomático, levantaba pesas los viernes después de la escuela.

Según decían, había mala sangre entre ellos a causa de un incidente de faldas. Aparentemente en uno de los bailes navideños que daba el Merici Academy —plantel de señoritas vecino a la Academia— una bella jovencita había despreciado los galones del comandante por unos versos elocuentes del cabo Amargós. Pero la gota final que desbordó el vaso fue un intercambio de palabras entre Amargós y el Coronel, uno de los dueños de la Academia.

Armargós, era un tipo flemático que nunca sonreía. Le iba muy mal en los estudios, aunque era buen poeta. Una tarde se echó a llorar después de recibir su calificación oficial en Historia Antigua del Instituto de Segunda Enseñanza: SUSPENSO! Al oír aquel llanto infantil, el Coronel salió como un rayo de la oficina y se le acercó a Amargós.

—Oigame, deje de llorar como un niño, compórtese como un hombre. ¿Qué es lo que le pasa? —le dijo con voz estentórea.

Amargós trató de disculparse gimoteando ahora.

—Pero, Coronel —dijo entre sollozos—, es la tercera vez que me suspenden en el examen de Historia. La tienen cogida conmigo... ¿Cómo no suspenden a Salas, ¿eh?— añadió envalentonándose.

El Coronel se puso lívido al oír la insinuación de Amargós y le gritó:

—Ya cállese la boca y deje de llorar. Pórtese como un hombre y póngase a estudiar que es lo que debió haber hecho desde un principio. No quiero oírlo llorar más ... ¡No faltaba más!

El Coronel regresó a su oficina cerrando la puerta con un tirón.

Alguien de entre los cadetes que presenciamos la escena, debió haberle contado al Comandante Salas el incidente, quien salió disparado como una bala a buscar a Amargós.

Al encontrarlo, intercambiaron insultos, y casi se lían a trompadas, pero, afortunadamente, un teniente le recordó a Salas el Código Militar.

—Cuidado, Comandante, no se vaya a desgraciar poniéndole la mano arriba a un cadete! Rételo mejor a ponerse los guantes.

En resumidas cuentas, la disputa acabó en una pelea de box con todas las de la ley: guantes reglamentarios, referí y un «ring» improvisado detrás del gimnasio, aunque sin sogas protectoras, cuya carencia era suplida por los espectadores formados a manera de círculo.

El sábado en cuestión, los pugilistas se acercaron al centro del círculo formado por los cadetes mirones, ocupados en hacer sus apuestas. Velásquez ya los esperaba para ayudarlos con los guantes y el bocado. Después de prepararlos, sacaba su libretica negra del bolsillo y leía las reglas del encuentro. Les indicó darse la mano y separarse respectivamente a extremos opuestos del círculo. De repente alzó la mano derecha, miró a uno y a otro contrincante para cerciorarse de que ya estaban listos, y al bajar el brazo enérgicamente, comenzó la pelea.

Salas y Amargós se acercaron lentamente, como las arañas de por la mañana, saltando un poquito en la punta de los pies; parecían dos bailarinas de ballet en cierto sentido, hasta que empezaron a amagarse y a tratar de tocar guantes. Estaban estudiando el terreno para descubrir, quizás, un punto débil en el cuerpo o la mente del contrincante.

Pronto nos dimos cuenta de que Salas le llevaba cierta ventaja al cabo, ya que tenía los brazos bastante más largos. Un par de *jabs* combinados con un *upercut* dieron con Amargós en el suelo. Todos empezamos a chiflar y a protestar.

—¡Pelea como un hombre, Amargós!

—¡No llevas ni un minuto en el ring y ya estás en el suelo!

—Uno, dos, tres, cuatro —contó Velásquez marcando con movimientos del brazo derecho los segundos.

Amargós se levantó con trabajo, subió la guardia, y se le acercó a Salas para seguir la pelea.

En pocos segundos, Salas lo conectó con un gancho de izquierda en la mandíbula que mandó a Amargós de nuevo al suelo. Esta vez sangraba profusamente de la boca.

Velásquez lo ayudó a levantarse, le examinó la boca y declaró la pelea terminada, levantándole el brazo derecho a Salas, proclamándolo así el ganador.

El rechifle fue general. Muchos cadetes entregaban pesos a los ganadores, pues casi todos habían apostado a que Amargós por lo menos aguantaba un par de rounds.

La segunda pelea de la tarde fue mucho mejor. Uno de los venezolanos se enfrentaba a Macías, el «Tigre de Güines», como lo llamaba el *teacher* Smith en su clase de inglés. Macías era grande para su edad, pero muy lento y algo tonto. El venezolano empezó a golpearlo con las dos manos y Macías sólo lograba cubrirse la cara. De vez en cuando amagaba con la izquierda y tiraba un manotazo con la derecha que hacía que el venezolano retrocediera aturdido.

Duraron cuatro rounds «bailando» de esa manera, hasta que Velásquez la declaró «tablas». Otra vez, muchos pesos cambiaron de mano. Se acercaba la hora de la comida, y los cadetes regresaban lentamente al dormitorio para lavarse y arreglarse antes de comer.

En su cueva, alguna peluda afortunada estaría, sin duda, devorando la suculenta lagartija que habría encontrado abandonada con el cuello todavía enredado en un lazo de paja.

7

LA ODALISCA

> Hay hombres varones y hay hombres hembras.
> *J.M.*

Arturo Pampas era negro, pero eso no quitaba para que nosotros no lo tratáramos igual que al resto de los otros cadetes. Era jovial, simpático y buen amigo. Tenía buen oído para la música, tocaba la trompeta en la banda. Pampas compartió nuestros juegos y desfiles hasta aquel día que se desgració con *Pierna'e jeva*.

Pampa acababa de cumplir los quince años, y ya había yacido con hembra a los catorce, durante unas vacaciones en su pueblo natal en el interior del país. Su padre, abogado y notario, le había proporcionado los medios para tal acontecimiento por mediación de uno de sus criados. Así nos lo contó una noche después de comida durante el recreo antes de la hora del estudio.

Pierna'e jeva —cuyo nombre se me escapa ahora— era un joven de unos once o doce años envuelto en un cuerpo de bailarina exótica; sus curvas y contornos prometían un erotismo desproporcionado con sus pocos años. Su cara ovalada exhibía pestañas largas y boca carnosa ansiosa de besos. Era para muchos cadetes —como confesó un día el mismo Fili— «una jeva que se había colao en el dormitorio».

Pierna'e jeva ocupaba la parte inferior de una litera frente por frente a la del profesor Rodríguez, el encargado del dormitorio.

Una noche calurosa, *Pierna'e jeva* yacía destapado, bocabajo en la litera con tan sólo unos calzoncillos, diminutos para la exuberante redondez de sus glúteos que oscilaban gelatinosamente con cada movimiento de la litera.

Rodríguez lo percató y le gritó:

—¡Tápese en seguida; parece una odalisca!

Un silencio sepulcral se impuso en el dormitorio; todas las miradas se encontraron momentáneamente en *Pierna'e jeva*, quien comenzó a taparse con la lentitud y pereza de un felino recién despertado.

Rodríguez caminó rápido hacia el interruptor, apagó la luz con furia y se fue a su cama.

¡Odalisca! —gritó un cadete con una vocecita fingida.

¡Odalisca, Odalisca, Odalisca —gritaron muchos haciendo eco del primero.

—Si me tengo que levantar a encender la luz—, dijo el gallego Rodríguez encolerizado —muchos acabarán haciendo guardia con rifle el sábado.

El silencio reinó de nuevo en la oscuridad.

A partir de aquella noche, la vida del pobre *Pierna'e jeva* —ahora mejor conocido por Odalisca— se había convertido en una pesadilla. En donde quiera que se escondía, alguien lo encontraba y le gritaba: «!Odalisca, Odalisca, chúpamela hasta que te quedes bizca!»

Por las noches, cubierto hasta la cabeza en su litera, lloraba amargamente por su mamá.

Los días que siguieron a aquel incidente fueron calurosos a más no poder. A Pampas lo notábamos más y más inquieto. Un día se me acercó en el baño y, después de cerciorarse de que no había nadie más con nosotros, me dijo en voz baja y a boca de jarro:

—Ya no puedo aguantar más. Nos quitamos la ropa y nos acariciamos de frente ... mutuamente. Si viene alguien nos sentamos en el inodoro como si nada.

Yo me quedé perplejo ante su propuesta; siempre lo había tenido por muy machito.

—No, no. ¡Olvida eso tú! Yo no entro en esas cosas —y salí apresuradamente del baño.

Un par de días más tarde, me encontraba cambiándome de ropa en el dormitorio. De repente, siento una mano que me trata de acariciar resbalando por la espalda. Instintivamente bloqueé la mano ofensiva, y al voltearme me encuentro con la cara de Pampas poseída por la libido.

—Ya te dije que yo no entro en esas cosas —le grité mientras se alejaba corriendo hacia los baños.

Días después de aquellos incidentes y un poco antes de la comida, el Sargento Martínez anunció por el altoparlante:

—Atención a todos los cadetes. Atención. Formación general en cinco minutos. Formación general en cinco minutos!

En menos de cinco minutos, los cadetes internos estábamos formados en frente al comedor. A lo lejos oímos el repicar de un tambor solitario y vimos a dos cadetes marchando lentamente detrás del que tocaba el tambor. Eran Pampas y la Odalisca.

—Parapán, parapán, parapán —sonaba el tambor. Tanto Pampas como Odalisca guardaban silencio cabizbajos. Cuando llegaron a donde estaba parado Martínez, cesó el repique del tambor. Ni el uno ni el otro se atrevió a alzar la vista del suelo. Martínez tomó la palabra dirigiéndose a nosotros.

—Por orden del Consejo de Oficiales se determina y ordena que los cadetes Fulano de Tal y Arturo Pampas sean expulsados de la Academia por mala conducta perpetrada entre ambos —dijo.

Acto seguido dirigió la palabra al Sargento Mayor:

—Sargento Mayor, acompañe a los cadetes en cuestión a la portería.

El Sargento Mayor se encaminó hacia Pampas y la Odalisca, y con un gesto de la mano les indicó que lo siguieran. El tambor comenzó de nuevo su monótono repique. El pequeño destacamento se desplazó lentamente hacia la portería.

Una vez sentados en el comedor y acercándose la hora del postre, Martínez se levantó de la mesa, apoyó un pie en una silla, y nos llamó a silencio.

—¡*Abjob*! —gritó.

Todos dejamos de comer y guardamos silencio, mirándolo atentamente con curiosidad.

—La Academia no permitirá —continuó Martínez— actos de sodomía ni activa ni pasivamente. Ambos comportamientos serán castigados con la expulsión inmediata del plantel de los participantes. Bueno, ¡continúen!

Después de comida, algunos cadetes fuimos al patio exterior, que se comunicaba por medio de unas cercas de alambre galvanizado con la fachada externa de la portería. Allí estaba Pampas sentado en la escalinata de la portería, posiblemente esperando a que su padre lo viniera a buscar. Lo llamamos para que se acercara a la cerca.

—Dinos, Pampas, ¿te tiraste a la Odalisca?

—No, no, claro que no —respondió un poco enojado—. Sólo nos restregamos mutuamente por el frente, pero, eso sí, me la chupó un poquito antes de empezar.

—Y, ¿tu papá? ¿Te regaño por teléfono?

—No, na'má me dijo que cómo con tantas mujeres en el mundo tenía que haberme metido en una cosa así. Yo le dije que ya no podía aguantarme más ... que Rodríguez no me dejaba ir con los grandes a los cabarets de la playa a buscar jevas. ... Ahora, eso sí, si a Martínez se le ocurre decirle a mi papá que soy maricón ahí se va a formar Troya; ya verán. Ya les escribiré de lo que pase.

Todos nos despedimos de Pampas dándole la mano a través de la reja.

A la Odalisca lo vino a buscar su mamá. Lo mirábamos de lejos, sentado en un banco cerca de la portería, llorando abrazado a una mujer hermosísima. Ahora sabíamos de dónde había heredado sus curvas la Odalisca. Nadie se atrevió a despedirse de él. Había quedado clasificado bajo la rúbrica de «maricón». Ya no tenía salvación. La expulsión del plantel fue lo mejor que pudo haberle ocurrido.

Años después en el Norte, me encontré a Pampas en una reunión de antiguos vecinos de nuestra ciudad natal. El me reconoció en seguida; yo a él no; había engordado horrores.

Entre chistes, bromas y tragos, me dijo:

—Te has quedado bastante calvo, hermano. Pero no te preocupes ... como dice mi tío, «lo malo no es que se te caiga el pelo, sino que se te caiga el palo».

Nos reímos de buena gana aquella noche. Acto seguido, y sin nada que lo provocara, empezó a hablar de la sexualidad, como si tuviera algo que confesar o justificar.

—¿Te acuerdas de la Odalisca? ... Pues, sí, me la cogí; pero eso no cambió nunca mis preferencias sexuales; a mí siempre me han gustado las jevas. La Odalisca, después de todo, era una jeva dentro de un cuerpo de muchacho. Es como si hoy en día te vas a la cama con un *shemale*; es decir, una jeva con una verga, ¿no?

No le discutí. Apuré mi trago, miré mi reloj y le dije que tenía que irme pronto.

—Sincérate como yo me sinceré contigo. ¿La Odalisca, dime tú si todos no la deseaban tanto o aun más que yo?

—No, no, no te quito la razón, Pampas; el género existe en la mente del sujeto, y no en el objeto sexual. Mira, déjame contarte lo que dice Proust —botánico moralista, después de todo— acerca de una especie de orquídea que imita el cuerpo de un abejorro hasta el más mínimo detalle, pero, oye, hasta tal punto que el abejorro, engañado, detiene su vuelo y copula con la flor.

—¡No jodas, tú! Esos son cuentos chinos.

—No, no, ya Darwin lo había señalado antes; seguro que de ahí se agarra Proust para su símil; tal parece decir que las aberraciones sexuales están sancionadas por la naturaleza cuando nos presenta ejemplos semejantes al del abejorro y la orquídea. ¿Qué te parece?

—Hace pensar, hermano, hace pensar.

8

SALIDAS

> Aquí lo que hay que hacer es *d'irse*.
> *J.M.*

Las SALIDAS en la Academia estaban señaladas para cada dos semanas; o sea, una semana salíamos el viernes después de Deportes o Infantería, y reportábamos de regreso el domingo después de la comida; así, la semana que le seguía nos quedábamos en la Academia el fin de semana. Los sábados sin salida ponían película, casi siempre de guerra, nuestras favoritas.

Las salidas para mí se traducían en dos derroteros, como sucedía con el joven narrador de *A la recherche du temps perdu*; el camino de Tío Ababo y el sendero de Tin, la hermana menor de mi mamá. El camino de Tío Ababo, como *le côté de Guermantes*, era singularmente elegante y glamoroso. Mi tío vivía en un palacete a una cuadra de la Quinta Avenida, en Miramar, a corta distancia del Yacht, del que era socio. En su casa servían a la rusa; es decir, la sirvienta mostraba la fuente de comida por el lado izquierdo de cada comensal, el cual se servía entonces en su plato la cantidad deseada del manjar en cuestión.

El sendero de Tin, como *le côté de Méséglise* o *de chez Swan*, era pálido en comparación con el que llevaba a *chez Ababo*, pues no sólo teníamos que cruzar el río Almendárez, sino que después debíamos remontarnos al Vedado por allá por G y 25 en donde Tin alquilaba un apartamento en el sexto piso del Hotel Palace. En la cocina, que siempre olía a escape de gas, calentaba la cantina que le traían a diario al apartamento, ya que estaba abonada en donde Justina, una cocinera gallega rolliza de una sazón exquisita, a cuya mesa acudíamos los sábados, día que no dejaban cantina.

Tío Ababo no era muy religioso cuando de observar «salidas» se trataba. Mi padre había hecho un arreglo con él para que me llevara a su casa los fines de semana en que yo tenía salida, compartiendo con Tin algunas salidas. Como el tío era el del carro, ya que Tin se servía del transporte público, era él el encargado de sacarme y llevarme a la Academia. Y así lo hacía las más de las veces, pero, de vez en cuando, no lograba cumplir con lo acordado por equis razones que nunca explicó.

Recuerdo la primera salida a casa de tío Ababo. Llegamos a su mansión cuando ya caía el sol. La tía Maíta me abrazó y me mostró el que sería mi cuarto por el fin de semana; una amplia habitación con bañadera, ducha, lavabo y bidet. Una ventana de dos hojas daba a un enorme patio sembrado de árboles frondosos. Después de sacar mi ropa sucia de mi saco militar para que me la lavara la criada, abrí con curiosidad la ventana, y en medio del patio vi un diminuto cachorrito de color amarillo oscuro; era un bonito Boxer. Me miró subiendo las orejitas todavía vendadas de cuando se las recortaron para cumplir con el protocolo canino que dictaba cómo debería lucir cada raza de perro. Bajé precipitadamente las escaleras y me lancé corriendo al patio para jugar con mi nuevo amigo, Prince.

A Prince, diminuto animal en aquel entonces, le encantó mi compañía, me seguía por toda la casa y lloraba amargamente cuando, ya tarde de noche, lo acostaban sobre unos periódicos, encerrado en el closet de los trastes de limpieza, su dormitorio provisional. Por la mañana, cuando la cocinera lo dejaba salir, corría resbalando con sus pequeñas pezuñas por los pisos de mármol. Era una monada el Prince. Nos hicimos grandes amigos desde que nos vimos por primera vez.

Ababo era muy disciplinario con Prince. Cuando se hacía pis, Ababo le restregaba el hocico en sus orines al mismo tiempo que pegaba con un periódico enrollado en el piso al lado del aterrorizado animalito. Una vez vino una visita a la casa, Miss Boston, la antigua institutriz de la tía Maíta, quien vivía entonces jubilada en Filadelfia. Esta señora, quien ya frisaba los 75 años, vio al pequeño Prince hacer pis en el piso de la sala y, acto seguido, restregarse él mismo los hocicos en su propio orine. Había quedado acondicionado como uno de los famosos perros de Pavlof.

La tía Maíta tenía dos sobrinos, hijos de una prima hermana, que vivían al doblar de la mansión de mis tíos, en la misma Quinta Avenida. Era otro palacete con un gran patio y traspatio con césped muy verde. Mis tío nunca tuvieron hijos; sin embargo querían a Pancho y Carlos, como se llamaban los sobrinos, como si fuese sus propios hijos. Ababo decía medio en broma «A quien Dios no le da hijos, el diablo de la sobrinos». Para mí, tener a Pancho y a Carlos al doblar la esquina era una bendición del cielo, pues, nunca tenía tiempo de aburrirme cuando me quedaba *chez* Ababo.

Recuerdo un día que visitaba a Pancho y Carlos, armamos una tienda de campaña en el traspatio y nos metimos en ella pretendiendo que éramos soldados acampando en el frente esperando una batalla. Pues bien, estando sentados como indios dentro de la tienda, escuchamos un estruendo tan grande como si una bomba hubiera explotado al lado de la tienda. Todos nos echamos de bruces tapándonos los oídos y dimos con la tienda en el suelo. Cuando retornamos a nuestros cabales, y nos quitamos de arriba la tienda, que se nos había venido encima, vimos parado tras una de las ventanas de la casa al padre de Pancho y Carlos ensartando en una liga de goma otro petardo con la mecha encendida para lanzarlo hacia nosotros. Al ver esto, los tres nos tiramos al césped gritando despavoridamente. Para nuestra sorpresa, el petardo no estalló, sino que se apagó de por sí muy cerca de nosotros. El padre de Pancho y Carlos se moría de la risa en la ventana, y nos dijo: «Lástima que me falló la puntería pues el primero lo apunté a la puerta de la tienda de campaña».

Meses más tarde, en una salida con mi padre, nos encontramos en los portales de un hotel por el Castillo de Atarés, al padre de Pancho y Carlos sentado en un sillón al lado de una joven bella y elegante, a quien inmediatamente presentó como su prima Queta. Mi padre y yo saludamos y seguimos nuestro camino a un cine cercano. Al salir del cine mi padre me advirtió: «Ni se te ocurra mencionar allá en casa de tu tío Ababo lo que viste en el hotel hoy». Aunque era muy joven entonces, me di de cuenta de que había «familiares» de los cuales no se hablaba delante de otros miembros de la familia. Mucho más tarde aprendí, de un amigo alemán, que «el caballero cabalga y calla».

En aquellos días había muchos perros sueltos por los alrededores de la Quinta Avenida. En una ocasión, por su cumpleaños, Pancho había recibido una escopeta de municiones. Salimos por una brecha en la cerca que circundaba casi la totalidad del patio de la casa de Pancho y Carlos, y nos turnamos para disparar la escopeta, tratando de pegarle a un foco en lo alto de un poste en la acera de enfrente. De repente, cuando le tocó a Pancho tirar, un perro negro pasó por debajo del poste. Pancho bajó la escopeta y apuntó al perro en vez de al foco. Carlos le apostó: «Cinco pesos a que no le pegas».

—Va la apuesta —dijo Pancho y afinó la puntería, se tomó su tiempo y ¡PAF! Disparó.

¡Pa' qué fue aquello! El perro comenzó a aullar como un lobo herido y salió corriendo arrastrando las posaderas por la acera, pues tal parecía que el tiro lo había agarrado en la misma base del rabo. La nodriza de Pancho y Carlos, Celeste, una vieja castellana, salió de la casa al oír el aullido del perro, y, dándose cuenta inmediatamente de los sucedido, le llamó la atención a Pancho amenazándolo con un fuerte castigo. Al día siguiente, Carlos me contó que Pancho no lo dejó dormir en toda la noche, gritaba y luchaba con un perro enorme que lo acosaba en una pesadilla.

Otra de las ventajas de ir *du côté de chez* Ababo era que tenía la oportunidad de frecuentar el fabuloso Havana Yacht Club. Recuerdo que la primera vez que fui al Yacht, Ababo me dijo: «Y si te preguntan quién eres, les dices que eres mi sobrino. Todos los empleados me conocen desde que me postulé para la vicepresidencia del Yacht por el partido del Coronel».

—¿El Coronel de mi Academia?

—El mismo; somos compañeros de tragos y dominó los sábados, ¿no te lo había contado?

—No recuerdo, tío Ababo.

El Coronel era el otro dueño de la Academia. De él habían sido los terrenos que luego, en contrato con el Dire, pasaron a formar parte de la propiedad de la escuela. El Coronel presentaba galones a los nuevos oficiales en las ceremonias de fin de curso, mientras que el Dire hacía la entrega de premios académicos con sus correspondientes medallas de plata o de oro. Nunca supe si el Dire era socio o no del Yacht, lo cierto es que nunca lo vi por allá. Por el contrario, al Coronel si que lo veía a menudo, dándose los tragos en el suntuoso bar.

Recuerdo aquel día que fui por primera vez al Yacht como si fuera ayer; la mamá de Pancho y Carlos nos llevó en su diminuto Morris Minor. Desafortunadamente, camino al Yacht, a Pancho y a Carlos les vino un ataque de hilaridad incontenible; simple y sencillamente no podían parar de reír. Su madre, harta de la tontería y en medio del tránsito agobiador de la Quinta Avenida, paró el carro de repente, se volteó hacia Pancho y Carlos que venían en el asiento trasero, y les dijo fuertemente:

—¡Ya estoy cansada de sus niñería! ¡A ver, abran la puerta y bájense! Van a regresar a la casa caminando.

Pancho y Carlos cayeron en un silencio absoluto. Se curaron, como por milagro, del mal de la risa. Su mamá, al notar el cambio, recapacitó y, entonces, añadió:

—Les voy a dar la última oportunidad para ir callados hasta llegar al Yacht, de lo contrario, a caminar a la casa.

En pocos minutos llegamos sin mayor incidente al Yacht. Hasta entonces, sólo lo había visto desde lejos, cuando Ababo me llevaba de regreso a la Academia los domingos ya de tarde, pues quedaba más o menos en la ruta. Pero ahora que lo veía de cerca, quedé impresionado por la majestad de su arquitectura, su regia escalinata, reminiscencia de viejos castillos del Loira, a los cuales nada tenía que envidiar.

Entramos Pancho, Carlos y yo delante y la mamá detrás. El portero saludó amablemente con una sonrisa y una inclinación de cabeza.

—Bueno, vayan a ponerse la trusa. El cuarto de los hombres queda hacia allá— señaló con la mano la mamá de Pancho y Carlos—; después nos vemos en la piscina.

La piscina del Yacht era de dimensiones olímpicas y ostentaba varios trampolines. Casi corriendo, saltamos y nos zambullimos en el agua tibia. Nadamos varias piscinas y participamos en un juego de polo acuático que ya había empezado antes de que llegáramos, pero necesitaban más jugadores y nos invitaron a jugar.

Después de cerca de una hora en la piscina, la mamá de Pancho y Carlos se acercó al borde de la piscina, y nos dijo que saliéramos que tenía jugo de naranja para los tres.

Salimos de la piscina y bebimos un jugo de naranja deliciosamente frío. Acto seguido, regresamos al cuarto de los hombres para ducharnos y cambiarnos.

Acabé de vestirme antes que Pancho y Carlos, y me dirigí al muelle a sentarme a descansar. No había siquiera puesto el pie en el muelle, cuando me doy cuenta de que ahí venía ELLA, la mujer de mis sueños: era rubia, alta, de unos ojos azul turquesa que parecían sonreír extrañamente. Me le quedé mirando fijamente a medida que se me acercaba, pues ella venía caminando por el muelle en dirección contraria a la mía.

—Buenos, días— dije cortésmente, sonriendo.

La chica no me contestó nada. Pasó por mi lado como si yo hubiera sido una silla, o un farol. Pero yo sabía que había sido flechado de mala manera por Cupido con un dardo mortífero que ya me estaba surtiendo efecto.

Le côté de chez Tin era también interesante en el sentido de que cumplía la función de completar mi educación al permitirme ver cómo vivía la clase media. Tin era maestra de *kinder* por las mañanas y dentista por las tardes; había hecho dos carreras. Tin era brillante. Su amor y dedicación hacia los menos afortunados en nuestra sociedad era evidente en la manera en que los trataba y ayudaba; su kínder quedaba en una barriada pobre de la parte vieja de la Urbe y, aunque compartía gabinete de dentista con el Dr. Casado por el Malecón, los miércoles hacía trabajo voluntario en un sanatorio estatal para pacientes mentales a cargo del Dr. Castillo, psiquiatra. Allí trataba la boca a los dementes. Recuerdo una que se refería a una muela como su «casita de oro».

A verdad decir, no había muchachos de mi edad en el Palace, o quizás muy pocos, pero esta desventaja era subsanada con la aparente esplendidez de Tin, quien nunca me ponía reparos para comprarme juguetes. Un día fuimos a El Encanto y me enamoré de un barco pirata: el «Jolly Rogers»; era de plástico y flotaba en el agua. Tenía una tripulación de piratas también plásticos.

—Cómpramelo, cómpramelo, Tin— insistí ya fuera de mí, anticipando mi placer.

—Sí, pero ¿quién lo va a pagar? ¿Tienes dinero?

—Mi papá, mi papá te lo va a pagar cuando venga a visitarme. Él tiene dinero —añadí en mi favor.

Así fue cómo me hice de aquel barco pirata que me proporcionó horas infinitas de deleite a mis juegos infantiles.

Muchos años después, mi padre, rememorando aquellos tiempos de la Academia, me contó que tuvo una gran discusión con Tin en cuanto a comprarme nada en el futuro. Además, en una visita al *kinder* de Tin, ya de jovencito, descubrí que muchos de mis juguetes de la niñez, que habían desaparecido de mi casa en circunstancias misteriosas, se hallaban en estantes en aquel *kinder* para niños pobres. Ahí, en un escaparate muy grande se encontraban el «Jolly Rogers», mi guerrera y mi gorra de la Academia. Tin había sido la culpable de aquellas desapariciones, que tanto mi hermana como yo, apenas notábamos de niños. El kínder de Tin era, sin duda, el kínder público mejor surtido del casco antiguo de la Urbe Capitalina.

Una mañana que Tin me había dejado solo después de darme de desayunar, alguien tocó el timbre de la puerta. Abrí y, para mi sorpresa, era un muchacho de mi edad.

—Hola, soy Enriquito, la doctora me dijo que viniera a jugar contigo.

Lo invité a que pasara. Le enseñé mi nuevo, querido juguete; el barco pirata. Nos sentamos al borde de la bañadera, la llenamos de agua y zarpamos en aguas que no aparecían en cartas de marear. Pronto nos dimos cuenta de que necesitábamos otra nave pirata para hacer la guerra. Fui a la cocina, olía a escape de gas, busqué entre los cacharros de Tin y encontré una jícara adecuada. La llevé al baño, dividí en dos la tripulación de mi nave, y le cedí la mitad a Enriquito quien formó su tripulación en la jícara. Zarpamos de nuevo y comenzamos la batalla naval más chévere después de la de Lepanto.

Tin llegó tarde en el mediodía, mandó a Enriquito a su casa bajo excusa de que yo tenía que salir con ella a comer. Me despedí de Enriquito con un fuerte apretón de mano.

Caminar a casa de Justina la cocinera era cuestión de diez minutos. Subíamos por la Avenida de los Presidentes hasta la 23, doblábamos a la derecha hacia el este, y cuatro o cinco cuadras después estábamos en el edificio donde vivía Justina.

Una vez que hubimos subido en el elevador al piso de Justina, ésta nos estaba esperando con una cuchara de palo en la mano.

—Esta es la herramienta principal de todo buen cocinero: la cuchara de madera, con ella se puede mezclar, revolver, servir, machacar, rascarse la espalda y pegarle a los que se atrevan a meter la mano en las ollas para picar —dijo una Justina sonriente, indicándonos nuestros puestos en la mesa ya puesta y con dos comensales saboreando el picadillo à la Justina de aquella tarde, con maduros y ensalada de aguacate al lado. El postre fue una de las sorpresas gastronómicas más agradables de mi vida: «Brazo Gitano».

Pasaron varias semanas, y yo alternaba las salidas a casa de tío Ababo con las del apartamento de Tin. Un sábado, tarde en la mañana, después de que Tin me había dejado solo en el apartamento mientras hacía sus diligencias, dejé la ventana de la sala abierta para que entrara fresco, me senté en el piso de baldosa con mi barco pirata, y cuando estaba ya dispuesto a empezar a jugar, oigo una voz de alguien que me llamaba desde el otro lado de la ventana. Al principio creí que era alguien en el piso de arriba, pero al asomarme a la ventana para ver quién era, para mi asombro, ahí estaba Enriquito caminando por la cornisa que daba toda la vuelta al Palace alrededor del sexto piso.

—Muchacho, ten cuidado —le grité— si te caes no haces el cuento.

Enriquito se rió y dijo:

—No te preocupes, yo vengo haciendo esto desde que era chiquito. ¿Quieres venir conmigo y le damos la vuelta al edificio?

—¡Ni loco!

Enriquito entró finalmente por la ventana de la sala, se sentó en el piso conmigo y empezamos a jugar a los piratas. Pocos minutos después, estábamos de nuevo en el baño, con una bañadera llena de agua y en su superficie otra batalla naval entre un bajel pirata y una jícara con una tripulación de corsarios.

Al rato, sonó el timbre de la puerta. Fuimos a ver los dos quién era, y para nuestra sorpresa, era el papá de Enriquito.

—¡Te fuiste sin permiso, muchachón! —dijo con voz intimidante el gigante del padre de Enriquito. Debía medir más de seis con cinco. Metía miedo no sólo con su altura sino también con el volumen de su vozarrón.

Enriquito empezó a llorar amedrentado:

—Es que se me olvidó pedir permiso, papi.

—Camina pa' la casa... no quiero explicaciones —dijo el padre quitándose lentamente el cinturón del pantalón.

Enriquito salió corriendo y no esperó el elevador, subió por las escaleras. Iba llorando cada vez más fuerte. Su padre lo siguió sin decirme adiós. Ya me imaginaba lo que le esperaba al pobre Enriquito en su casa. Me acordé de una cancioncita que un primo de mi papá, Pedrín, cantaba allá en Santa Clara:

> *Ya lo dijo Salomón con su música cantando,*
> *el niño que quiere cuero, el sólo lo va buscando.*

Los fines de semana sin salida no eran malos, sino diferentes; nos quedábamos en la Academia y organizábamos las famosas peleas de arañas peludas. También, eran los sábados, los días en que Velásquez organizaba las peleas de box.

Claro está que, de vez en cuando, había alguien en la Academia que tomaba una salida de carácter permanente; éste fue precisamente el caso de Arturo Nieto.

Arturo Nieto era un mulato retozón a quien no le gustaba estudiar mucho; sin embargo, adoraba la vida militar, y, como su abuelo y otros en su familia, deseaba seguir la carrera de las armas. No hablaba más que de maniobras militares y lo poco que leía eran libros de tácticas militares que le prestaba Cantillo.

Poco después de cumplir los diecisiete años, nos dijo un buen día:

—Me voy al Ejército; tengo ímpetus grandes de pelear contra los rebeldes.

—Ah, sí —le dije—, no me digas. Ven acá, chico, ¿cómo vas a hacer para meterte en el Ejército?

—¡Fácil! Tengo un tío que es coronel; por allá por Las Villas. Le escribí y me contestó que fuera con él que me va a hacer oficial. ¿Qué te parece, caballo? Uds. sigan aquí jugando a los soldaditos; yo me voy a pelear como un hombre.

En aquel entonces, dos columnas rebeldes, una comandada por el Prisionero de Félix, habían salido de la Sierra para crear un nuevo frente en el centro de la Isla, en las lomas del Escambray. Para llegar allá, tenían que pasar un llano enorme, durante cuya travesía los hombres de estas columnas estarían expuestos completamente a la metralla de la Fuerza Aérea. Pero el Prisionero, listo como una comadreja, se las ingenió para usar como su arma principal, una de las herramientas más antiguas de la humanidad: el CAPITAL.

Pronto empezó a correr la voz entre los oficiales del ejército del Indio de que los rebeldes tenían mucho dinero para comprar no sólo armas, sino también salvo conductos. Así, poco a poco, con un poco de suerte y mucho soborno, la Revo logró afincar un pie en las escabrosas montañas del Escambray.

Sin embargo, el ex cadete Nieto no creía en el soborno. Había ascendido a teniente en el Ejército, gracias a la influencia de su tío y a la necesidad del Ejército de poner de oficiales a individuos que por lo menos supieran leer y escribir. Interpretaba su nuevo cargo militar como un deber patrio, el cual se propuso cumplir al pie de la letra.

Una tarde de diciembre, un comunicado de la guarnición cerca del poblado de Falcón pide ayuda al regimiento en donde Nieto estaba acuartelado. Inmediatamente, el coronel a cargo del cuartel ordena a Nieto a movilizarse con su compañía hacia la dirección de Falcón, donde la columna rebelde del Prisionero, tras de haber puesto fuera de servicio el puente de hierro sobre el río Sagua la Chica, había logrado mantener cercada a la pequeña guarnición de la región hasta que al fin ésta se rindió.

El teniente Nieto y sus hombres se desplazaron sin mayor contratiempo hacia el lugar indicado en un par de camiones militares. Muy cerca de Falcón, empezaron a recibir fuego del enemigo. Desmontaron rápidamente de los camiones. Nieto dio la orden de emplazar las dos ametralladoras calibre .30 de manera que les dieran protección mientras él y un puñado de hombres se disponían a tomar el pequeño cuartel a la entrada de pueblito, ya en manos rebeldes.

El teniente Nieto avanzó valientemente al frente del puñado de hombres escogidos por él mismo de entre su compañía. A unos cien metros del cuartel ordenó abrir fuego a las dos ametralladoras emplazadas atrás de él en un promontorio que dominaba el cuartel. Los rebeldes contestaron el fuego inmediatamente, y Nieto aprovechó la distracción para ordenar a sus hombres que avanzaran tras él, para así rodear el cuartelito por completo.

Un bazukazo certero de uno de los hombres de Nieto hizo añicos el pequeño puente levadizo que, alzado, servía de puerta a la guarnición.

—¡Plomo con ellos! —gritó Nieto, desenfundando su pistola .45 reglamentaria, y lanzándose en una carrera vertiginosa hacia la polvareda que se levantaba en forma de remolino donde antes había estado el puente.

Nieto fue el primero en entrar en la guarnición todavía llena de humo debido a la explosión. Un rebelde trató de incorporarse apuntando un arma hacia el pecho de Nieto. Nieto hizo fuego tres veces y el barbudo cayó de bruces sin chistar. Pronto el pequeño recinto estaba llenos de «casquitos» apuntando a los pocos rebeldes que levantaban las manos en son de rendición.

—¡Que empiecen las interrogaciones de los prisioneros! —ordenó el teniente Nieto.

Los soldados hicieron salir a los prisioneros y les mandaron que se sentaran en un círculo mirando hacia adentro. Eran una veintena de hombres, muchos con barbas y pelo largo recogido en un moño. Había uno que no podría tener más de quince o dieciséis años.

—¡A ver! —dijo Nieto desde afuera de la entrada en donde le habían puesto una mesa y dos sillas para llevar a cabo las interrogaciones—. ¡A ver! ¡Tráiganme al más joven...

Entre los nuevos reclutas que hiciera la columna del Prisionero ya al pie de las montañas del Escambray se hallaba un guajirito de no más de dieciséis o diecisiete años, valiente y arriesgado, pero, pese a su poca edad, muy atinado en sus juicios de valores; es decir, sabía distinguir el bien del mal.

Desgraciadamente muy pronto, y quizás debido a su inexperiencia, cae herido, y es llevado a Cienfuegos donde residía el Dr. Meruelo, médico que ayudaba en aquellos tiempos a los rebeldes de la región.

Una vez curado y después de convalecer en la misma casa del doctor, cuando se le planteó la cuestión de reintegrarse a su tropa, el guajirito se negó a ir.

—No quiero participar en los crímenes que nos ordena cometer nuestro jefe; es un hombre despiadado y sin corazón. De acuerdo, los chivatos deben ser castigados, pero no ahorcarlos del primer árbol que uno encuentre y sin siquiera hacerles juicio. Yo soy cristiano, y como tal no creo en ojo por ojo y diente por diente.

Desgraciadamente, vinieron por él dos rebeldes en pocos días, y se lo llevaron de nuevo a pelear bajo las órdenes del Prisionero.

De este suceso nos enteramos por una carta de Nieto, relatándonos la batalla cerca de Falcón, en donde fue capturado el guajirito, quien le confesó que estaba agradecido a su compañía por haberlo liberado de las mañas del Prisionero, aunque tan sólo por corto tiempo.

Pocos años después, el padre de 305, abogado y notario, y autor de «El despido en el contrato de trabajo», Editorial Lex, 1946, se veía de abogado defensor de la Causa # 327 en el Tribunal Popular Revolucionario de la Municipalidad de Rodas. El acusado era nada menos que Arturo Nieto, ex teniente del Ejército Nacional que acababa de rendirse al Ejército Rebelde.

¿Cómo acabó Jota Eme a cargo de la defensa de aquella causa? Bueno, fue algo verdaderamente fortuito, y que él, como abogado especializado en cuestiones laborales, nunca ni siquiera soñó que en toda su vida se le presentaría un caso semejante, en el cual aplicaría sus vastos conocimientos legales. Pero, resulta ser que el ex teniente Nieto tenía otro tío, miembro de la policía de Rodas, que conocía muy bien al Dr. Jota Eme en el transcurso del trabajo de ambos en el pasado. Después de todo, Roda era un pueblo de campo más bien pequeño, en donde todo el mundo, de una manera u otra, se conocía.

—Oyeme, abogao, tengo un sobrino en la cárcel... me lo quieren fusilar —dijo Rolo muy preocupado una mañana que se le apareció a Jota Eme en su despacho de la calle Martí.

—¡No me digas, chico! Y ¿eso por qué?

—Pues le achacan unos muertos y otros torturados por allá por Falcón... ¿te acuerdas cuando los rebeldes ocuparon el cuartelito de Falcón?

—Cómo no me voy a acordar, chico, si eso fue ahí a raíz de entrar las dos columnas rebeldes al Escambray, procedentes de la Sierra.

—Bueno, abogao, ya lo van a enjuiciar... no tenemos tiempo. Le quieren poner un abogado defensor escogido entre los mismos miembros de los rebeldes... Imagínate, un soldado rebelde defendiendo a un ex teniente del Ejército del Indio... así más o menos como en Nuremberg, ¿te acuerdas? Un yanki defendiendo a un nazi... ¡ay, no jodas, chico!

—No, oye, no te preocupes por eso, Rolo. Yo mismo me voy a ocupar de eso —dijo Jota Eme.

—Coño, gracias, viejo. No sabes el peso que me quitas de arriba. La mamá de este muchacho está desesperá; ya te puedes imaginar.

—Mira, ahora mismo voy a hablar con Paquito en la secretaría del juzgado a que me diga si se puede traspasar el expediente aquí, así, en vez de un juicio militar, tendremos uno civil. Creo que de esta manera tu sobrino tiene más oportunidad de sobrevivir; pero tendré que entrevistarlo primero.

Rolo salió de la oficina después de darle la mano a Jota Eme y agradecerle mucho su favor.

Jota Eme llegó al pequeño cuartel de Rodas, en donde Nieto estaba «hospedado» cortesía del Ejército Rebelde. Paquito había logrado su traslado de Falcón a Rodas, aunque todavía el caso estaba bajo jurisdicción militar.

—Vengo a ver al teniente Arturo Nieto —dijo cortésmente al guarda de la posta, deteniendo su viejo Mercury del 49 y enseñando su carnet de abogado.

—Bueno, adelante. Puede parquear el carro allá, abajo de las matas de mamoncillos —dijo el guarda, apuntando con la mano.

—Oiga, compañero, lleve al abogao a ver a Nieto —le gritó el guarda a otro soldado mientras Jota Eme estacionaba en donde le había indicado el guarda.

Minutos después de haber estacionado el Mercury rojo, Jota Eme entraba en una celda estrecha y maloliente. Un joven estaba mirando por la única ventana, protegida del exterior por tres barrotes de acero.

—¿Teniente Arturo Nieto? —rompió el silencio Jota Eme.

—A sus órdenes —gritó Nieto maquinalmente.

—Mucho gusto, teniente —le extendió la mano JM presentándose—.

—Mire qué casualidad, doctor, en la academia militar yo tenía un compañero que tenía exactamente el mismo nombre que usted.

—Ah, ese debe ser mi hijo.

—No me diga, doctor, y ¿qué se hizo 305?

—Estoy tratando de sacarlo de este infierno. Le estoy tramitando la visa para los Estados Unidos —añadió JM bajando la voz—. Lo voy a mandar a Miami.

—Pero, siéntese, doctor —dijo Nieto señalando la cama de hierro, único mueble en la celda.

—Seguro que mi tío Rolo le dijo que viniera a verme.

—En efecto, muchacho, yo conozco a tu tío desde hace más de diez años cuando llegué a Rodas de notario. El fue el que más me ayudó a ubicarme aquí en este pueblo donde yo no conocía a nadie. Así que se puede decir que le debo por lo menos un favor.

—Como ya le habrán dicho, me quieren fusilar...

—Y ¿eso por qué, teniente?

—Me achacan unas muertes de prisioneros, pero yo no tuve nada que ver en eso... se lo juro por lo más sagrado, por mi propia madre...

—No, no, si yo te creo, muchacho —dijo JM, levantándose del camastro y poniéndole una mano en el hombro al teniente Nieto.

—Lo que pasó fue que después que tomamos el fortín de Falcón, llegaron unos tipos del SIM, y se llevaron a dos o tres rebeldes que tenían expediente por haber ahorcado a un tipo por allá por las inmediaciones de Condado. Era un chivato, y parece que lo agarraron, le apretaron los huevos y después que confesó esos rebeldes se la ñampearon.

—Y ¿de qué más te acusan?

—De haberme violado a una guajirita ahí por Cruces. Pero ella se me entregó solita, ni siquiera tuve que trabajarla mucho... se enamoró de mis galones, de mi uniforme... Y era linda esa guajira, doctor, como no se puede imaginar; ni la Brigitte Bardot le hacía nada...

—Cuéntame, cuéntame, como fue la cosa.

—Pues, na', que me la llevé al río un mediodía y allí me lo dio to'o. Incluso me dijo después que si tenía alguna ropa sucia que se la llevara y ella me la iba a lavar. Cariñosa la guajirita, doctor. Yo le empecé a coger cariño, pero resulta que uno de los rebeldes ya le había echado el ojo antes, pero después ella me prefirió a mí.

—Y ¿quién te acusa? ¿Hubo testigos? Sígueme contando, muchacho.

—El padre de ella, y el sargento rebelde que estaba enamorao de ella, claro. El padre era un rebelde tapujao, cuando ganó la Revo se destapó el muy cabrón, y entre él y el sargento me hicieron un número ocho.

—Bueno, esta parte del caso es la que nos va a salvar, ¿sabes?

—¿Cómo es la cosa, doctor?

—Sí, voy a movilizar al juzgado de primera instancia de Rodas para que traspase el expediente de los tribunales militares al civil, haciendo hincapié en la acusación de violación. No te preocupes, muchacho, vamos a ganar.

—Gracias, doctor. La verdad es que ya le estoy teniendo mucha confianza. Salúdeme al tío cuando lo vea.

—Así lo haré, muchacho. No te preocupes —dijo JM dándole un abrazo de despedida.

En menos de cuatro días, Jota Eme logró que traspasaran el caso del teniente Nieto de un tribunal militar revolucionario al juzgado de Rodas. Jota Eme era experto, desde que se recibió de abogado, en buscarle los tres pies al gato a la ley; o sea, lo que se dice en inglés encontrar el *loophole* o laguna legal en cuestiones jurídicas.

—No, no, ese viejo es un lince —comentó Nieto a su tío abrazándolo al ser absuelto por el tribunal de Rodas.

—Sí, se las sabe todas —añadió Rolo, y salieron tío y sobrino cuesta abajo por la calle Martí hacia el café al lado de los almacenes La India, donde ya los esperaban amigos para celebrar su nueva libertad recién adquirida.

9

LA HUELGA DEL EMPERADOR

> Debiera tener un astro nuevo cuando cae
> en la patria un hombre que la defiende.
> *J.M.*

El «Emperador» gozaba de buen acojo entre la mayoría de los cadetes; empanizado cubierto de rodajas de cebolla y acompañado de papas en vinagre, constituía un plato delicioso. Sin embargo, una fría mañana de noviembre, al entrar en el comedor vi, para mi sorpresa, una gran cantidad de tenedores clavados, a manera de arpones, sobre el lomo de los emperadores.

No le di gran importancia al principio a aquello que pronto tendría gran repercusión en toda la Academia, y luego encontraría su camino en los diarios del domingo con grandes titulares que anunciaban, «Huelga del Emperador en la H.M.A.»

Me dirigí, como todos los días a la hora del almuerzo, hacia mi mesa, donde el jefe de mesa, el cabo Amargós, todavía de pie, ya abría la tapa de la sudada jarra de metal llena de leche fría. Era la misma que servía de cafetera a la hora del desayuno.

La leche en la Academia venía en dos especies: con o sin mosca. Si el jefe de mesa encontraba una o varias moscas nadando en la superficie de la leche, alzaba la jarra con la tapa abierta y llamaba en voz alta al camarero: «Mosca!» El camarero venía a recoger la jarra y desaparecía con ella por la puerta de la cocina. Muchos de nosotros creíamos que una vez fuera del comedor, cogía un pequeño colador de alambre, pescaba las moscas, y volvía a traer la misma jarra de leche a la mesa en cuestión. Otros, al contrario, eran de la opinión de que se nos traía una jarra de leche diferente, con el contenido sin mácula de las pestíferas aladas, como las llamábamos en la clase de zoología.

El director del comedor, el Profesor Bannantine, gritó con su vozarrón inigualable: «¡*Abjob*!» Todos los cadetes nos cuadramos detrás de la silla y esperamos la próxima orden del «Mandón»: «A sentarse ... en silencio», rugió el ogro de Bannantine.

Después del sonido de arrastres de sillas, sólo se oía el tintineo de los cubiertos y de los platos. Nos estaba prohibido terminantemente hablar. Al que hablara lo mandaban a pararse detrás de la silla y sufrir la tortura de ver comer a los demás. Todos guardábamos silencio y, muertos de hambre desde un poco después del desayuno, devorábamos todo lo que nos ponían por delante, siempre y cuando estuviese, eso sí, bien cocido.

Nunca se supo a ciencia cierta porqué se había escogido al emperador como foco de aquella huelga. Bien era sabido que la mayoría de los cadetes era católica, apostólica y romana, por lo que preferiría —si no ellos, por los menos sus padres— que los viernes se nos sirviera algún habitante de las profundidades del reino de Neptuno.

El dirigente de la huelga fue identificado como el Capitán Juan Oscar Alvarado, Jefe de la Tercera Compañía. Su padre y el mío habían sido compañeros de clase en la Facultad de Derecho a principio de los cuarenta. Aquel viernes en cuestión, después de clavarle el tenedor en el lomo del emperador, Alvarado se subió a una mesa y comenzó a arengar las multitudes, destacando, según su opinión, los defectos técnicos —por no decir culinarios— con que la naturaleza había maldecido al pobre emperador.

КДPITДL / CAPITAL

Personalmente, yo no tenía nada en contra del emperador; al contrario, cada viernes por la mañana anticipaba, todavía en clase, el sabor, la textura, el olor del bendito emperador.

En resumidas cuentas; los huelguistas fueron identificados y llevados ante el Círculo de Oficiales, convocado como tribunal, donde mucho de los líderes —entre ellos Alvarado— fueron condenados a perder sus galones, o, por lo menos, parte de ellos.

Era sabido que el ahora Teniente Alvarado era rebelde de naturaleza. Sus padres lo habían puesto en la Academia para ver si por fin alguien lo enderezaba ofreciéndole quizás un tipo diferente de disciplina. Sin embargo; no fue así el caso.

En su juicio en el Círculo de Oficiales, Alvarado expuso lo que el veía como una posible solución a los «duelos y quebrantos» de los viernes —como tildó la cazuela de emperador.

—Quizás se nos deniega el derecho a una sazón más al gusto del criollo que estos manjares preparados con recetas extranjeras —dijo tartamudeando algo, como siempre hacía cuando se ponía nervioso.

Sin embargo, después del juicio, se rumoraba que, en efecto, la huelga tuvo como objetivo separar la iglesia del estado, pues muchos libre pensadores, marxistas y ateos, aunque minoría en la Academia, estaban hartos que la gran mayoría católica impusiera sus creencias (o supersticiones como ellos decían) y, alentaron a los cadetes que tenían objeciones culinarias contra el Emperador.

Alvarado era rebelde nato; si por casualidad estaba en desacuerdo con la más mínima ordenanza del reglamento militar de la Academia, era el primero en protestar y dar razones, la mayoría de las veces muy lúcidas, de porqué dicha ordenanza debería ser suspendida.

Esta idiosincrasia y su propensión a oponérsele a casi todo como «palo en cañada», lo llevó, unos meses antes de la huelga, a un enfrentamiento con el nefasto Teniente Maderos.

Era el tal Maderos bajo de estatura para su edad, flaco y altanero. Como sacaba siempre máximas calificaciones, ascendió rápidamente de sargento a teniente en un par de meses. No tenía antigüedad y por esa razón, y su odiosa personalidad, los demás oficiales lo detestaban. Maderos era jefe de uno de los dormitorios, el cual administraba con mano férrea, llegando casi al sadismo. Era un tipo enfermizo y algunos decían que era un reprimido sexual que escondía su libido en el trabajo.

El caso fue que un buen día en la clase de Moral y Cívica, en la cual se encontraba también Alvarado, se desató una discusión sobre derechos constitucionales y su vigencia en la vida nacional del momento. Por alguna razón que no quedó nunca muy clara, la discusión acabó siendo acaparada por Maderos y Alvarado, quienes se enardecían más y más a medida que defendían puntos de vistas opuestos. Finalmente, el profesor tuvo que intervenir y parar la polémica.

Al salir de la clase, Alvarado se le acercó a Maderos junto con el Sargento Espinet, y, ante la sorpresa de todos alrededor, lo retó a un duelo a sable.

Espinet sirvió de padrino a Alvarado y el Cabo Amargós a Maderos. Todo se llevó a cabo en secreto para que las autoridades no se enteraran, ya que este procedimiento iba en contra de todos los preceptos de la Academia. Sobre todo, contra aquel que no estaba escrito en ningún código, pero que todo el mundo conocía, el que presentaba como única solución a los conflictos entre cadetes la vía del pugilato patrocinada por Velásquez.

Al final del extenso campo de la Academia, detrás de la piscina, había una especie de terreno vacío rodeado de árboles de ciruela. Allí se enfrentaron durante el recreo después del almuerzo, Alvarado y Maderos.

Alvarado se quitó la corbata y la camisa. Sacó el sable de la vaina y dio dos golpes en el aire en forma de equis. A unos diez pasos de él, Maderos hizo lo mismo, pero sin quitarse la camisa. Espinet se paró entre los dos contrincantes, y prosiguió con el protocolo del lance

—Caballeros —rompió el silencio Espinet—, ¿podrían arreglar este asunto sin recurrir a las armas?

Ambos negaron con la cabeza.

—Entonces, estas son las reglas: tres asaltos de dos minutos cada uno, y dos de descanso. No valen golpes bajos.

Espinet miró atento a Amargós para ver si estaba de acuerdo. Amargós asintió con la cabeza.

Alvarado atacó primero y provocó que Maderos se cayera. Al levantarse éste, ambos se arremetieron con mandobles torpes, erráticos, y bruscos. El segundo asalto fue para Alvarado, quien hirió en el codo al otro duelista. Para el tercero, Maderos atacó con ahínco e hizo caer a Alvarado varias veces. Al final ambos terminaron con arañazos y morados.

El fin de curso llegó y vio a Alvarado y a sus compañeros de clase graduarse de bachillerato sin ningún otro problema disciplinario.

Al principio del año escolar siguiente, supimos de él gracias al hermano menor de uno de sus amigos. Había ingresado en la universidad y había matriculado Derecho. Después de unos días asistiendo a clase, desapareció de su casa por varias semanas y nadie supo de su paradero.

Fue en aquella época, precisamente, cuando mucha de la juventud del país se vio en la circunstancia de tomar armas contra el Indio, por haberse apoderado de las riendas del gobierno de una manera tan abiertamente deshonesta, que ni siquiera tuvo la delicadeza de orquestar los comicios electorales como era la tradición entre los políticos profesionales desde la época colonial. Es decir, a la hora de la verdad, no importaban los que votaban, sino los que contaban los votos. Ese fue el fallo principal del Indio, golpista reincidente: trató de imponerse por la fuerza rompiendo la tradición, y el criollo no tragó el bocado, sino, al contrario, lo escupió insulto, y armó la Revo.

Una de las víctimas de esta ruptura de la tradición fue Alvarado. Hubo dos versiones de su fin. La primera la oímos una noche después de comida en la Academia, sentados en círculos concéntricos sobre la hierba iluminada por las estrellas. En el centro de los círculos, se sentaba el narrador de turno. Fue Benítez, uno de los grandes, el que tomó la palabra aquella noche.

—Cadetes, tengo una mala noticia: Alvarado fue asesinado hace tres días.

Todos guardamos silencio, atónitos ante tal acontecimiento inesperado. Sabíamos que era rebelde; sí, hasta medio alocado, pero nunca pensamos que llegaría a tan desastroso fin.

—Como ya sabíamos había desaparecido hacía ya varias semanas; en realidad se había metido en la clandestinidad. Se fue a entrenar en tácticas de guerrillas en el extranjero. Luego volvió al país a hostigar a las hordas golpistas. El y unos compañeros de armas se apoderaron de una máquina de alquiler, secuestraron al chofer, se armaron de granadas y pistolas automáticas, y emprendieron la tarea de asaltar perseguidoras. Hicieron volar dos llenas de policías que no tuvieron la oportunidad ni de decir adiós. Pero cuando se dirigían a asaltar una tercera, por allá por G y 23 ya los estaban esperando ... se encontraron con una perseguidora vacía. Cuando se dieron cuenta de la trampa, ya estaban rodeados de un cordón de policías con ametralladoras de mano. Los dejaron acribillados.

Esa noche nadie durmió muy bien. Hubo un continuo vaivén a los baños. Allí se podían encontrar algunos grupos de cadetes comentando la mala noticia. Algunos opinaban que alguien los había «chivateado». Otros creían que no, que les había llegado la hora como a cualquier cristiano.

Pasaron varias semanas y nadie habló más de Alvarado y su funesto fin. Un viernes por la tarde hubo salida. Mi padre estaba de visita en la capital, y me sacó por el fin de semana. En aquel entonces todavía se hospedaba en el Plaza, allá por Prado y Neptuno, cerca de la esquina de la «Engañadora» y de otras hembras de la noche que se paseaban por el aire perfumado en busca de aventura y dinero.

—Mataron a Alvarado —le dije durante la comida en el Dragón Dorado, aquel restaurante chino cercano al hotel, donde probé por primera vez el chou mein.

—Sí, desgraciadamente. Sus padres están destruidos, como te puedes imaginar.

Le conté de su muerte según nos la contaron en la Academia.

—¡No, hombre no! No fue así. El y un compañero fueron a Miami a comprar armas para el Directorio. Alguien, infiltrado, dio el chivatazo. Cuando desembarcaron aquí, fueron a un apartamento donde escondían las armas, y cuando entraron ya los estaban esperando los de la secreta

—A ver, no se muevan! ¡Manos arriba o los tronamos aquí mismo! —dijo el hombre de guayabera blanca y espejuelos calobares—. ¿Qué traen en esas maletas, muchachones?

Tres guardias en uniforme salieron del baño blandiendo ametralladoras Thompson.

—¡A ver, voltéense mirando a la pared! ¡Cuidadito con bajar las manos, eh! — grito el de la secreta.

—Ratatatatatatata —martillaron las tres ametralladoras, dando con los dos jóvenes en el piso. Un río de sangre comenzó a anegar la alfombra. Murieron instantáneamente. Los dejaron acribillados.

Años más tarde, una placa conmemorativa hizo compañía al asta de la bandera en el rincón oeste de la Academia cerca de la piscina.

Una vez que la Revo sube al poder, el padre de Alvarado fue nombrado miembro de la Comisión Depuradora ubicada en La Cabaña. Allí se le veía a menudo merodear los pasillos de los calabozos preguntando como un loco la suerte corrida por su hijo, ultimado —estaba seguro— por algunos de los prisioneros que esperaban justicia revolucionaria encerrados en las celdas.

10

EXCURSIONES

> Prefiero ser yo extranjero en otras patrias,
> a serlo en la mía.
> *J.M.*

Alemania, 1936. Joachim Bulner, zapatero remendón se encontraba pegando medias suelas a unas botas militares en la miserable zapatería que su padre, David Bulner, tenía en las afueras de Berlín. El dueño de la botas, un militar con uniforme de la SS llegó al taller precipitadamente y demandó:

—¿Dónde coño están mis botas, judío?

—Ya casi están listas, *Mein Kapitän!* —dijo Joachim levantándose de su asiento e inclinado la cabeza hacia abajo en señal de respeto.

—Mejor que estén listas para esta tarde a las tres, de lo contrario tendré que hacerte una segunda circuncisión. ¿Entendido, judío?

—Sí, sí, *Mein Kapitän!* Estarán listas sin falta.

El capitán de la SS salió sin despedirse del insignificante judío, pensando en qué divertido sería para él y sus amigos del regimiento cercenar el poco prepucio que le quedaría al pobre Joachim alrededor de su cantimplora, y en cómo gritaría bajo el manejo del cuchillo de cazador por manos expertas de castradores de puerco, como las del ex campesino Hans Hover, el Sargento Mayor de su regimiento.

Joachim se apresuró sin chistar; cortaba, cosía, pegaba como un autómata hasta que las botas estuvieron listas. Esperó a que se secara la goma, y, una vez comprobado que ya estaba seca, se dispuso a pulirlas con paño y cepillo. Cuando vio que estaban lustrosas, las dejó a cargo de Keitel, el joven aprendiz a zapatero. Acto seguido, se puso el abrigo, se echó la bufanda al cuello, y se resignó a salir bajo una ventisca que traía más agua helada que nieve, pero sumamente fría.

Corrió por los portales cubiertos del Edificio de la Fiscalía y bajó por la Hessenstraße, siempre cuesta abajo hasta llegar a una casucha en la orilla oeste del río Spree. Tocó tres veces en la puerta con los nudillos. Una vieja sonriente envuelta en una bufanda roja le abrió, y le indicó que pasara adelante.

Una vez dentro, le llevó varios minutos acostumbrar sus ojos a la escasa luz que reinaba en el precinto. Un hombre barbado de unos cuarenta años hacía uso de la palabra:

—El CAPITAL, el CAPITAL, yo les digo, camaradas, es la maldad personificada. De él emanan todos los males de este mundo ... es pura maldad, amigos, pura maldad... El capital nos destruirá a todos, nos mantendrá esclavos de un puñado de burgueses desalmados que no tendrá ningún escrúpulo de comernos vivos si se ven en la necesidad... por eso les increpo, camaradas, que tomemos el poder de una vez por todas... muerte al capital, camaradas, se acerca el día en que tendremos la oportunidad de destruir el capital en su misma semilla, y con él destruir también a su perros de presa ... todo el partido Nacional Socialista, desde el más alto dirigente hasta la más ínfima cocinera que prepara las sopas con que los nazis tratan de conquistar nuevos reclutas ... ¡Muerte al CAPITAL! ¡Muerte a los nazis!

Todos los congregados se levantaron al unísono con el brazo izquierdo elevado y el puño cerrado. Gritaron hipnóticamente:

—¡Mueran! ¡Muerte a los nazis! ¡Muerte al CAPITAL y a sus secuaces!

КДPITДL / CAPITAL

Joachim había tomado asiento entre la masa homogénea de trabajadores malolientes a ajo, sudor y cerveza que componía la gran mayoría de los congregados. También levantó el brazo izquierdo maquinalmente, y gritó con los demás:
—¡Muerte a los nazis! ¡Muerte al capital y a sus secuaces!
De repente, una explosión derrumbó la puerta de la pocilga, ensordeciendo a toda la concurrencia, la cual empezó a correr de un lado a otro presa del pánico, mientras un pelotón de camisas pardas entraba en el local por la puerta derrumbada blandiendo vergajos, que pronto pusieron en uso flagelando a cuantos se les ponían por delante.

Joachim, quien no había tenido tiempo para beber ni un sorbo de cerveza por haber llegado tarde a la reunión, tuvo la lucidez de meterse en el excusado maloliente de la casucha, abrir la pequeña y única ventana, subirse en una silla y saltar al callejón al que daba la ventana. Casi calló de bruces sobre los adoquines mal acomodados del callejón. Se incorporó de entre latones de basura y todo tipo de desperdicios, y se echó a correr tan rápido como pudo para no parar hasta llegar a un pequeño parque muchas cuadras después. Jadeante, falto de aire, se inclinó hacia el frente descansando ambas manos sobre las rodillas tratando de recuperar el aliento.

Desgraciadamente, dos policías que aparentemente hacían la ronda, al verlo jadeante y sospechosamente nervioso, se le acercaron y le pidieron sus papeles. Joachim iba a echarse a correr de nuevo, pero sus piernas no le daban para tanto. Presentó papeles, y fue arrestado *ipso facto*.

En las oficinas de la GESTAPO más cercana, a donde fue conducido Joachim por los dos agentes, se le tomó su nombre y señas y se le encerró en una celda pequeña, llena de trabajadores como él. Al cabo de una hora o algo así, un gendarme demandó a Joachim que lo acompañara. Joachim obedeció sin chistar, cabizbajo y pensativo. Se veía sumamente deprimido.

El policía lo condujo del brazo hasta una celda de puerta de madera muy angosta. Le increpó que entrara, lo cual Joachim hizo.

La celda quedó completamente oscura después que el policía cerrara la puerta tras de Joachim. Trató de palpar la pared con las dos manos para no tropezar con nada, de repente alguien le dio un tremendo empellón por la espalda y cayó de bruces en el piso de la celda. Sintió que le sangraba el labio. Una luz muy fuerte, como la de una linterna de mano, lo cegó cuando abrió los ojos.

Joachim había apenas levantado medio cuerpo del piso, cuando sintió un terrible golpe en las costillas; acto seguido, innumerables patadas llovieron sobre él. Notó que ahora le pegaban con instrumentos contundentes pero elásticos, pues rebotaban de su cuerpo tan pronto como le pegaban; quizás fueran mangueras o tubos de plástico, quizás vergajos. Trató de levantarse, pero no pudo. Ahora lo pateaban por doquier; en la cabeza, en los brazos, en las costillas, en las nalgas. Aullaba de dolor como un perro. Sólo logró hacerse un ovillo acurrucándose en una postura fetal, cubriéndose lo mejor que pudo la cabeza con las manos y los brazos. Pronto perdió el conocimiento.

Cuando volvió en sí, se hallaba en una camilla en un ala de un hospital. Unas monjas en hábito blanco con una enorme cruz roja cosida en el pecho se paseaban por la sala atendiendo a los heridos de camilla en camilla.

Una de las religiosas se le acercó, y tomándole una mano le pidió su nombre.

—Joachim Bulner —balbuceó sintiendo un dolor insoportable en la quijada. «Quizás estaba rota», pensó.

—Tiene suerte, hermano, mucha suerte. La mayoría de los conspiradores de su grupo o están muertos o fueron conducidos a Sachsenhausen. Lo encontramos tirado en un callejón cerca del río. ¿Cómo se siente?

—Yo... yo... —intentó decir algo Joachim, pero sólo logró balbucear algo. La mandíbula le dolía horrores cade vez que movía la boca.

—Tranquilo, tranquilo, *Herr* Bulner. Trate de dormir un poco.

Dos días después de convalecer en el hospital, dos hombres con sobretodos de cuero y sombrero de pana de ala ancha se acercaron a su camilla.

—¿Joachim Bulner? —inquirió el más alto imperiosamente.

—Sí, soy yo. ¿Quién me quiere?

—Vístase y venga con nosotros inmediatamente —habló de nuevo el más alto sacando del bolsillo de su abrigo un carnet de la GESTAPO y enseñándoselo momentáneamente a Bulner.

Joachim obedeció en silencio.

Una vez vestido, Joachim salió del hospital escoltado por los dos hombres. Los tres subieron a un viejo Mercedes que ya tenía el motor en marcha. Apenas cerrada la puerta del auto, éste salió disparado a toda máquina por la avenida del hospital, dejando atrás una gran nube de polvo y papeles revoloteando en el aire.

—Debe haber un error —gimió Joachim cuando el auto se detuvo ante la entrada, bloqueada por una barrera de madera, del campo de concentración Sachsenhausen. Un letrero enorme en lo alto de las puertas de metal rezaba: «Arbeit Macht Frei».

Entre los dos agentes de la GESTAPO lo sacaron a empellones del auto. Uno de ellos sacó de su bolsillo un pequeño vergajo que descargó repetidamente sobre la espalda de Joachim. Este se dobló del dolor y salió corriendo hacia la barrera, tropezando con ella.

Uno de los guardias corrió hacia Joachim, lo agarró por el cuello de su americana, y lo condujo al interior de la prisión.

—Es un error... tengo papeles de salida —gritaba Joachim desaforadamente mientras el guardia lo conducía por los pasillos de la prisión.

Uno de los agentes, el más alto, le gritó desde el auto:

—No tienes pasaporte, judío... no podrás salir. A los judíos no se les otorga pasaporte ... no son alemanes.

Todos se echaron a reír menos Joachim, quien continuaba vociferando su queja.

Joachim fue procesado como todo prisionero recién llegado a Sachsenhausen: Lo hicieron que se desnudara por completo, se le peló a rape, le hicieron que se pusiera una túnica de algodón blanca con rayas negras. Era el uniforme reglamentario de aquella institución.

Joachim pasó tres días dando pico y pala en las labores comunes de los prisioneros en el campo. Estaba exhausto, y la sopa y el pedazo de pan que le daban una vez al día apenas si servía para mantenerlo vivo. Sabía que estaba perdiendo peso... muy rápidamente. Se sentía desfallecer, pero no quiso darse por vencido.

Por la tarde del tercer día, Joachim oyó que llamaban su nombre por el altoparlante del campo de concentración:

—Joachim Bulner repórtese inmediatamente en la oficina principal —repitieron dos veces.

Joachim dejó caer a tierra el pico con el que estaba trabajando, y corrió hacia la oficina. Llegó jadeando y casi sin fuerzas para subir los dos o tres escalones que separaban el campo de la institución de su oficina.

Para su sorpresa, vio que en la oficina, sentada en un banco de espera estaba su hermana, Sarah.

Un soldado de guardia le indicó que pasara adelante apuntando hacia Sarah: «*Schnell, schnell*», dijo.

Joachim corrió hacia su hermana y la abrazó apretadamente.

—Supimos de tu arresto por unos agentes de la GESTAPO. Nos dijeron que si queríamos que salieras del país tendríamos que pagar mucho dinero por un pasaporte. Juntamos todos nuestros ahorros y se lo dimos a los agentes. Era todo nuestro capital, pero no podíamos dejarte morir aquí. Les dimos todo, además de lo que nos mandó el tío Aaron de América para lo de la visa. Ahora tuvimos que pagar más...

Joachim estaba llorando. Su hermana empezó a llorar también mientras le acariciaba la cabeza.

Un soldado, que llevaba un bulto bajo un brazo, le indicó a Bulner que lo siguiera. Entraron en un pequeño salón. El soldado le dio el bulto y le dijo que se cambiara inmediatamente. Una vez que Joachim había entrado en el cuarto, el soldado cerró la puerta.

A los pocos minutos, Joachim salió de aquel salón vestido con su ropa. Notó que no era la ropa que traía puesta cuando lo arrestaron. Pensó que era ropa que le había traído su hermana. El soldado lo acompañó hasta donde se encontraba su hermana, y le dijo:

—Ya eres libre, judío. Ya vez, el trabajo te hizo libre como dice el letrero arriba de la entrada.

Joachim no contestó. Simplemente le dio la mano a su hermana, y ambos, agarrados de la mano como dos colegiales, caminaron lentamente hasta llegar a la calle fuera del campo de concentración donde los esperaba un taxi. Al subir al taxi, Joachim balbuceó algo al oído de su hermana:

—No fue el trabajo el que me hizo libre, fue el capital.

Comenzó a llorar ocultando el rostro entre las manos.

Muchos años más tarde, Joachim Bulner era el dueño de una fábrica de zapatos en la Isla, su país adoptivo, a donde había llegado gracias al capital invertido por su familia para hacerlo libre.

La Academia nos llevaba de excursión varias veces al año. A veces íbamos a una fábrica de cerveza, a una exposición de textiles, a una fábrica de chocolate o simplemente una excursión a una montaña. Aquella fría mañana de diciembre, la Academia había decidido llevarnos a la gran «Fábrica de Zapatos Bulner», propiedad del tío de nuestro compañero de curso, el cadete Bulner.

Fue una excursión inolvidable; no teníamos ni la más vaga idea de cómo se hacían los zapatos. Aquel día nuestro descubrimiento fue asombroso: llevaba la labor y el tiempo de decenas de obreros para lograr hacer un par de zapatos listos para entrar al mercado como mercancía de consumo.

Al final de la jornada, el tío de Bulner le presentó un par de zapatos de regalo a Bulner y nos hizo la historia de cómo de esclavo en Alemania llegó a ser libre en la Isla gracias al capital.

—Yo fui comunista en Alemania —confesó casi llorando—; un día cuando pensaba que iba a morir de hambre y fatiga en un campo de concentración, un puñado de monedas de oro me salvó la vida... desde entonces soy capitalista.

Muchos años después de aquella excursión, me di cuenta por primera vez en mi vida del enorme poder de liberación que encierra el capital: un negro adinerado es acusado de asesinar con sus propias manos a su esposa en Beverly Hills, invierte su cuantioso capital en conseguirse en equipo mágico de abogados, el cual logra restablecerle su libertad. En cambio, un pobre negro del Bronx, acusado de asesinato, paga los platos rotos por otro negro que se da a la fuga y cuya identidad nunca se conoce. La corte le asigna un abogado *pro bono,* de poca experiencia jurídica. Al cabo de un corto proceso, también logra su libertad, libertad total: la pena capital.

11

MIAMI

> *Se decía que la Isla era el país más grande del mundo porque tenía el territorio nacional en el Caribe, la capital en la URSS y sus habitantes en Miami.*
> **Vox Populi** criolla

El primo hermano de Trescientoscinco, *Uncle Bob*, sostenía en el hombro una Sony Handycam Camcorder DCRVX2100 en la esquina de la Calle Ocho con la 13, con la cual enfocaba a 305 que se disponía a probar el micrófono inalámbrico.

—Uno, dos, tres. Probando. Uno, dos, tres. Probando.

—Perfecto, primo. Estás entrando chévere. Mira, ahí viene un tipo. Pregúntale, pregúntale algo.

Trescientoscinco se acercó, micrófono en mano, al individuo que venía caminando hacia ellos, y acababa de doblar la esquina de la 13 hacia la Ocho.

—Buenos días, caballero. ¿Me permite una pregunta para el Canal 41?

El hombre se detuvo, miró a 305 un poco asombrado, embozó una sonrisa, miró hacia Bob y hacia la cámara profesional, y, quizás decidiendo al fin de que no se trataba de una broma, dijo:

—Sí, ¡cómo no!

—Mire, ¿cómo se sentiría usted si de repente oyera en las noticias que la Isla acaba de convertirse en el quincuagésimo primer estado de la Unión Americana?

—¿«Quinca-cuánto? —preguntó el hombre un poco azorado.

—Quincuagésimo primero; es decir, el estado número cincuenta y uno.

—Ah, el cincuenta y un estado ... bueno, a mí me parece —continuó el hombre mirando ahora con curiosidad a la cámara—, a mí me parece que eso sí que está bueno.

—¿De veras? Y ¿en qué sentido dice usted que eso es una cosa buena?

—Mire, yo he vivido aquí en Miami desde mil novecientos sesenta y pico. Yo fui uno de los niños de la Operación Pedro Pan. La única manera que yo vuelva pa' la Isla, o sea, a vivir allá, es que a mí se me garanticen mis derechos constitucionales, mi libre expresión de pensamiento, derecho a mi propiedad privada, la patria potestad sobre mis hijos... ¿me explico?

—Cabalmente, caballero. Así que usted es de la opinión de que si allá no está la guardia nacional para garantizarnos la libertad, entonces, no vale la pena el regreso.

—No, regresar, regresar, lo que se dice regresar, yo sí regreso, pero de vacaciones nada más... ahora, pa' que mi familia y yo regresemos pa' quedarnos allá, tenemos que tener garantías... Imagínese, hay miles de individuos en el exilio que fueron saliendo de la Isla poco a poco después que yo, y estoy seguro que muchos de ellos eran de los que gritaban «paredón, paredón» y se reían de contento cuando Pastorcita Núñez nos partía la *siquitrilla* con su reforma urbana y to'a aquella locura de los primeros días cuando cayó el Indio, ¿se acuerda?

—¡Sí, cómo no me voy a acordar!

—Bueno, entonces, cuando to'a esa gente vuelva pa'llá, ¿qué cree usted que es lo primero que van a pedir, que van a demandar?

—No sé, dígamelo usted.

—Bueno, yo diría que lo primero que esa gente quiere es que se siga repartiendo todo igual pero sin el Caballo allá arriba mandando. Esa gente son marxistas que se le salieron huyendo al Caballo por desacuerdos con él, y no con el socialismo. Yo los veo y los oigo to'o los días en la guagua... hablando bobería, que si cuando volvamos vamos a hacer esto o lo otro, que la planificación de cinco años, que si usar el capital como lo llevan usando los chinos hace ya más de diez años... No, no, no, compadre, habrá que tener mucho cuidado si es que regresamos.

—Bueno, caballero, muchas gracias en nombre del Canal 41. ¡Muy amable. Que pase buen día!

—Adiós, gracias por entrevistarme.

El individuo siguió su camino después de decir adiós con la mano a Bob y su cámara. Otro hombre ya venía doblando la esquina y Bob le avisó a 305.

—Oye, primo, ahí viene otro. ¡Ponte mosca!

—Sí, sí, ya lo vi, Bob; no te preocupes.

—Buenos días, caballero. Me permite una pregunta para el Canal 41?

—¿Canal 41? ¿Noticias 41?

—¡Sí, señor, esa misma!

—Pues dígame ¿en qué puedo servirle? —interrogó el hombre.

—¿Cuál sería su reacción al enterarse de que la Isla se había convertido en el quincuagésimo primer estado de la Unión Americana?

—Pues, ¡figúrese! ¿cómo quiere que me sienta? Mire, me sentiría igual que como se sentiría usted, si de repente alguien le dice que el Estado de La Florida acaba de convertirse en la decimoquinta provincia de la Isla? Bien jodido, ¿no le parece?

—Oiga, señor, por favor. Esto va a salir al aire. Ahora habrá que editarlo.

—Bueno, chivao, así me sentiría, bien chivao. Nosotros estaremos aquí en el exilio, pero la Isla ha sido, es, y seguirá siendo un estado independiente, con soberanía propia. No ha

muerto tanta gente allá pa' que ahora vengan a regalarle todo a los yankis, ¿no?
—Entonces, ¿cómo ve usted el próximo gobierno en la Isla una vez muerto el Caballo? ¿El mismo perro con diferente collar? o ¿cómo?
—No, yo no he dicho eso; el mismo perro no. Primero hay que acabar con el comunismo; eso ni hay que decirlo; por eso estamos en el exilio, ¿no? Luego, vendrán elecciones libres con diferentes partidos políticos...
—¿Incluyendo al PSP?
—¿Qué PSP?
—El Partido Socialista Popular ... los comunistas, los de Blas Roca y Marinello y toda aquella gente de antaño.
—Ah, no, no, no. A esa gente hay que sacarla... como en la Alemania de la postguerra, a los nazis no los permitieron organizarse como partido político para participar en la reconstrucción. Si fueron ellos los que destruyeron el país tal y como los comunistas hacen en la actualidad en la Isla, así que ¿cómo vamos a permitir que tengan otra oportunidad? ¿Pa' destruir el país dos veces? ¡No, hombre, no!
—Entonces, usted es del parecer que en una Isla sin el Caballo hay que empezar con elecciones libres, pero no tan libres como para incluir al PSP, ¿no es así?
—¡Exactamente! Empezar de nuevo, pero sin los comunistas... que se vayan a la China... pa'llá a ver si los quieren... son los únicos que quedan... los chinos comunistas...

Muchos años antes a estas entrevistas, el padre de 305 gestionó desaforadamente para poder mandarlo al exilio en Miami y así, mediante este sacrificio de padre, salvarlo del lavado de cerebro que la Revo llevaba a cabo con la juventud de la Isla en aquellos días.
—Escríbeme todas las semanas sin falta —dijo la madre de 305 con lágrimas en los ojos a medida que 305 se encami-

KДPITДL / CAPITAL

naba a entrar en la pecera en el Aeropuerto Internacional de Rancho Boyeros.

La travesía del Canal de la Florida en el avión de la Pan America se hizo en menos de media hora. 305 miraba por la ventanilla y sólo veía mar, mar y más mar. Era la primera vez que subía a un avión, pero no tuvo miedo; al contrario, sintió una especie de cosquilleo inguinal en cuanto el avión tomó vuelo. Sus héroes de antaño todavía tenían mucho peso en su espíritu. Ahora 305 encarnaba a Gregory Peck en *Twelve O'clock High*, ajustándose los cinturones de su paracaídas antes de abordar su B-17. Una vez en su asiento de piloto, despegaba sin dificultad en medio de una neblina muy espesa y muy inglesa. Después de librar la Mancha, en un santiamén se encuentra en un cielo peligrosamente nazi, salpicado de *Stukkas* en busca de aviones enemigos para darles caza, tal como si fueran una banda de cuervos encarnizándose con un águila.

Cuando el avión despegó, un silencio sepulcral reinaba en la nave. Un pobre hombre al que habían montado en el avión en una camilla, y que parecía más muerto que vivo, recobró una vida inesperada cuando el capitán de la nave anunció que ya habían rebasado las millas reglamentarias, y que se encontraban sobre aguas internacionales. Hubo gran algarabía, y de repente, un gran aplauso estalló en el avión. El supuesto moribundo se animó tanto que se bajó de su camilla y empezó a bailar en el pasillo del avión.

El tío Ababo y su esposa, Maíta, estaban esperando a 305 en el Miami International Arirport.

Camino a su nueva casa, 305 notó su primer anuncio en inglés: «Bla, bla, bla NITE».

—¿Qué quiere decir «*nite*»? —preguntó a tío Ababo.

—Así escriben algunos analfabetos «*night*»; quiere decir «noche», por supuesto.

Pronto llegaron a la casa de tío Ababo. La mamá de Maíta, doña Rosaura, estaba en la puerta esperándolos.

—Qué alegría de verte. Menos mal, hijo, que pudiste salir de ese infierno que es la Isla.

Le dio un beso grande y un abrazo.

—¡No, no! No bajes la maleta del carro todavía—dijo Ababo—; te alquilé un cuarto a una cuadra de aquí; como puedes ver somos muchos en la casa y no cabe nadie más.

Después de saludar a todos, Ababo y su cuñado, Albertico, llevaron a 305 a su nueva morada.

—¿Me das un cigarro, Albertico? —dijo 305 cuando entraban en el cuarto que habían alquilado para él en una casa vecina.

—Ah, ¿pero estás fumando? —dijo el tío—, mal negocio. Estamos en situaciones económicas no muy buenas que digamos... Mira, aquí tienes, cinco «pesos»... esto te debe durar una semana.

—Gracias, tío Ababo —dijo 305, guardando los cinco dólares en una gaveta.

—Oye, qué bueno está este cuarto pa' mis puterías —dijo Albertico, pasando revista al cuartucho—. Oye, habrá que conseguirle a tu sobrino una vieja rica para que le mantenga el vicio.

—O un viejo rico —añadió el tío siguiendo la broma—; no importa, el que pague mejor.

Los tres se rieron del chiste de Ababo. Y al cabo de un rato, Ababo y Albertico se fueron a dormir, dejando a 305 en su nuevo aposento.

Las primeras semanas en el exilio fueron bastante duras de soportar para 305; su inglés era precario y los muchachos de su edad no eran muy amistosos que digamos. A veces 305 añoraba tanto su vida en la Isla que en más de una ocasión

КДРІТДL / CAPITAL

estuvo dispuesto a regresar, hasta que un día recibió una carta de uno de sus mejores amigos en Santa Clara:

Santa Clara 2 Enero 1962

Estimado amigo 305:

Te escribe uno que le dicen el nervioso, te voy a contar algo de la situación en la Isla y vamos a ver si llega la carta.

Bueno para empezar te voy a contar primero como está la comida, la carne de res dan ½ lb dos veces a la semana para toda la familia en la carnicería con tarjeta de los Comité Defensa Revolución y por zona la que esté más cerca de tu casa y no puedes conseguir más por ahí ni dando cualquier dinero.

En viandas la cosa está igual entra muy poca vianda, los frijoles negros para encontrarlos es de película con decirte que la calabaza hasta falta, los frijoles colorados son de china es lo único que está de sobra. Uno se aburre ya de eso y son más malo. Las viandas vienen muy poco la papa está racionada a 2 lbs y cuando hay la malanga falta muchas veces, el arroz está racionado ahora en estos momentos no hay ni los que han traído de China han alcanzado o yo no sé que le han hecho hi para comer tiene que guardar cuando algunas veces viene por cantidades tiene que cavilar para ver como consigue para guardar para otros viaje para cuando no haya y se acaba. El pescado cuando viene es muy poco yo no sé lo que le hacen si los pescadores no pescan o que pasa. El jabón de olor lo reparten igual que la pasta de diente por tarjeta y hay veces que se demoran sin venir 2 semanas así que si no tienes reserva tiene que lavarte con agua y los dientes con otra cosa. Los campesinos además de que se ha perdido la cosecha por la seca la mayoría de los cam-

pesinos ni siembran sus productos porque el INRA se los paga muy barato y están en contra de esto con los abusos que están cometiendo con ello en El campo, el problema de la leche está de película esta racionada ahora solo para los niños antes había muy poca y ahora que llega el tiempo de la seca se esta poniendo de película en los café solo hay leche de 6 a 8 de la mañana la poca que dejan.

El aceite igual que la manteca está racionada a 2 lbs por mes come ves estamos pasando hambre no hay nada de nada en comida en los restaurants es igual lo mismo que en la cafetería, aunque tenga dinero para comprar no hay que comer.

En la medicina no hay medicina ninguna pues como las que venían de los E.U. ya no entran, los médicos se han ido mucho y quedan poco, el que se enferman queda . . . La ropa no hay ni tela nada más que para el traje de las milicias, y la que hay es muy poca igual que los zapatos están de películas.

Estamos viviendo bajo un terror si ante lo que te ponían en películas creía que era exageración ahora lo puede comprobar que es verdad. Si sales de viaje el Comité te pregunta donde vas, se pasa la vida vigilándote, en la calle te pueden llevar al G-2 preso muerto de la risa por la menor cosa ya la vez que caes preso no vuelves a ver la calle más nunca, los comunistas estan echo unas fieras cuando tú estabas esto estaba empezando. Ahora lo que estamos aquí dentro estamos sufriendo y pasando la mil y una noche hasta cuando! Dios mio! Hay una clase de adoctrinamiento los mismo que por la radio, T.V. y prensa que mete miedo la mitad del pueblo lo confunden con esta propaganda y los niños que son los más propicios para adoctrinarlo lo están cogiendo pobre niñez no sabe la suerte que le

КДРІТДL / CAPITAL

espera pues como no están viendo nada más que el comunismo y como se lo pintan creen que es lo mejor y le hablan mal del Imperialismo. Nosotros ya no nos entra porque sabemos lo que es y que fin persiguen. Te diré que hay alzados en el Escambray, Yaguajay, la Región de Sagua en Cartagena o en Las Villas y muchos sabotajes hacen

No serán mucho porque desconozco pero tienen a la milicia en acción pero la cosa tendrá que venir de fuera para triunfar aquí no se puede, a cualquiera le aplican las 48 horas por la menor cosa y lo fusilan y le hacen una hijoputada.

Te diré que el loco está hecho un comunista de película cuando se hizo amigo del fulano que anda con un grupo de chivatos y ñangara lo adoctrinaron como cosa buena, es un problema andar con él, bueno cuando tú estabas ya te lo imaginaba como estaba empezando. De E... se peleó con O... porque ella era contrarrevolucionaria esa yo creo que fue una causa principal de su pelea pudo haber otra no lo sé ya te puedes imaginar que comunista es, cuando estabas aquí estaba en su punto. Bueno vamos a ver si llega te puedes considerar dichoso primero de enterarte y después de salir de esto de aquí, estas líneas que te hago si llega será un desahogo como yo hay miles que están padeciendo y sufriendo esta tiranía.

Es un grito de aquí de la Isla ¡Que esperan para venir! Para que sepan la verdadera situación de nosotros. Dios nos ayudará!

Uds se pueden considerar dichoso estar lejos de su familia y de su patria, pero tienen todo, nosotros sufrimiento, hambre, no libertad, bueno esa es nuestra suerte Dios nos bendiga y nos ayude en nuestro sufrimiento.

El Nervioso

Desde que leyó esa carta, 305 hizo tripas de corazón, dejó de maldecir su situación, y se aplicó lo más que pudo por aprender el inglés.

Ababo, de abogado y notario en el 162 de la calle Tejadillo en la Urbe Capitalina, había bajado de rango, dadas las circunstancias precarias del exilio, a mozo de carpeta en un hotel en Venice Island, uno de los islotes camino a Miami Beach. Afortunadamente, pronto encontró un puesto de profesor de español en el Northeast High School en St. Petersburg, en donde 305 se graduó de bachillerato en 1962.

Al graduarse, 305 consiguió su primer trabajo: lavando platos en El Gordo's Mexican Restaurant en la Playa de St. Pete cerca de Treasure Island. 305 también fue rebajado de categoría gracias al Caballo, que, en su papel de Robin Hood, robó a ricos y a otros no tan ricos —familias burguesas como la de 305, por ejemplo — y, sí, dio algo a los pobres, pero al hacer esto, hizo de los ricos —y de los no tan ricos— POBRES. ¡He ahí la ironía!

El padre de 305 pudo salir de la Isla con el resto de la familia unos años después de que 305 empezara el *college*. En pocas semanas ya tenía empleo de trabajador social en el Refugio de Miami. Allí ayudaba a los exiliados a llenar solicitudes para ser relocalizados, casi todos a través de una iglesia o congregación. Pronto se dio cuenta de que la mayoría de las solicitudes iban a la iglesia católica, algunas a las protestantes y poquísimas a la *American Jewish Charity*. La lista de espera para los católicos era larguísima y llevaría meses, sino años, esperar a que alguien se ocupara de la solicitud.

Ya cansado con el ambiente en Miami, el padre de 305 decidió poner una solicitud en una iglesia presbiteriana que le llamó la atención. Se encontraba en San Leandro, California.

En dos semanas obtuvo respuesta: la congregación de la pequeña iglesia en San Leandro no sólo le pagaría el pasaje a él y a su familia, sino que ya le tenían una casa amueblada y un viejo Nash del 48 (el «Almendrón») que le serviría de transporte mientras consiguiera trabajo en *The City by the Bay*.

Una vez en San Leandro, el padre de 305 consiguió trabajo de vendedor ambulante de mapas. Iba de tienda en tienda mercando sus mapas que nadie compraba; fue una época muy dura para él, pero, recobró la fe en Cristo que había perdido al comienzo de su juventud cuando descubrió la belleza incomparable de la mujer.

Con ayuda de su fe recién conquistada de nuevo, y de muchas solicitudes a diferentes *colleges* y universidades, el padre de 305 obtuvo un cátedra de español en Whitworth College, Spokane, Washington.

Al principio en su nuevo trabajo, el padre de 305 se trasladó a Spokane solo, dejando al resto de la familia en California. Pronto, para el segundo semestre, llamó a 305, todavía en la Florida, para que viniera a acabar el *college* en Whitworth. Y así sucedió.

Un poco antes de que 305 conociera la diáspora caribeña, Félix, quien ya había regresado a la Unión Americana casi inmediatamente después del triunfo de la Revo, decidió tomar cartas en el asunto, al darse cuenta de que el Caballo era un Robin Hood que robaba a los ricos, daba algo a los pobres, y después les pasaba la cuenta por lo que les había dado más el interés.

Desgraciadamente, la mayoría de la población de la Isla, enamorada del mito de Robin Hood, no se daba cuenta de que el mito toma un rumbo muy diferente una vez que el flechero del bosque toma el poder; es precisamente en ese momento, cuando se convierte en un leviatán, monstruo bíblico constituido ahora en el poder absoluto del estado. Y, como todos sabemos, el poder corrompe, y el poder absoluto —según el *dictum* de Acton— corrompe absolutamente. El gobierno de un Robin Hood emperador hace que el período estalinista parezca una producción de Walt Dysney en tecnicolor. En resumidas cuentas, el Caballo era ahora un Robin Hood instalado en el poder.

Corría el año 1961 en Miami, y muchos de la juventud de la Isla en el exilio, decidieron, con la ayuda de la CIA, enfrentársele bélicamente al Caballo.

Félix fue uno de los primeros en inscribirse en la Brigada 2506, la cual no tenía nombre todavía. Pronto pasó de los barrancones de la Brigada en Miami a Nicaragua, donde los miembros de la Brigada empezaron entrenamiento militar formalmente. Fue aquí donde Félix destacó en destrezas militares, y, recordó que su éxito se lo debía a las prácticas nocturnas de la Legión Jíbara unos años antes.

Tanto por estas destrezas como por su valor, Félix fue ascendido a teniente y reasignado al equipo de inteligencia, donde recibiera nuevo entrenamiento en técnicas de interrogación, misiones de infiltración y sabotaje.

—Félix —le dijo su comandante unas semana antes del 17 de abril—, necesitamos un hombre de Inteligencia para una misión exploradora en el Escambray; se trata de un posible escenario de operaciones para la invasión de la Isla. Todo esto es *top secret,* Félix, así que ni una palabra a nadie.

—Entendido, comandante! —dijo Félix parándose en atención—. Dígame nada más cuándo tengo que estar listo... quiero ser el primer voluntario para esta misión.

—Ya sabía que no ibas a dejar pasar esta oportunidad de servir a tu patria, Félix. ¡Así me gusta! Si tuviéramos un puñado de hombres como tú... otro gallo cantaría.

—Gracias, comandante.

—Bueno, hay dos maneras de infiltrarte en el Escambray; una rápida y casi sin peligro, la otra llevará tiempo y esfuerzo y siempre hay la posibilidad de intercepción o captura por el enemigo.

—Dígame la corta, comandante.

—Bueno, te tendrías que tirar en paracaídas, y ya sé que sólo tienes el *basic training,* así que no te la recomiendo.

—No, importa, comandante; yo sé que puedo hacerlo; de todas maneras, siempre hay una primera vez para todo en la vida, y mi primera vez de tirarme en un paracaídas es en esta misión.

—¡Carajo, Félix, eres increíble! Te voy a recomendar para un ascenso tan pronto como regreses de tu misión.

Félix y su comandante pasaron a la tienda de campaña usada por Inteligencia. Ahí fue el *briefing* de Félix y un puñado de voluntarios más, discretamente seleccionados de antemano por un agente superior de la CIA: Se estudiaron mapas de la región en cuestión, se divulgaron claves, pases y señas. Se desarrolló un plan secundario en caso de fracaso con el plan inicial. Se sabía a ciencia cierta que el Escambray albergaba mucho personal contrarrevolucionario con posibilidades de conexión con la Brigada en caso de que esa fuera la región indicada para la invasión.

Los siguientes tres o cuatro días fueron de clases de mapas, interrogatorios, archivos, inteligencia civil y militar, exploración y demolición. Además de prácticas de salto en paracaídas. Félix tomaba muy en serio toda esta información, pues sabía que no sólo su vida, sino la de muchos otros compatriotas dependerían de él y de aquellos jóvenes que como él se habían presentado como voluntarios para tan difícil y riesgosa misión. Así pasó Félix una semana más en Nicaragua para continuar su entrenamiento.

El avión bimotor C-46 despegó sin mayor inconveniente en medio de la noche, y el copiloto se dispuso inmediatamente a arreglar los controles del compás para que mostrara latitud 21° 48' 7N y longitud 79° 59' 3W, las coordenadas de la legendaria ciudad de Trinidad al sur del escabroso Escambray. El parte oficial del tiempo era cielos despejados con vientos moderados en la trayectoria de Puerto Cabeza en Nicaragua hasta Trinidad en la costa meridional de la Isla.

Félix estaba sentado en el largo banco de madera en la amplia cabina trasera del aparato aéreo junto con otros cinco voluntarios del servicio de Inteligencia de la Brigada. Todos habían sido preparados como Félix para saltar en la noche en un punto determinado de la Isla, donde los esperaban miembros de los grupos contrarrevolucionarios con los cuales se suponía que ligaran contacto para así coordinar la invasión de la Isla en un futuro no muy lejano.

—¿Es tu primera misión? —gritó Félix dos veces antes que el joven sentado a su derecha entendiera lo que le preguntaba.

—Sí, la primera, y ¿tú? —gritó el joven ajustándose una de las cintas de su paracaídas.

—No —mintió Félix para darle ánimo al joven que se veía muy nervioso—; ésta es como mi quinta misión... No te preocupes, caballo, la cuestión es que se te abra el paracaídas, después es todo cuesta abajo.

El joven se rio con una risa nerviosa hasta tal punto que el resto de la tripulación lo miró con asombro.

Así transcurrió la travesía con la proa del avión siempre apuntando hacia el este a lo largo de la costa sur de la Isla. Félix contaba chistes y el resto de los jóvenes se reía.

Así pasaba el tiempo en la cabina trasera del C-46, apodada «la panza», cuando la única lámpara que impartía una luz ámbar que mantenía en casi total tiniebla dicha panza, se hizo luminosamente verde. El copiloto de la nave salió de su cabina y entró en la panza.

—¡Ya es hora, muchachos! —gritó, abriendo trabajosamente la puerta lateral del aparato.

Félix y los demás se pusieron de pie inmediatamente, conectando el cordón de despliegue del paracaídas en un cordón de metal que corría a lo largo de una de las paredes de la panza.

—De uno en fondo —gritó de nuevo el copiloto—, de uno en fondo; cuando les toque en el hombro, cierren los ojos y déjense caer hacia delante. No hay nada que temer —añadió en su español con un dejo yanki.

Félix era el primero. Sabía que si veía saltar a alguien antes que él, a lo mejor no tendría el valor para seguirlo. Cerró los ojos, esperó el toque en el hombro y...

—¡GERÓNIMO! —la voz de Félix se hizo cada vez más lejana mientras el copiloto lo miraba hacerse cada vez más pequeño en la distancia vertical que los separaba.

Cuando Félix abrió los ojos y miró hacia arriba vio que no sólo su paracaídas se había abierto, sino que ya estaba amaneciendo. Luego se percató de que sus otros compañeros de vuelo también se bambaleaban en el aire como seguro él lo hacía. En un santiamén, hizo contacto con tierra en posición correcta, la cual había aprendido en su entrenamiento.

Abajo, en la tierra, todavía estaba oscuro. Félix se incorporó rápidamente, recogió su paracaídas que quería seguir volando en el viento de la mañana, y se dispuso a cavar una pequeña fosa para enterrarlo. A lo lejos veía a sus colegas hacer le mismo. Todos estaban abajo ilesos.

Acto seguido, se reagruparon. Félix, el de mayor rango, estaba al mando del pequeño contingente.

—¡Orientación, orientación! —dijo en voz alta sacando una brújula de su mochila—. A ver, Pérez, el mapa de la región.

Pérez obedeció la orden de inmediato, extendiendo un mapa sobre la hierba y alumbrándolo con una linterna de campaña.

—¡Ajá! —exclamó Félix—, coño que puntería tenía ese piloto. Nos dejó a media milla de nuestro primer objetivo: el caserío de Pitajones. Aquí es donde tenemos *rendevous* con Compay Hatuey, el cacique de los alzados.

—¡Coño, ni que fuera indio! —dijo Pérez bromeando.

—Indio o no le ha estado metiendo plomo parejo a los milicianos, según los últimos reportes. A este tipo yo quiero conocerlo... me urge conocerlo.

Bueno, muchachos —decidió Félix—, ustedes tres sigan hacia el Punto Zeta, ya tienen las coordenadas y pueden llevarse el mapa. Allí les dará *rendevous* el comandante Watusi. Después que acaben la labor de coordinación con él, regresen con sus notas aquí, al caserío, para comenzar la misión de evacuación. Recuerden que la evacuación va a ser por el este de la bahía de Trinidad; así que hay que apurar la marcha para llegar a tiempo al *rendevous* con el equipo de hombres ranas, que nos guiarán a la lancha de escape.

Félix esperó que los tres hombres designados por él empezaran su marcha. Cuando ya vio que estaban encaminados y a una distancia prudente, él, Pérez y el tercero, que le decían Arnaldo aunque su nombre era Iñigo, iniciaron su marcha hacia el caserío. Ya una vez a un tiro de ballesta del caserío, dos perros comenzaron a ladrar.

—¡Coño! Ahora sí que nos jodieron! —exclamó Félix, echándose al suelo y señalando a los otros dos hombres que lo imitaran.

Una voz que salía del caserío gritó:

—¡Santo y seña o disparo!

Los tres brigadistas se mantuvieron en silencio con lar armas listas para disparar.

—¿Quién anda por ahí? ¿Eres tú, Eusebio? —preguntó la voz desde el caserío.

Como nadie contestaba, abrieron fuego desde el caserío.

Félix y los suyos devolvieron el fuego con cortas ráfagas de sus M-1. De repente se oyó un alarido y luego fue el silencio absoluto por unos segundos, al cabo de los cuales fue roto otra vez por el ladrido de los perros.

Félix avanzó no sin antes pedirles a Pérez y Arnaldo que lo cubrieran por si acaso. Rastreando como un reptil llegó hasta la cerca de madera que bordeaba el caserío. Con su linterna de campaña iluminó hacia donde oía un quejido bajo, pero consistente. Era un miliciano; estaba herido en el vientre. Al lado de él yacían otros dos ya sin vida en charcos de sangre.

—¡Mal negocio, amigo! —le dijo alejando su rifle del costado del miliciano—. A ver, déjeme ayudarlo, ¿puede caminar?

El miliciano no contestó; seguía quejándose agarrándose el bajo vientre con las dos manos.

Félix se tiró el M-1 al hombro y cargó al miliciano a sus espaldas. Luego avanzó hacia donde estaban Pérez y Arnaldo.

—OK, cambio de plan. Tenemos que ir al Punto Z rápido. Aquí ya no hay nada que hacer... pronto toda esta área estará hirviendo con milicianos— les dijo Félix al encontrarlos.

Acto seguido, se comunicó con Ramírez, encargado del otro grupo.

—3020, 3020, ¡*Come in* Watusi! —susurró en su walkie-talkie.

—!Kriiishhh, Kriiishhh! —chirrió el *walkie-talkie* de Félix—. Aquí Watusi... ! *Come in,* Hatuey, *come in*!

—Operación Hatuey abortada. Repito: operación Hatuey abortada. ¡*Regroup, regroup* en Punto Z! —repitió Félix un par de veces, y se dispuso con sus compañeros a dirigirse hacia el Punto Z.

Veinte minutos más tarde los dos grupos se reunieron en el Punto Z. Félix confirmó que el miliciano todavía estaba vivo. Lo dejó al lado de un árbol. Del Compay Hatuey nunca se supo nada. Posiblemente había sido apresado por los milicianos que acudieron a donde yacían los que habían abierto fuego sobre Félix, o quizás había perecido en una batalla similar anterior.

La conexión con el comandante Watusi había quedado establecida. Sus alzados estarían listos para asistir cualquier incursión que se hiciera por el territorio adyacente a Trinidad.

Félix y los suyos se prepararon para replegarse hacia la costa y hacer *rendevous* con los hombres ranas, no sin antes dejar al miliciano herido en manos de los hombres de Watusi.

—Por favor, cúrenlo y déjenlo en un área que pueda ser descubierto por los suyos— dijo Félix.

Los hombres de Félix y los alzados se despidieron con abrazos fraternales.

Félix y su contingente lograron hacer el *rendevous* a tiempo; inmediatamente fueron evacuados en una lancha con destino a Jamaica.

Una vez en Kingston, al día siguiente, en una oficina secreta de la CIA, fue aquello del «deshielo» como llamaban ellos al «debreifing».

—Oiganme, ¿qué explicación pueden darme de ese miliciano que encontraron muerto en el área donde estaban ustedes ayer después de ser torturado y mutilado? ¿Cómo es posible que ustedes se involucren en cosa semejante, cuando saben muy bien que está terminantemente prohibido?

—No sé a qué se refiere, Harrison— contestó Félix... El único miliciano que encontramos vivo fue uno que abrió fuego contra nosotros y al devolver fuego lo herimos en el vientre... yo mismo lo hice prisionero, lo cargué y lo dejé en manos de la columna del comandante Watusi pa' que lo curaran y lo dejaran en lugar visible.

—Pues miren, buena la han hecho. El parte oficial del Ejercito de la Isla es que fue encontrado torturado y muerto...

—Pero, Harrison, eso no quita que lo hayan curado y dejado pa' que lo encontraran los milicianos y en el ínterin que fallece el hombre a causa de sus heridas, ¿no? Y después con fines de propaganda hayan mutilado su cadáver para aparentar tortura por nosotros...

—Es muy difícil de probar todo esto; especialmente con la mala reputación que desgraciadamente tienen los alzados después de haber ahorcado un sinnúmero de chivatos... ahí están las evidencias dichas por los mismos alzados en sus juicios.

Félix y los otros seis brigadistas negaron rotundamente ninguna participación en aquel crimen. Harrison dio la cuestión por terminada y decidió pasar a otro tema.

Varias semanas más tarde comenzaba la invasión de Playa Girón; Félix y los demás miembros del equipo de Inteligencia saltaron en paracaídas de nuevo en la región del Escambray aunque sabían ya que la invasión no sería por aquellos parajes, lo cual fue algo sorprendente para Félix.

Ante el fracaso de la invasión unos días después del desembarco, Félix, sus hombres de asalto y los alzados de la columna del Watusi esperaban refugiados de la debacle de Girón, pero éstos nunca llegaron; o fueron capturados en camino o simplemente estaban renuentes a aventurarse tan lejos del escenario de acción y prefirieron ser evacuados por el mar donde muchos fueron ametrallados despiadadamente por la aviación de la Isla.

A los tres días de espera, Félix y sus hombres supusieron que ningún sobreviviente de la invasión llegaría a donde ellos; así que decidieron evacuar la Isla por mar vía a Jamaica.

12

EXILIADOS

Con todos y para el bien de todos.
J.M.

En contraste con Félix, a 305 le tocó estudiar; después de la desintegración de la Legión Jíbara había preferido la pluma a las armas. Así que después de una breve estadía en el colegio Gesu de los jesuitas en Miami, y de acabar el *high school* en St. Petersburg, 305 intenta la carrera médica en el St. Pete J.C. El intento fue un desastre: tres efes y una «A» en «French 101». Era obvio que el inglés no le entraba.

A su tío no le fue tan fácil salir de la Isla. Cuando ya estaba en la pecera de Rancho Boyero esperando el avión, oye por el altavoz que lo solicitan.

—Dr. Armando Alonso, preséntese a las oficinas del G2 en el segundo piso.

El tío siguió las instrucciones inmediatamente. Apenas hubo entrado en el G2, cuando un joven vestido de miliciano lo interroga.

—¿Armando Alonso?

—Sí, señor. ¿Qué se le ofrece?

—Su pasaporte por favor... tome asiento, el teniente López lo atenderá en seguida.

—¿No sabe de qué se trata?

—No sabría decirle, compañero. Sólo tengo órdenes de recoger su pasaporte y pedirle que espere al teniente.

Ababo se sentó bastante preocupado, pues no tenía idea de por qué lo habían llamado, y nada menos que al G2. «Dios mío», pensó, «¿Qué querrán estos cabrones ahora?»

El teniente López era un tipo alto y fornido, bastante oscuro y de cejas muy unidas. Le pidió a Ababo que por favor lo acompañara a su oficina. Ababo así lo hizo.
—Siéntese, por favor.
—Gracias.
Ababo se sentó y encendió un Partagás.

El teniente López se sentó tras su escritorio, hojeó el pasaporte de Ababo y levantó de la mesa un papel que contenía una lista de nombres y cifras al lado como en clave.

—Su nombre aparece en la lista de ciudadanos que no les está permitida la salida del país. Tengo órdenes de recogerle el pasaporte.

—Oiga, pero hay alguna razón para no permitirme salir. Mi pasaporte es válido... la fecha de vencimiento no es hasta el año que viene... no sé por qué me detienen... mi señora está esperando abajo el avión a Miami... está sola y...

—Bueno, mire, aquí tengo una nota que explica su situación.... ¿Ud. es Armando J. Alonso, el abogado y notario de la calle Tejadillo? ¿Verdad?

—Sí, señor, ese mismo soy yo.

—Pues bien, su nombre aparece en la lista de la junta directiva del Banco Castaño. El Ministerio de Justicia dictó una orden suprimiendo salida del país a directores de bancos pendiente a una investigación de malversación de bienes.

—Pero, mi participación en esa junta era sólo nominal. Nunca participé en ningún mitin, ni tomé decisiones...

—Bueno, mire, esas son mis órdenes: recogerle el pasaporte y comunicarle la razón. Lo siento pero no tengo más información. Creo que es todo por ahora.

Ababo salió de la oficina del G2 muy perplejo y bastante asustado. Por un momento no supo qué hacer, reflexionaba. Al fin, bajó y pidió permiso a un miliciano para hablar con la tía Maíta y le informó lo ocurrido.

—Tú vete en el avión, que yo voy a arreglar este asunto con Dorticós. No te preocupes.
La besó y esperó a que Maíta saliera para el avión.

Ababo logró una cita con el Presidente Dorticós, antiguo compañero de escuela y de la universidad en la Facultad de Derecho por allá por los años cuarenta.
Dorticós le pidió que se sentara en un sofá de su sala, mientras le preparó un whiskey doble.
—¿Quieres hielo?
—Bueno, no mucho que se me agua.
—Bueno, aquí tienes, Armando.
—Como te dije por teléfono mi participación en ese banco era nominal... cuestión de familia; después de todo, Maíta era una de las nietas del viejo Castaño... no me podía negar a prestarles ese servicio.
—No te preocupes por eso, Armando. Yo entiendo perfectamente tu situación. Mira, ahora mismo voy a llamar a Ramiro Valdés pa' que te entrevistes con él y te resuelva el problemita. No te preocupes, viejo.
—Gracias... bueno, tengo que correr tengo que arreglar lo de la casa que ya la había entregado... qué lata, viejito. ¡Esto es de película, de película!
La entrevista con Ramiro Valdés fue rápida y formal. A Ababo se le entrgó un permiso de salida con la firma del tristemente célebre ministro del Interior. Ababo iniciaba, sin saberlo, el camino al exilio. Nunca más volvió a su país natal ni a hablar con su amigo de la juventud.

Sin embargo, Osvaldo Dorticós Torrado no fue siempre el presidente de la Isla; muchos años antes era un estudiante de bachillerato en el colegio de los Maristas en Cienfuegos. Hacía poco su padre, el médico Dorticós, había muerto de un infarto cardiaco, y él y su hermano fueron prácticamente adoptados por la viuda de Montiel, quien le debía la vida de su hijo diabético al finado Dorticós.

Fue en los Maristas precisamente donde tío Ababo conoció a Osvaldo; intimaron especialmente en el último año de bachillerato en el cual ambos competían amistosamente por ser el primero de la clase.

Un día el hermano marista que enseñaba cálculo se encontraba resolviendo una complicada ecuación en la pizarra, cuando un proyectil de papel le pegó en la oreja. El hermano se volteó hacia la clase rápidamente con una cara de pocos amigos.

—A ver —dijo—, ¿quién es el tonto que se ha atrevido a tirarme una bola de papel?

La clase guardó silencio absoluto. Nadie se movía. Desgraciadamente Dorticós no pudo contener la risa y explotó en un ataque de hilaridad.

El cura soltó la tiza y se bajó de la tarima debajo del pizarrón. Se puso las dos manos en la cadera, y arremetió contra Dorticós.

—Con que esas tenemos, Dorticós, ¿eh? Te me vas a quedar a copiar el libro de historia toda esta tarde...

—Pero, hermano, si yo no fui —protestó Dorticós.

—Mejor llama a tu casa y les dices que te guarden la cena para muy tarde, pues vas a estar aquí hasta la noche —gritó el cura, ya encolerizado.

—Pues no me voy a quedar, ya que yo no le tiré nada a usted —gritó Dorticós a su vez.

Así pasaron varios minutos agrediéndose de palabras el uno al otro hasta que el cura dijo:

—Parece mentira que le pagues así a la señora Montiel después que casi los recogió de la calle a ti y a tu hermano... ¡huérfano vagabundo! —rugió el cura con la cara enrojecida por la ira hasta tal punto que parecía que iba a explotar.

Dorticós cerró los ojos momentáneamente, agarró el tintero de arriba de su pupitre y lo lanzó con tal fuerza que se estrelló contra el pizarrón salpicando tinta sobre la sotana del cura. Tres o cuatro estudiantes tuvieron que sujetar al hermano y otros tantos a Dorticós para que no llegaran a las manos.

En resumidas cuentas, Dorticós no pudo asistir a la graduación de los Maristas en junio de ese año, ya que había sido expulsado del colegio por su conducta de aquel día. Se matriculó como estudiante por la libre en el Instituto de Segunda Enseñanza, donde se recibió de bachiller. Fue en ese tiempo cuando conoció a su futura esposa, apodada descriptivamente La Cawama, la cual, con los años, llegaría a ser la primera dama de la república democrática, socialista y muy popular al principio de la década del sesenta.

Unos meses después de la graduación, Ababo y Dorticós eran compañeros de cuarto en la casa de huéspedes de Carmita Bataller en la Urbe Capitalina. Ambos se habían matriculado en la Facultad de Derecho.

Dorticós siempre había pertenecido desde muy joven al Patido Socialista Popular; era un marxista convencido gracias a las pláticas influyentes de su amigo Carlos Rafael Rodríguez, otro cienfueguero, quien abandonando los Ejercicios Espirituales de San Ignacio, el cura belicoso, se dejó seducir por las teorías decimonónicas de *Das Kapital*.

Ababo se presentó a «premios» al fin de curso de su primer año en la universidad. Había escogido el ensayo sobre cuestiones laborales en la sociedad de consumo. Dorticós lo llevó un día a la Biblioteca Nacional, y allí, buscando en los anaqueles, le enseñó un libro: *Conocimiento y trabajo* por Max Scheler, y dijo:

—Armando, este es el mejor libro que he leído sobre la filosofía del hombre como ente laboral. Creo que te va a gustar y va a ser muy útil para tu ensayo.

Ababo terminó su ensayo a tiempo y recibió «premio»: no tendría que pagar matrícula el siguiente semestre gracias a Scheler y a su discípulo, Dorticós.

Muchos años después, ya recibido de abogados los dos, cada vez que Dorticós viajaba a la Urbe Capitalina iba a visitar a Ababo en su bufete de la calle Tejadillo. De ahí iban a un bar cerca de la Catedral, donde se daban sus tragos entre juegos de patas y recuerdos de sus años de estudiantes ...

Ya en el exilio, en Miami, tío Ababo me confesó que después de los tragos, las patas y los cuentos, Dorticós se despedía súbitamente de él, y le decía mirando su reloj:
—Armando, tengo que irme. Me voy a moler *caña quemá* en Casa de Fulana.

Dicha casa era en realidad un prostíbulo que se especializaba en negras y mulatas. Así terminaban, invariablemente, las visitas de Dorticós a mi tío antes del triunfo de la Revo.

Aunque muchos de los que no compartían la aplicación de la ideología marxista-leninista como Dorticós tuvieron la oportunidad de salir al exilio abandonando la Isla, Juan Octavio Carbó, el primer expediente de los Maristas en Santa Clara, optó por vivir y trabajar bajo el régimen marxista, pero sin comprometerse políticamente con él. Al tomar esta decisión, contaba Carbó con que dados sus logros académicos extraordinarios, podría mantener su fe católica y participar en la formación de la nueva sociedad que se suponía se estaba construyendo en la Isla. Su contribución sería en el área de la formación universitaria de jóvenes graduados en la recién creada Facultad de Fisicoquímica Fisiológica. Al principio todo le fue bien a Carbó. Tan pronto se graduó de doctor, la universidad capitalina le otorga todo un departamento para organizar y llevar adelante el trabajo docente y de investigación en esta novel disciplina. En ese plantel, Carbó trabaja asiduamente durante años manteniendo las manos fuera de cualquier cuestión política. Hasta el día en que el régimen rojo implementó medidas que perjudicaban directamente a la mayoría de los estudiantes, no sólo de Carbó, sino de cualquier otra facultad que contara con profesores no comprometidos con el régimen.

Un gran número de estudiantes de todas las disciplinas se agolparon en las escalinatas de la universidad alrededor de la estatua del alma mater.

—Libertad, libertad, libertad —gritaban todos al unísono.

Algunos profesores, se atrevieron a tomar la palabra, entre ellos estaba Juan Octavio Carbó.

Las autoridades no intervinieron en el acto, aunque desplegaron un contingente de las brigadas de respuesta rápida, que formó un cordón de protección a los pies de las escalinatas, pero sin intervenir. Muchos brigadistas tomaban fotos y videos del acto.

—Profe, va a tener que esconderse —le dijo uno de sus estudiantes a Carbó al día siguiente de la manifestación universitaria.

Carbó dejó sobre la mesa el pedazo de tiza con el que preparaba en el pizarrón la lección de ese día.

—Gracias por el consejo, amigo, pero creo que es mi deber seguir defendiendo nuestros derechos humanos...

El estudiante no protestó y tomó asiento a medida que otros estudiantes llegaban a la clase. Carbó se volteó hacia el pizarrón y continuó escribiendo la lección.

Al correr de varios días, Carbó notó que faltaban varios de sus estudiantes en su clase, y decidió indagar al respecto.

—¿Alguien ha visto a Medrano... o a Ramírez... a Rubén..?

Nadie contestó, pero un silencio absoluto invadió de repente el salón. Un silencio más elocuente que una respuesta.

Al día siguiente, camino a la facultad, una de sus estudiantes, María Fuentes, corrió hasta alcanzar a Carbó.

—Buenos días, Profe. Ayer nadie se atrevió a contestar su pregunta —dijo tratando de regularizar la respiración después de su pequeña carrera.

—Hola, María, buenos días —dijo Carbó sorprendido.

—¿Qué quieres decir? ¿Que alguien sabe qué pasó con los estudiantes que están ausente en la clase?

—Sí, Profe, eso mismo... Mire, hay un periodista argentino que quiere entrevistarlo. Estará esta tarde a las cuatro en el Café La Rampa. Me dijo que lo conocía a usted de vista. Estaba en las escalinatas el otro día y lo vio cuando usted nos habló a todos...

—A las cuatro esta tarde, ¿eh? Bueno, ahí estaré.

—Abur, Profe. Hasta mañana. ¡Buena suerte!

Después de cumplir sus funciones docentes del día, Carbó se dirigió al Café La Rampa. Se sentó en una mesa, pidió un café y se dispuso a leer la correspondencia.

Un poco después de las cuatro, un joven alto, de unos 35 años se acercó a su mesa.

—Doctor Carbó, buenas tardes. Soy Ledón Rodríguez, periodista argentino —dijo estrechándole la mano.

—Buenas. Por favor siéntese, joven. ¿Qué desea tomar?

—Lo mismo que usted. Un cafecito.

Carbó llamó al camarero y pidió dos cafés.

—Una de mis estudiantes me avisó por la mañana que usted quería conocerme.
—Sí, doctor. Cierto. No sólo conocerlo sino también entrevistarlo a usted. Hace tiempo que vengo siguiendo en la prensa internacional los logros de su facultad en el campo de la Fisicoquímica Fisiológica... Lo felicito, doctor...
—Oh, gracias, amigo. Estoy a su entera disposición.
El camarero les sirvió dos tazas de café.
—En realidad, no tengo qué añadir a lo que la prensa ya ha publicado en cuanto a sus logros, pero sí quisiera ser el primero en documentar su opinión de los sucesos del otro día en la universidad.... de la protesta estudiantil en la que usted participó.
—Ah, sí... ya estoy harto de las arbitrariedades de este gobierno —agregó Carbó algo exaltado—. ¿Por qué no vamos a mi casa? Allá podremos hablar con más calma y en privado.
—Bueno, como usted guste; aquí cerca tengo mi auto —asintió el argentino mirando su reloj y apurando lo poco que le quedaba del café.

Cuando llegaron a la casa de Carbó, su esposa lo estaba esperando en la puerta. Parecía sumamente nerviosa.
—Vinieron unos tipos de la Seguridad del Estado buscándote —dijo todavía asustada.
—¿Cómo? ¿A qué hora? ¿Cuántos? —preguntó Carbó ofuscado por la noticia.
—Hace como una hora...
—Mira, este señor es Ledón Rodríguez, periodista argentino. Veníamos a hablar tranquilo en la casa.
—Mucho gusto —dijo la esposa de Carbó, dándole la mano.
—El gusto es mío, señora. Un placer.
—Mire, Ledón, creo que es mejor que dejemos la entrevista para otro día... la cosa se está poniendo fea... voy a

tener que esconderme por un tiempo hasta que pase la tempestad...

—No, espere, doctor. A lo mejor yo puedo ayudarlo... conozco gente importante en la Embajada Argentina... usted podría pedir asilo ahí.

—No, no, no puedo abandonar el país. Esta es mi gente. He echado mi suerte con ellos. Gracias de todas maneras.

—Piénselo bien, doctor... una vez que los agentes de la Seguridad le hayan echado el ojo... ya sabe lo que le espera. Piense en su señora... tampoco va a quedar segura si lo arrestan a usted, ¿no?

—Gracias de nuevo, Ledón. Tengo que pensarlo bien... necesito unos días. Por el momento tengo que esconderme... yo y mi mujer.

—Bueno, yo tengo unos amigos de confianza que los pueden alojar a ustedes por un par de días. Los llevo en mi auto.

—Prepara una ropa ahí, mi amor, para llevárnosla, en caso de que estemos fuera unos cuantos días. A lo mejor todo esto pasa pronto y se olvidan de mí.

La señora de Carbó obedeció el pedido de éste y en unos minutos ya estaba afuera de la casa con una maleta en la mano.

—Vamos, mi amor. Ya tengo todo —dijo.

Los tres montaron en el carro del argentino y salieron en dirección hacia Miramar.

Los amigos de Ledón no se encontraban en su casa. Carbó pidió que lo llevaran a un teléfono público pues quería ponerse en contacto con uno de sus estudiantes graduados más allegados.

—¿Qué? ¿Adónde se lo llevaron? —preguntó Carbó exaltado, apretando el auricular contra la oreja para evitar los ruidos de la calle y oír mejor a la esposa de Jacinto Pérez, su mejor estudiante y adjunto en la facultad.

—Se lo llevaron a Villa Marista —contestó la esposa apenas conteniendo el llanto—. Le preguntaron por usted, y cuando dijo que no sabía dónde estaba, lo esposaron y se lo llevaron.

—Trata de calmarte, Lola. No le pueden probar nada en su contra. Ni siquiera estuvo en la manifestación del otro día en la universidad... ya verás que no le va a pasar nada... Tengo que irme. Te llamo más tarde... me están esperando. Hasta luego.

Carbó corrió hacia el carro de Ledón, montó y contó lo que le había pasado a su adjunto.

—Ledón, creo que lo mejor en este caso es que nos lleve a la Embajada Argentina de una vez. Ya no sólo estoy en peligro yo, sino mi mujer, mis estudiantes... y... ¿quién sabe quién más?

—No hay inconveniente, doctor, para allá vamos inmediatamente. Sólo déjeme hacer una llamada para que estén preparados los de la embajada.

El argentino sacó la llave del carro, abrió la puerta y se encaminó hacia el mismo teléfono que había usado Carbó hacía sólo unos segundos.

Al poco rato, volvió al carro y lo puso en marcha diciendo:

—Ya está todo arreglado, doctor; no hay problema.

No hubo ninguna dificultad de que el miliciano que estaba de guardia en la entrada de la embajada abriera la reja y dejara pasar el carro. Sólo bastó que Ledón mostrara su pasaporte argentino y su carnet de periodista para que el miliciano saludara militarmente y abriera la reja de par en par.

Una vez dentro de los jardines de la embajada, Carbó tuvo la impresión de que lo estaban esperando en la puerta del edificio de dos pisos que albergaba la embajada.

—¿Doctor Juan Octavio Carbó? —preguntó un hombre alto vestido de guayabera blanca a medida que Carbó se bajaba del carro.

—Sí, soy yo —dijo extendiendo la mano derecha para presentarse.

—Tenemos órdenes de arrestarlo y llevarlo a usted y a su esposa a Villa Marista —dijo el sujeto de guayabera, tomándole la mano que lo ofreciera Carbó y dándole vuelta hasta poder esposarlo con las dos manos atrás.

—Un momento, compañero —protestó Carbó—. Estoy en territorio argentino... esto es un atropello. Exijo hablar con el embajador ahora mismo.

Dos agentes de la Seguridad del Estado salieron del edificio y uno de ellos se acercó rápidamente a la esposa de Carbó y le puso las esposas sin que ella se resistiera.

—¡Andando! —dijo el agente que había arrestado a Carbó.

Acto seguido, el tercer agente se montó en un Lada negro y lo puso en marcha. Los otros dos agentes acomodaron a los detenidos en el interior del Lada, y una vez todos dentro, el carro retrocedió hasta la reja de entrada, salió a la calle, y arrancó a toda velocidad por la calle 36 de Miramar.

Era evidente que el argentino los había vendido.

Al entrar en Villa Marista —ejemplo irónico de otro objetivo de la Revo «convertir los cuarteles en escuelas»—, Carbó fue separado de su esposa. Lo condujeron por un pasillo medio oscuro a un cuarto donde le sacaron una foto y le tomaron las huellas digitales.

De ahí lo llevaron a una celda estrecha que mediría unos tres metros de largo por dos de ancho. Había una litera de metal encadenada a la pared. No tenía ni colchón ni sábanas. En la pared del fondo había unas persianas de concreto que no permitían mirar hacia fuera, pero dejaban entrar un poco de luz. En un rincón de la celda había un hueco en el piso y arriba, saliendo de la pared, un tubo del cual corría agua constantemente.

—¡Desnúdate! —gritó el guarda que acompañó a Carbó a la celda—. Deja toda la ropa en el piso y luego pon las dos manos en la pared del fondo.

Carbó obedeció amedrentado; no se atrevió a decir palabra. Sabía, además, que sería inútil decir nada.

—De ahora en adelante serás el número 3245. ¡Mejor que te lo aprendas de memoria!

El guarda recogió la ropa del piso y salió de la celda, cerrando la pesada puerta estrepitosamente.

Carbó sintió un frío recorrerle toda la espalda desde la nuca hasta la rabadilla. Cuando se dio cuenta de que el guarda ya se había ido, bajó las manos de la pared, se dio vuelta y se tendió en la litera asumiendo una postura fetal. Empezó a sentir mucho miedo a medida que pensaba en su situación presente. Sabía de sobra que el objetivo fundamental en Villa Marista era lograr la derrota moral del detenido, abatirlo moralmente, hacerlo no sólo confesar, sino aceptar sin repudio todas las acusaciones que se le imputaran. Repentinamente y sin darse cuenta, comenzó a rezar maquinalmente.

—Padre nuestro, que estás en los cielos, santificado sea el tu nombre.... —hasta que quedó dormido.

Era de madrugada cuando lo despertó el chirrido de la puerta. Un guarda entró en la celda enfocando la luz de una linterna en su cara.

—¡Levántate, 3245! ¡Sal pa' fuera! —rugió el guarda.

Carbó trató de desperezarse y comenzó a incorporarse lentamente.

—¡Más rápido, 3245, no tenemos todo el día! ¡Vamos! ¡Muévete! ¡Ponte esto! —rugió de nuevo el guarda, tirándole al pecho un camisón de prisionero color amarillo.

Carbó se lo metió por la cabeza y luego introdujo las manos en las mangas una a una. El camisón lo cubría desde el cuello hasta los tobillos. Sintió un calorcito reconfortante.

—¡Mira pa' la pared y no te muevas— gritó el guarda a Carbó una vez que se encontraban ya fuera de la celda.

Una vez cerrada la puerta con llave, el guarda le ordenó a Carbó de caminar delante de él a lo largo del pasillo medio oscuro por donde había llegado a su celda el día anterior. Carbó obedeció sin chistar.

—¡Alto! —gritó el guarda al llegar a una puerta de metal al final del pasillo—. ¡Mira pa' la pared y no te muevas!

El guarda tocó en la puerta con los nudillos y gritó:

¡Permiso para presentar al detenido!

—¡Adelante! —se oyó una voz dentro de la celda.

El guarda abrió la puerta, dio dos palmaditas en el hombro de Carbó, y le indicó con la cabeza que entrara.

Un oficial sentado tras una pequeña mesa llena de papeles le indicó a Carbó que se sentara frente a él en una silla de metal. Carbó obedeció, notando que el oficial no lo tuteaba como había hecho el guarda.

—¡Dígame su nombre y apellido! —dijo sin más.

—Juan Octavio Carbó.

—¿Sabe por qué está aquí detenido?

Carbó guardó silencio.

—Todo lo sabemos, 3245. Su mujer ya confesó; incluso mencionó los nombres de otros implicados en este asunto.

Carbó continuó guardando silencio. Sabía que era inútil tratar de probar que era inocente —aunque lo fuera— ya que para los interrogadores de la Seguridad todo el mundo es culpable; además, ascienden según el número de delitos que logren descubrir. Por eso decidió que la mejor táctica era decir lo menos posible.

—Pues bien, 3245, si se empeña en no colaborar con el interrogatorio, no me queda otro remedio que remitirlo a Mazorra para una evaluación de su estado mental.

Una camioneta militar condujo a Carbó a los temidos predios del Hospital Psiquiátrico Bernabé Ordaz. No quiso creer que ese sería su fin ...

Esa fue escuetamente parte de la historia que el mismo Carbó contara en un periódico electrónico que encontramos fortuitamente en el Internet. Muchos de sus compañeros en el exilio leímos el relato incrédulamente. ¿Cómo era posible, nos preguntamos, que una eminencia como Carbó fuera reducido a un desahuciado mental y paria en su propio país? ¡Vivir para ver! ¡Vivir para ver!

Teniendo en cuenta los horrores que sufrieron algunos de mis compañeros que no tuvieron la suerte de poder salir al exilio a tiempo, no puedo agradecer lo suficiente a mi padre, Jotaeme, por su diligente y brillante idea de sacarme de la Isla inmediatamente después de Girón. Él sabía lo que vendría detrás de esa victoria: sólo tuvo que imaginarse cómo hubiera sido la historia si los peores hubiesen ganado la Guerra Civil Española.

13

DEPORTES O INFANTERÍA

> Sólo los que odian al negro ven en el negro odio.
> *J.M.*

A decir verdad nunca me interesaron en lo más mínimo los deportes. No sé porqué, pero aquello de agarrar una pelota, correr con ella bajo el brazo, o patearla a más no poder nunca me llamó la atención; nunca le vi la gracia hasta que participé en las clases de deportes en la Academia.

Todas las tardes, después de la clase de inglés, los cadetes nos repartíamos entre «Deportes» o «Infantería». Todo esto era parte de uno de los principios docentes del plantel, basado, sin duda, en la antigua sabiduría grecolatina, que rezaba así: «*mens sana in corpore sano*».

El sargento Martínez estaba a cargo de la instrucción de Infantería, junto con su ayudante el Profe. Velásquez. Cuando nos tocaba Infantería, formábamos en pantalones y pulóver. A veces nos asignaban un rifle, a veces íbamos a marchar sin rifle por las afueras de la Academia. Otras, practicábamos maniobras militares a la descubierta, cuando, echados a tierra, apuntábamos con la mirilla del rifle a un enemigo imaginario en la distancia.

El Coach Pérez, un antiguo jugador profesional de béisbol criollo, era el encargado de Deportes. Los cadetes éramos asignados por pelotones a jugar diferentes deportes de una manera rotativa; así una semana jugábamos pelota, otra básquetbol, otra hacíamos gimnasia sueca, otra natación, etc.

Mi primer turno fue béisbol. Siempre había tenido aversión a este deporte, por no decir terror pánico a la pelota tan dura y tan veloz. No le hallaba el juego en lanzar una pelota para que otro le pegara con un bate, y la mandara tan lejos como pudiera para que después la trataran de devolver desde el *leftfield*, por ejemplo, y otro jugador tratara de tocar al bateador con ella. ¿Por qué no pegarle con la pelota antes de que pudiera batearla, sobre todo cuando estaba parado casi sin moverse y con un palo en el hombro? ¡Ese era el momento de tocarlo con la pelota! ¡Pero no! Había que hacerlo todo más difícil.

Un día, me pusieron a *pichar*. Como novato al fin, me descuidé, y un *lineaso* de un bateador me pegó en medio del pecho. El golpe me hizo caer hacia atrás al suelo. Pensé que me habían roto un par de costillas, por lo menos, pero Pérez corrió hacia mí, me levantó, me dio una especie de masaje, y me dijo que fuera inmediatamente a *pichar* otra vez para que no le cogiera miedo a la pelota.

—Es como caerse de un caballo, muchacho, —dijo Pérez—. Hay que subirse en otro en seguida, de lo contrario estás jodido por el resto de tu vida.

Así lo hice; me fui a *pichar*. Luego, me tocó batear.

—*Estraik uan* —gritó el cadete que hacía de *ampayer*.

Me concentré más en la pelota.

—*Estraik tu* —persistió el desgraciao.

Pero a la tercera intentona, cerré los ojos y le pegué a la pelota con todas mis fuerzas: ¡CRAK! oí y abrí los ojos en seguida. Vi que la pelota se elevaba por sobre la cabeza del *picher*, y se extendía rápidamente por el aire hasta caer paulatinamente sobre el verde césped del *centerfil*, donde picó dos veces hasta empezar a rodar y perderse en la espesura detrás del campo de pelota.

Pérez, que estaba dormitando acostado en un banco, levantó la cabeza al oír el bullicio de mis compañeros, me miró correr todas las bases, y me preguntó mientras yo llegaba al *jom*:

—¿Ya pegaste tu primer *jonrón*, muchacho? Los de mi equipo me cargaron en peso, y me pasearon desde el *jom* hasta primera, donde me la hicieron pisar otra vez, antes de que devolvieran la pelota y en caso de que se me hubiera olvidado pisar primera en mi loca carrera. Luego me cargaron de nuevo y me llevaron a segunda, tercera y *jom* haciendo la misma ceremonia.

Sí, es verdad, había sido mi primer jonrón, y también el último, pues cuando salí de la Academia no agarré una pelota de béisbol en todo el resto de mi vida.

Hablando de pelota, hay que admitir que los deportes hasta cierto punto ayudaban a democratizar la sociedad en que vivíamos. Alguien me contó en la Academia, uno de los viejos, indudablemente, que por allá por el año 47 ó 48 un equipo de béisbol yanqui profesional hizo arreglos con el Dire para alojarse un verano en los dormitorios vacíos de la Academia y practicar en su campo de béisbol. Total, los cadetes estaban de vacaciones y sólo estaban trabajando los jardineros y el sereno.

El equipo en cuestión era los Dodgers de Brooklyn; habían intentado hacer el entrenamiento de la primavera en Tampa y Daytona Beach, pero, como entonces habían decidido promover al jugador negro Jackie Robinson, quien sería el primer jugador de color en las Grandes Ligas, encontraron bastantes problemas raciales en aquel estado sureño de la Unión Americana.

—*No, problem* —dijo el manager de los Dodgers—. *We go to the Island!*

Acto seguido, los Dodgers viajaron en tren y finalmente en barco hasta desembarcar en la Urbe Capitalina. Los blancos del equipo se hospedaron sin dificultad en el Hotel Nacional, no así los peloteros de color que acabaron en la gran mayoría hospedados en el Hotel Boston, en la Urbe Vieja.

El Profe Pérez, siempre vinculado con el béisbol profesional de la Isla y del extranjero, se enteró del caso de los Dodgers, y de cómo fueron segregados. Logró cita con el manager y lo convenció de que estarían mucho más a gusto en el plantel de la Academia, con amplios dormitorios y, lo mejor del asunto, un campo de pelota totalmente a su disposición para entrenar a su equipo. El manager de los Dodgers no podía creer lo que estaba oyendo, y en seguida le dijo a Pérez en su mal español y peor inglés:

—*Dondi signar?*

El Profe Pérez ya se había puesto de acuerdo con el Dire para el arreglo. El Dire pensó que sería una buena oportunidad para poner en práctica una de las bases de la fundación de la Academia; es decir, la igualdad de raza ante la ley, y por lo tanto en la educación, y ni decir en los deportes. Y ¿qué mejor lugar para empezar tal empeño que en los deportes, los cuales divertían, sin distinción, a blancos y negros por igual?

Los periódicos de la Urbe Capitalina hicieron la zafra aquel verano de 1947 con la gran noticia que les proporcionó el encuentro feliz de un director de escuela liberal, un equipo de béisbol integrado y dos países con la suficiente discriminación racial para encenderle la mecha al petardo.

Así fue más o menos como me la contaron en la Academia varios años después de ocurrida la historia de los Dodgers; sin embargo, la discriminación racial no fue erradicada por completo en el plantel, aunque las bases y estatutos de la Academia no sólo la negaban, sino que la repudiaban como algo funesto y negativo de lo cual todo cadete debía alejarse como posible anatema.

Recuerdo una tarde en el patio del frente, a cuya reja venía el guarinero los domingos, y en donde los grandes se escondían para fumar, recuerdo que, no sé a colación de qué, Rocha nos hizo un cuento de su bisabuelo, dueño de esclavos allá por mediados del siglo XIX.

KAPITAL / CAPITAL

—Los negros no valían nada entonces —dijo Rocha—, me contó mi papá que le contó mi abuelo que mi bisabuelo cuando se ponía bravo por cualquier cosa, le entraba un ataque de cólera y agarraba su pistolón de un solo tiro y al primer negro que se le cruzara por delante le pegaba un tiro. No se sabe a ciencia cierta a cuantos infelices mató.

—¡Coño, Rocha, qué desgraciao tu abuelo! Debe estar retorciéndose en las mismas brasas del infierno —dijo Muñoz.

—Eran tiempos diferentes, caballo. En aquel tiempo un negro no valía nada y un chino valía cincuenta pesos —añadió Rocha un poco amedrentado, como especie de disculpa por los errores raciales de su antecesor.

Pampas, que andaba por ahí fumando, salió de detrás de unos matorrales y dijo:

—Sí, sí, los tiempos han cambiado mucho, pero pegarle un tiro a un cristiano, no importa cual sea el color de su piel es tanto un crimen ahora como antaño. De que tu abuelo se está friendo los huevos en el infierno no me cabe la menor duda.

—Oye, Pampas, y ¿a ti quién te dio vela en este entierro? —dijo Rocha, sintiéndose ofendido cuando el nieto de esclavos pasó juicio sobre su bisabuelo.

—¡Racista! ¡Racista! No eres más que un cochino racista, Rocha. No te lo mando a decir con nadie. ¡Tan negrero eres tú como tus abuelos gallegos de mierda! —gritó Pampas y salió corriendo hacia los dormitorios.

Un silencio profundo reinó en el patio del frente por unos minutos que parecían siglos. Afortunadamente, el timbre para la formación de la noche sonó brevemente.

Muchos años después, unas semanas antes de que el gobierno de la Revo interviniera el plantel de la Academia y la convirtiera en escuela de capacitación para jóvenes del ejército rojo, el Gary, junto con muchos otros internos, preparó su maleta, se despidió llorosamente de Velásquez, su padre putativo, y se embarcó en el ferry hacia Tampa. Una vez allí, abordó un Greyhound que lo llevara a St. Petersburg, donde vivía su mamá. Así comenzaba el corto exilio de Gary, el Yanki.

Corría el año 62, y el Gary se graduó de pedagogo. Casi antes de graduarse, ya el director del Notheast High School, en St. Pete, Mr. Sexton, lo contrataba como profesor de Español y Educación Física.

El Gary había crecido hasta llegar a ser un joven fornido de unos seis pies con dos pulgadas de estatura. En *college* había sobresalido en el equipo de fútbol americano, y, ahora, el director del *high school* lo ponía de *head couch* del equipo de fútbol del plantel.

El Gary añoraba mucho su Isla donde creció y se crió en sus costumbres y tradiciones, por lo tanto, no tardó en hacer migas con otros exiliados de la Isla ubicados en St. Pete. Un grupo de ellos se reunía todos los sábados en casa de una bella muchacha de unos dieciocho años, Aniquita. Vivía con sus padres y un hermano en Treasure Island, en una casa con vista al mar y un pequeño muelle para embarcaciones de poco calaje como el yate del padre de ella.

En las reuniones de los sábados siempre había comida de la Isla y música variada para bailar. Aniquita tenía una muy buena colección de discos de 45 revoluciones que había podido sacar de la Isla cuando aún se permitía.

Después de varias semanas de frecuentar aquel grupo de emigrados, Gary se enamoró perdidamente de Aniquita, y una tarde, caminando por el muelle después de bailar con ella, le declaró sus intenciones de que ella fuera su prometida.

—No, sé, Gary —tendré que pensarlo—, dijo Aniquita confundida, pues nunca esperaba eso de Gary, quien más bien era un tipo retraído y tímido cuando se trataba de hablar con muchachas. Sin embargo, aquella tarde, se le soltó la lengua de lo lindo.

Llegaron al final del muelle, y el Gary le agarró la mano a Aniquita, la atrajo fuertemente hacia sí, y la besó en los labios. Aniquita no se resistió, al contrario, parecía que le gustaba lo que le hacía Gary.

—¡Ay, Gary —dijo casi sin aliento—, que nos pueden ver!

—Te quiero mucho, Aniquita, no puedo vivir sin ti. Pienso en ti día y noche.

—Bueno, tú también me gustas —dijo Aniquita quizás entusiasmada por el beso—, pero necesito tiempo para pensarlo. Todo esto me ha agarrado de repente, sin esperármelo, ¿tú me entiendes?

—Sí, sí, claro, Aniquita, tómate todo el tiempo que necesites —añadió Gary viendo que no le era del todo desagradable a Aniquita y lleno de esperanzas.

Regresaron a la sala de la casa y se pusieron a bailar de nuevo mirándose fijamente a los ojos.

Así pasaron varias semanas, el Gary le iba a la carga a Aniquita, y ésta que le decía:

—Necesito más tiempo, Gary, necesito pensarlo.

Fue precisamente durante aquellas semanas que, por edicto del gobierno federal, todas las escuelas públicas de la Unión Americana en general, y las de Pineda County en particular, tenían un corto plazo para quedar totalmente integradas racialmente. Esto conllevaba, por supuesto, que los encuentros de fútbol serían ahora integrados también; es decir, una escuela predominantemente blanca podría ser denominada para jugar contra una escuela donde predominaban estudiantes de color.

Al Gary, yanki de la vieja escuela y de familia sureña de rancio abolengo georgiano, aunque había decaído económicamente después de la derrota de la Confederación, no le hacía ninguna gracia los designios sociales que el progreso y la administración demócrata habían diseñado para la nación.

Se ponía recalcitrante cuando tenía que enfrentar su equipo a uno compuesto en su gran mayoría por morenos fornidos y de gran peso y empuje.

—*It's not fair, it's not fair!* —se lamentaba con sus colegas yankis en el salón de los profesores en la escuela. En una ocasión, durante un partido reñidísimo en el cual el Northeast llevaba la de perder, Gary perdió los estribos y le gritó a uno de los contrincantes unos cuantos improperios sazonados con el epíteto «*N*».

Uno de los árbitros —moreno, por cierto— lo oyó, sopló fuertemente el silbato y formó tal escándalo en el campo de juego que tuvieron que aguantarlo entre dos enormes futbolistas pues ya estaba listo para agredir a Gary físicamente. A Gary también tuvieron que calmarlo los suyos, pues también estaba listo para un encuentro bélico con el árbitro.

En resumidas cuentas, Gary fue suspendido de sus funciones de *coach* por un tiempo, pero, desgraciadamente para él, ya se había señalado como racista, y, según le informaron amigos, estaba en listas negras de asociaciones secretas locales propensas a la violencia, muy parecidas a la de las Panteras Negras.

El Gary no fue el único afectado por aquellos cambios cataclísmicos de la sociedad de entonces. Aunque la mayoría blanca de los centros docentes estaban a favor de los nuevos cambios sociales, siempre había una piñita de retrógrados que se oponían al cambio, buscando razones por aquí o por allá como la de un profesor del St. Pete Junior College que alegaba que desde la integración del plantel, los promedios de los exámenes estaban por el suelo.

—Y eso teniendo en cuenta que nuestro *college* atraía a la flor y nata de la nación... el hijo de Guy Lombardo fue mi estudiante... y muy bueno que era —añadió el profe, una noche entre copa y copa en un bar de la playa en cuyo grupo se encontraba Gary.

—Sí —dijo Gary —apurando su *whiskey sour* y señalando con la copa vacía al barmán que le pusiera otro—, a mí ya me costó dinero este jueguito... me suspendieron sin paga por largo tiempo.

—Pero, Gary —dijo el profesor Ferguson del *college*—, no te preocupes por el dinero, ten cuidado con lo que dices y donde lo dices... ¡Las paredes oyen, Gary!

—No, no, ya lo sé. También me han amenazado con notas anónimas que me dejan en mi carro, en el parabrisas... la última decía que me iban a cortar el rabo.

Los cuatro yankis rieron al mismo tiempo del chiste de Gary, que en realidad no era tal chiste si lo analizamos fríamente. Era una amenaza que debió tomar en serio, pero no lo hizo.

—Además —añadió Gary bebiendo un sorbo del whiskey que le venían de servir—, miren lo que siempre llevo arriba.

Se subió la camisa deportiva que siempre llevaba por fuera del pantalón, y dejó relucir un cuchillo de cazador sostenido por el cinto a lo largo de la cadera.

—Oye, ten cuidado, Gary —dijo uno del grupo—, si la policía te agarra con eso no haces el cuento, te van a meter una multa muy fuerte.

—Bueno, preferible que te metan una multa y no que te metan en un ataúd —añadió otro amigo.

Todos rieron de nuevo, y vaciaron sus vasos después de levantarlos para un pequeño brindis:

—Por Gary, el couch más cojonudo de la ciudad.

—*Hip, hip, hurray*!!! —gritaron todos.

Antes de las vacaciones de aquella Navidad, el equipo de fútbol del Northeast High se enfrentaba al de Jefferson High situado en un barrio predominantemente negro. El juego empezó y esta vez el puntaje iba más o menos igual para ambos equipos. El medio tiempo encontró a los dos equipos tablas, pero sus jugadores estaban agotados; se notaba que estaban dando todo lo que podían, pero sus fuerzas estaban tan misteriosamente parejas que ningún esfuerzo, por muy grande que fuera, lograba hacer mella en el equipo contrario.

El juego siguió así; un punto del Northeast seguido por otro de Jefferson y así hasta el final: ¡TABLAS!

Los ánimos estaban cargados al finalizar el juego. Mucho público se echó al campo en medio de un rechifle general. Casi de inmediato, tres, cuatro, cinco peleas surgieron simultáneamente en el campo y en las gradas. Dos o tres morenos cercaron a Gary, quien, alto y con sweter y gorro rojo, era visible desde lo alto de las gradas donde estaba sentada Aniquita, su hermano y sus padres. De pronto, en la mano de Gary reflejó una luz que parecía un destello que se hizo intermitente a medida que Gary movía la mano de derecha a izquierda, de arriba a abajo. Por un momento, desapareció del campo de visión de Aniquita, sólo veía ahora una masa humana más bien oscura forcejando donde Gary había estado gesticulando con la mano.

Las sirenas de varios carros patrullas de la policía se hacían cada vez más fuerte, indicando que ya estaban llegando al estadio. Entonces fue un corre corre sin parar del gentío en el campo de fútbol, tratando de salir lo antes posible del estadio para evitar ser apresado.

Aniquita se abrazó a su madre y gritó cuando vio que, al despejarse el campo casi por completo, una mancha roja se veía al lado de Gary, tirado en la hierba.

El reporte policial aseguraba que había sido apuñaleado diez veces. Con él moría, de cierto modo simbólico, el viejo Sur.

Claro, estas manifestaciones extremas sólo se veían en la Unión Americana; en la Isla, y muchos años antes, la situación era muy distinta, y los deportes hacían la función de catálisis en el acercamiento de las razas.

Pero, si bien los Deportes en la Academia nos instruían de tal manera que nos sentíamos más tolerantes, por no decir más compenetrados, con los miembros de otras razas, los ejercicios de Infantería tenía un resultado muy diferente.

El ejercicio de las armas siempre aspiraba a alcanzar como su objetivo principal la total erradicación de un supuesto enemigo que, en nuestro caso, amenazara Patria o Religión.

Pampas no había estado muy lejano de la verdad cuando alegó que aunque los tiempos habían cambiado algo, un racista era siempre un racista, sin tener en cuenta distinción de lugar, o tiempo ...

... corría el año 1907 y el Censo de ese año arrojó casi un 30% de habitantes de color en una isla de escasamente dos millones de almas. Aunque muchos de esos habitantes de color se habían arriesgado la vida en la manigua peleando contra el español, a la hora de los puestos políticos, trabajos en ministerios o «botellas» en general, su porcentaje era ínfimo comparado con el número de blancos que gozaban de estos privilegios.

De manera que, dos ciudadanos de la raza negra, ambos patriotas mambises, Pedro Ivonet y Evaristo Estenoz, desilusionados con las promesas mal cumplidas del Presidente Gómez y sus liberales en cuanto a dar una mano a los miembros de la raza de color, fundaron en ese mismo año el Partido Independiente de Color (PIC) para participar en las elecciones venideras con demandas racistas.

El Presidente Gómez trató de aplacarlos invitándolos a Palacio para tratar el tema, pero todo fue en vano. Los dos mulatos se negaron a participar en ningún tipo de arreglo, y a Gómez no le quedó otra alternativa que hacerlos encarcelar acusados de actividades sediciosas, ya que habían amenazado al presidente con alzarse en armas si no se les daba crédito a sus demandas.

Al mismo tiempo que Estenoz e Ibonet salían de la cárcel bajo fianza, el Congreso de la Isla pasaba la Ley Morúa-Delgado, la cual prohibía la formación de cualquier partido que promulgase el racismo en cualquiera de sus formas o colores.

En 1911, Estenoz e Ibonet se alzaron al monte con cientos de negros y mulatos partidarios de una repartición más equitativa de la hacienda pública, y de que no sólo los blancos chuparan las mamas de la Dama del Capitolio.

Las hostilidades comenzaron inmediatamente; el 23 de marzo, 1911, los «racistas» chocaron con las fuerzas armadas en las inmediaciones de Cruces. El ataque sorpresa por parte de los rebeldes causó muchas bajas entre los regulares de Gómez, quien mandó un destacamento de la temible Guardia Rural al mando de, en aquel entonces, capitán Amiel, a tomar cartas en el asunto. Muy pronto la «Operación Limpieza» aplicó la ley de fuga a innumerables descendientes de la raza del Titán de Bronce, quienes fueron macheteados sin misericordia.

Los rebeldes, alentados por Estenoz e Ibonet, quemaban y saqueaban fincas y almacenes, sobre todo en el este de la Isla, donde siempre había habido muchos de su raza. El 29 de mayo un almacén es saqueado cerca de Santiago y para el 2 de junio, el espectro de la Guerra Racista se alzaba por toda la Isla cuando todo el pueblo de La Maya quedó en cenizas después de que los rebeldes pasaron por él.

La Enmienda Platt fue invocada por muchos propietarios asustados de que se avecinaba otro Haití: cuatro compañías de infantes de Marina de la Unión Americana desembarcaron cerca de Guantánamo.

—La cosa está que arde —dijo Ivonet encendiendo su tabaco en una hamaca no muy lejos de la hacienda de Estenoz, en donde descansaban aquella noche antes de partir en plan de combate a la mañana siguiente.

—Sí, no lo niego —añadió Estenoz desde otra hamaca tendida entre dos palmas a corta distancia de la de Ivonet—; pero hay que seguir metiendo fuego, es la única lengua que estos desgraciados reconocen.

—Así mismo es, compay. Oye, qué cosa más grande lo de Cruces, chico, a nuestra gente los engañaron como a chinos; mira que venir a comprar armas dañadas y municiones de calibres diferentes que no le cabían a los rifles...

—No, no, no, acere, ¡figúrate! se las vieron como merienda de negros —comentó Estenoz sin darse cuenta de la ironía involucrada en sus palabras, aprendidas quizás, de boca de sus antiguos amos—. Menos mal que nosotros aquí en la zona oriental probamos las armas antes de comprarlas, que si no... bueno, pa' qué pensar en eso... mañana, 20 de mayo, nos encontraremos con nuestro destino, Ivonet; o nos matan o habrá otro partido con candidato presidencial.

Al día siguiente, muy temprano de mañana, los dos amigos y correligionarios emprendían su marcha al frente de sus tropas; Estenoz se dirigió hacia la región de Mícara en donde operó con sus tropas por unas cuantas semanas, hasta que, cercado en las montañas vecinas por las tropas del Ejército al mando del general Monteagudo, murió combatiendo al enemigo.

Dicen las malas lenguas que la carnicería fue atroz y que miembros del Ejército, para ahorrar balas, usaron los machetes para ultimar al enemigo, prácticamente vencido ya, y sin posibilidad de escape.

Un parte oficial del general Monteagudo dirigido al Presidente Gómez es elocuente a más no poder:

«*Es imposible precisar el número de muertos, porque ha degenerado en una carnicería dentro del monte.*»

Ibonet corrió una suerte pareja, pero más cruel que la de Estenoz: cercado en el cafetal Nueva Escocia, él y sus hombres decidieron rendirse el 16 de julio. Según la tradición de antiguos caballeros de combate, entregó su sable al teniente Arsenio Ortiz, quien ordenó que el prisionero y su tropa fuesen conducidos a un lugar cerca de El Caney, donde fueron macheteados posteriormente.

La Ley de Fuga fue aplicada a diestra y a siniestra. Muchos de los alzados, viéndose vencidos, se entregaban prisioneros sólo para ser conducidos a lugares despoblados y ser macheteados sin misericordia por miembros del Ejército.

En poco tiempo la paz reinó de nuevo en la Isla, y los resentimientos raciales se ahondaron calladamente; pues había un 30% de ciudadanos de color que apaciguar. Gómez emprendió una campaña secreta para distribuir cargos y prebendas a ciudadanos de color. Fue en aquel entonces que el abuelo de Pampas fue asignado a una de las audiencias del interior con cargo de magistrado, y así, igual que él, muchos criollos de su raza llegaron a ocupar altos cargos en la administración. Todo esto logró apaciguar los ánimos guerreros de muchos mambises de color, al mismo tiempo que solidificaba el poderío blanco en la Isla.

Muchos años más tarde, ya ascendido a coronel por el Presidente Machado, Amiel tenía dos sobrinas casaderas, Pura y Natalia quienes eran en realidad las dos pupilas de sus ojos, de tanto que las quería, pues el coronel Amiel nunca tuvo ni hijos ni hijas.

Corría el otoño de 1932, unos cuantos meses antes de la caída de Machado, y el coronel Amiel se dispuso a llevar a sus sobrinas a la finca de recreo que él tenía por allá en las afueras de Santa Clara.

El tiempo no acababa de definirse aunque ya eran más de las diez de la mañana; lloviznaba, salía el sol, se nublaba de repente, y lloviznaba otra vez para después salir el sol de nuevo. «Va a ser un día loco», pensó el coronel encasquetándose su gorra militar para así tratar de guarecer su calva de la llovizna fría del otoño.

—Que me traigan el automóvil —rugió al soldado que le hacía guardia en la entrada principal de su casa en Santa Clara.

Muy pronto, un viejo Ford negro se estacionaba en frente de la puerta de la casa, y otro soldado saltó del carro muy atento a abrirle la puerta de atrás al coronel Amiel.

—¡A casa de mis sobrinas... pero pronto! —le dijo malhumorado al chofer, quien puso la primera y salió a todo dar hacia la casa de Pura y Natalia.

—Tío, tío... queremos llevar a Dinora también.. ¿puede tío? ¿puede ir con nosotros?— preguntó Natalia sosteniendo la mano de Dinora que sólo lograba sonreír.

—Claro que sí —dijo Amiel ya más calmado de su mal humor matutino, besando a sus dos sobrinas en la mejilla y a Dinora también.

—¡Ah, gracias, tío, gracias! ¡Eres el tío más chévere del mundo! —dijeron las dos al unísono.

—Bueno, monten, que se hace tarde —dijo el tío—. A ver, Arturo —le increpó al chofer—, sube las cosas de las señoritas... nos vamos p'al Campito.

El Campito era una finquita que había heredado el coronel Amiel de sus abuelos maternos. No era muy grande, pero era hermosa con una casa de campo amplia con portales cercados por rosales preciosos y olorosos.

Como eran tiempos políticamente difíciles, muchos de los oficiales de las fuerzas armadas tenían postas de dos o tres soldados para protegerlos de atentados contra su vida, como ya había sucedido con varios altos oficiales de Machado.

El coronel Amiel había pedido una posta en el tramo de la carretera que distaba de Santa Clara a su finca El Campito. Tenían la orden de parar todo vehículo que transitara por ese tramo del camino, y, una vez verificado que los pasajeros no presentaban peligro para el coronel, dejarles el paso libre para que prosiguieran su viaje.

Aquella mañana, el soldado raso Damián González había sido designado para montar guardia a unos metros de la entrada de El Campito. El sargento Ramírez lo había llevado hasta el lugar exacto donde debía montar guardia.

—Mira, Damián —le dijo al llegar al lugar y después de bajarse del camión donde venían cinco o seis soldados más—, aquí te sientas en ese taburete bajo aquella ceiba. A todo carro que venga, por la derecha o por la izquierda, le das el alto... y si no paran.... ¡mételes plomo parejo, carajo!

Todos los soldados en el camión soltaron una carcajada al mismo tiempo. Damián sólo sonreía estúpidamente. Se notaba que muchos soldados, e incluso el sargento Ramírez, le habían echado un poco de aguardiente en el café de la mañana.... hacía tanto frío a las cinco de la madrugada, cuando el sargento comenzó a recoger en el camión del Tercio de Santa Clara a los soldados que estarían de guardia aquella mañana en diferentes puntos claves a lo largo del tramo que les correspondía de la Carretera Central.

—Bueno, Damián, ahí te dejo... cumple con tu deber como buen soldadito. Te recogemos a eso de las cinco de la tarde con tu relevo.

A medida que el camión se alejaba, Damián comprobó que su Mauser M93 tenía una bala en el directo. No le hacían ninguna gracia montar guardia en parajes despoblados como aquél; sobre todo estar parado ahí solo, siendo el blanco de cualquier revolucionario que pasara por ahí a hacer de las suyas. Pero, en fin, las órdenes son las órdenes. No había nada que hacer, sino cumplirlas.

Había transcurrido cerca de una hora, cuando el soldado Damián escuchó el sonido del motor de un auto que se acercaba disminuyendo la velocidad.

Saltó del taburete que lo tenía recostado a la ceiba, se puso de pie, agarró el Mausser con una mano y levantó la otra en señal de alto.

El Ford del coronel Amiel se detuvo lentamente, Damián miró hacia el asiento de atrás, y al reconocer al coronel, se cuadró militarmente.

—¡A sus órdenes, mi coronel! —gritó marcialmente.

—Continúe, soldado, continúe —dijo el coronel golpeando ligeramente el hombro del chofer para que continuara la marcha.

El carro continuó su camino unos metros y viró a la izquierda de la carretera donde estaba la entrada de El Campito.

Las tres jóvenes, al bajarse del carro, corrieron hacia la casa de campo, donde dos soldados terminaban de preparar un cesto de *picnic* repleto de frutas del país, bocaditos de jamón y queso, refrescos Ironbeer y Cuquito, y, para el coronel, tres cervezas casi congeladas, como le gustaban a él.

Los soldados se pararon firmes cuando se les acercó el coronel, y lo saludaron militarmente llevándose la derecha a la frente.

—¡Descansen! —dio la orden el coronel—. Buenos días, muchachos. ¿Todo listo?

—Sí, mi coronel —dijeron los dos, cerrando la tapa del cesto, y entregándoselo al coronel.

—Bueno, vamos hasta el río a almorzar. Volvemos a eso de las tres... que me tengan listo el automóvil.

—Muy bien, mi coronel.

Las jóvenes y el coronel Amiel terminaban de almorzar bajo la sombra de un frondoso algarrobo a la orilla de un riachuelo que apenas llevaba agua. Negros nubarrones comenzaban a avecinarse en la distancia.

—Muchachitas, mejor que vayamos recogiendo las cosas... miren lo que viene por allá —dijo Amiel apuntando hacia el cielo con el índice.

Las muchachas recogieron a la carrera los restos del almuerzo y todos regresaron a la casa de campo, de donde los dos soldados y el chofer salieron al oírlos acercarse.

—Arturo, nos vamos pa' Santa Clara, ¿entendido?

—¡Sí, mi coronel! ¡A sus órdenes, mi coronel!

—No, no, tío, tú nos prometiste la última vez que vinimos aquí, llevarnos a ver a Azabache... —dijo Pura.

—Sí, pero va a llover y además se hace tarde para ir hasta La Esperanza.

—¡Anda, tío, no seas malo! ¡Llévanos a ver a Azabache! Un ratico nada más —dijo Natalia.

—¡Sí, sí, tío, un ratico nada más! —interrumpió Pura—. Ni siquiera vamos a montarlo, sólo para verlo...

—Bueno, pero sólo un ratico —asintió el tío—. Ya oíste, Arturo... a la caballeriza de La Esperanza... a visitar a Azabache.

—¡En seguida, mi coronel!

—¡Es un caballo precioso! —continuó Pura, mirando a su amiga Dinora—. Ya verás. Mi tío lo deja en La Esperanza pa' que lo cuiden bien.

Todos montaron en el carro y partieron para un establo no muy lejos, en donde Azabache permanecía en compañía de otros caballos.

Cuando llegaron a la caballeriza donde estaba Azabache, estaba lloviendo a cántaros. Nadie se bajó del carro.

—Mejor regresamos otro día —dijo el tío—. No es posible bajarse con toda esta agua.

—¡Ay, qué lástima! —dijo Dinora, cambiando de lugar en el asiento de atrás con Natalia, pues le molestaba el aire que se colaba por una hendija del viejo Ford.

En el camino de regreso a Santa Clara, seguía lloviendo. Ahora era una llovizna continua. Los limpiaparabrisas cantaban monótonamente cuando, de repente, un pichón de golondrina se enredó en uno de los limpiaparabrisas y se rompió un ala. El chofer frenó precipitadamente, causando que todos los pasajeros del carro se sintieran tirados bruscamente hacia delante.

—¿Qué diablos pasa, Arturo? ¡Ten más cuidado! —rugió Amiel, abriendo los ojos, pues venía medio adormecido en el asiento al lado del chofer.

—Es sólo un pajarito, mi coronel. En seguida limpio el parabrisas. Con su permiso, coronel.

Las muchachas se bajaron del Ford cubriéndose la cabeza como mejor podían para guarecerse de la llovizna.

—¡Ay, pobrecito! —dijo Pura—. Démelo, Arturo, yo lo voy a curar en la casa.

Arturo envolvió la golondrina en su pañuelo, que quedó ligeramente ensangrentado. Entonces, le pasó pañuelo y pajarito a Pura.

Una vez todos dentro del carro, reanudaron la marcha hacia Santa Clara. En unos minutos el Ford se acercaba a la posta a la salida del Campito. Llovía ahora torrencialmente.

El soldado de la posta se movió de debajo del árbol donde estaba guareciéndose de la lluvia, y caminó hacia la carretera, levantando la mano derecha para dar el alto al vehículo que se aproximaba. El chofer le devolvió con una mano lo que él pensó que era un saludo del centinela, y continuó la marcha, pronto dejando atrás árbol y soldado. El Ford no había rodado ni unos cuatro o cinco metros, cuando un estruendo como de trueno retumbó en el carro herméticamente cerrado.

—¡Ayyyyyy! —comenzó a gritar Dinora apretándose la mejilla izquierda con las dos manos. El chofer paró en seco. El tío se volteó en el asiento y le apartó las manos de la cara a Dinora, quien seguía gritando con los ojos desorbitados de espanto.

Amiel vio que toda la mejilla izquierda estaba llena de pequeños puntos de sangre, había ciertas incrustaciones de material no identificable en la cara, posiblemente causando la ruptura de la piel y la salida de sangre. Pura le sostuvo las manos a Dinora, quien quería volver a taparse la cara.

En una de esas, forcejeando con Dinora, Amiel desvió un instante su vista a la derecha de la herida, y descubrió, horrorizado, que el cráneo de Natalia se encontraba completamente desbaratado con pedazos de cerebro resbalándole por la cara, el cuello, el pecho.

La investigación del Servicio de Inteligencia Militar tuvo lugar en una celda del cuartel de la Guardia Rural de Santa Clara, en donde habían encerrado, incomunicado, al soldado de la posta que disparó contra el carro del coronel Amiel, costándole la vida a Natalia.

—No paró, capitán, no quiso parar... no me quedó otro remedio que disparar —casi lloraba por enésima vez la misma respuesta de antes el soldado, sentado amarrado en un taburete de cuero, desnudo el torso, que ya mostraba verdugones de todo tipo y tamaño.

El capitán López hizo una seña con la cabeza al cabo Fernández. Este obedeció la orden golpeando con un *bicho'ebuey* la espalda del soldado, quien aulló como un condenado.

—¡Ya, dinos la verdad de una vez, cabrón! ¿Cuánto te pagaron por tratar de asesinar al coronel Amiel? ¿Quién te contrató?—inquirió el capitán—, ¿alguien del ABC? ¡Dinos su nombre!

El soldado perdió el conocimiento otra vez. López agarró un cubo lleno de agua fría y se lo descargó completo en la cabeza del soldado, quien volvió en sí sacudiendo la cabeza.

Nunca llegó a los tribunales el caso del soldado raso Damián González. Nunca confesó que se tratara de una conspiración para ejecutar al coronel Amiel. Y eso que le dieron cuero de lo lindo en aquella celda maloliente de la Rural. El Servicio de Inteligencia archivó el caso como un «desafortunado accidente». Y ahí murió el asunto. Sin embargo, las malas lenguas en la ciudad murmuraban que había sido todo una venganza de Changó, dios de los truenos, quien así había castigado la osadía del coronel Amiel por haber matado tanto negro, tanto negro en la Guerrita del Doce.

14

LA PLAYA DE MARIANAO

> La música es el hombre escapado de sí mismo.
> *J.M.*

Los años en la Academia pasaban vertiginosamente hasta tal punto que, en un santiamén, nos encontramos en el bachillerato. Fue en ese entonces que la Legión Jíbara empezó a tomar un cariz algo diferente del que había exhibido en el pasado.

La guagua que comunicaba la Academia con la playa corría regularmente desde las 6 de la mañana hasta las 9 y media de la noche. Como ya eran más de las diez cuando los miembros de la Legión Jíbara saltamos sigilosamente la cerca de alambre que rodeaba la Academia, como hacíamos un par de veces a la semana para el entrenamiento paramilitar, no habría oportunidad de llegar a tiempo para alcanzarla. Además, habíamos decidido que era más seguro contratar un chofer amigo del Gary, quien lo había llevado una vez hasta el mismo Vedado en una de las escapadas locas del Yanki.

Aquella noche en cuestión, no habría entrenamiento; Muñoz había tenido la brillante idea de que, como los miembros de cualquier cuerpo militar en las películas, nosotros también teníamos derecho a una noche de juerga. Muñoz citó como ejemplo Los puentes de Toko Ri, en la que un Mickey Rooney pendenciero y su copiloto dejan el helicóptero en el hangar, y se van a darse unos tragos en un bar japonés.

No fue difícil convencer al resto de la Legión a aceptar el plan de Muñoz, el cual recibió rotundo aplauso después que hubimos votado unánimemente a favor de la «Operación Juerga».

Saltamos la cerca cuando ya nos habíamos cerciorado de que el nuevo sereno se hallaba por allá por la piscina. Aunque no lo podíamos ver por ser noche sin luna, oíamos a lo lejos el tintinear de los diferentes manojos de llaves que siempre llevaba colgando de su cinturón policial.

Una vez fuera del recinto académico, nos movíamos, de uno en fondo y en intervalos de varios segundos, desde la cerca hasta el final de la calle donde tenía su residencia el Coronel, quien ya estaría durmiendo, como indicaban todas las luces apagadas en su casa.

Cheo, el chofer, había apagado el motor del carro por si acaso. Cuando todos hubimos subido al carro, no lo arrancó en seguida, sino que abriendo la puerta, se bajó y empezó a empujarlo cuesta abajo con una mano y con la otra controlaba el timón. Cuando el carro hubo adquirido cierta velocidad, y Cheo ya no podía correr más rápido, saltó y se sentó en el asiento, metió el cloche, puso la segunda, sacó el cloche y el carro arrancó en el acto.

No pasaron ni diez minutos y empezamos a ver las luces de los bares, clubes y academias de baile de la playa, que, aunque era noche de semana, estaban bien concurridos, especialmente por marinos yankis.

Tamargo, el encargado de las finanzas de la Legión, le pagó a Cheo lo que se le debía por la carrera, y convino con él cierta hora y lugar para recogernos aquella noche y llevarnos de vuelta a la Academia.

—Oigan, vamos al «Gallito» primero a mirar el ambiente —dijo Filiberto—, me dijeron que hay unas jevas riquísimas ahí.

—Bueno, está bien —añadió Muñoz—; pero después quiero entrar en una de esas academias de bailes, donde por un real puedes bailar toda la noche con una jevita.

—Oye, no vinimos a bailar aquí, vinimos a tirar —dijo Félix—. Así que déjate de mariconadas, Muñoz.

Por fin, entramos al «Gallito». Una densa capa de humo mantenía el tugurio en tinieblas. Un traganíquel tocaba un bolero cualquiera. Algunas parejas bailaban apretadamente. Una camarera nos mostró una mesa vacía, y nos indicó con la mano que nos sentáramos.

—Buenas noches, caballeros, ¿qué quieren tomar?

—Cervezas bien frías para todos —dijo Félix—; hace mucho calor.

—Seis Polares —pidió Tamargo, sacando la cartera del bolsillo.

Ni siquiera habíamos probado un sorbo de la cerveza, verdaderamente fría, cuando nos encontramos circundados por un mar de muchachas bien pintadas y con vestidos cortos y apretados como se estilaba en aquellos lugares de La Playa.

—Buenas noches, muchachones —dijo la mayorcita de entre ellas, de unos veinticinco años—. ¿Alguien quiere bailar conmigo y mis amigas?

—Félix y Filiberto se levantaron en seguida al oír la invitación, escogieron su pareja y se fueron a bailar a la pista abarrotada de gente. Las otras cuatro muchachas se sentaron cada una al lado de cada uno de nosotros cuatro.

Muñoz le pasó el brazo por el hombro a la hermosa hembra que se le había sentado al lado. En pocos minutos, ya estaban besándose. Gary no se quedaba atrás; se notaba que había estado antes por esos lugares de mala muerte.

A mí me tocó una muchacha de unos veinte años, blanca de pelo y ojos muy negros. Le decían la «Loca Marina», y más tarde alguien me dijo que padecía de fuego uterino.

—¿Quieres bailar? —me preguntó sonriente.

—Bueno, está bien.

Nos levantamos y caminamos a la pista de baile. Era difícil evitar tropezar con alguien debido a la cantidad de gente que se encontraba en una pista de baile tan pequeña.

Sentí su cuerpo apretarse contra el mío, puso su mejilla contra la mía y empezó a acariciarme la nuca con la mano libre.
—Qué calor hace, ¿no? —dije por decir algo.
—Si quieres vamos a mi cuarto; no está muy lejos de aquí.
—No sé, no tengo mucho dinero —dije nervioso.
—¿Tienes diez pesos? Con eso basta y sobra.
Paré de bailar, saqué la billetera y conté los pesos.
—Sí, tengo diez —dije con la voz cambiada y aparentando no tener miedo.
—Bueno, vamos —dijo tomándome del brazo.
Al pasar cerca de Tamargo, noté que una rubia oxigenada se le había sentado al lado y le acariciaba la nuca.
—Me voy con esta muchacha —le dije al oído, señalando con la mano—. Voy a visitarla en su cuarto.
—No se te olvide ponerte un condón, caballo, uno nunca sabe en dónde se mete uno aquí.
—Ya lo sé, Tamargo, coño; no soy tan comemierda. ¡Adiós!
Afuera soplaba un viento tibio desde el mar. Era agradable. Me sentía ante la puerta de la aventura. Nunca había estado con una mujer, aunque sabía de sobra qué hacer. Mi padre me había dado varias conferencias al respecto, y, luego, estaban los cuentos de los cadetes mayores durante las horas de recreo, cuando nos reuníamos por allá por las gradas de la piscina, y el narrador de turno se ponía a contar alguna aventura erótica en la que había participado él o un amigo.

Marina me pasó la mano por la cintura y me llevó por la arena hacia su cabañita.
—Quítate los zapatos y las medias para que veas qué rico se siente en los pies con la arena todavía calentica del sol del día. ¡Qué calor! ¿no?

La obedecí calladamente. Sentía que me ahogaba con mi propia respiración; el corazón me latía a galope tendido. No podía hablar.

—Ya casi llegamos. En la casa tengo cerveza fría. Te voy a regalar una, amorcito.

Su cabañita tenía un farol de luz roja en la puerta. Estaba encendido. Entramos y ella encendió una luz amarillenta bastante opaca, pero lo suficientemente clara para verse las caras.

—Siéntate en el sofá mientras te traigo la cerveza.

Me senté en un sofá muy cómodo. Recliné la cabeza contra un almohadón y traté de normalizar la respiración. Empecé a contar de mil para abajo como había oído que era bueno cuando uno estaba supernervioso.

Marina trajo dos cervezas en las botellas y las puso en la mesita frente al sofá. Bebí dos sorbos y me volví a recostar en el sofá. Ella casi que se tira arriba de mí y me empieza a acariciar la cara y a besarme.

—Nunca has estado con una mujer, ¿verdad?

—Y tú, ¿cómo lo sabes?

—La mujeres intuimos eso... es como un sexto sentido.

—Y tú ¿cómo te metiste en este trabajo? —dije para cambiar la conversación y con la respiración ya más bajo control.

—Pues yo iba a ser maestra. Empecé en la Escuela Normal, un día conocí a un hombre por quien me volví loca esa misma noche. Me llevó a la playa, me quitó la ropa y me hizo el amor de una manera muy romántica. Así pasamos como dos semanas y al fin que me dice que necesita dinero y que tenía que ponerme a trabajar aquí de cantinera. Así empecé; después que necesitaba más dinero. Yo que tenía diecisiete años le creía todo, además estaba locamente enamorado de él, y, en fin, acabé metiéndome a ramera y ya no estudié más.

La besé detenidamente entrelazando mi lengua con la suya. Sabía a menta con cerveza Polar. Me quitó toda la ropa y me llevó, así desnudo a la cama. Me mandó a acostar boca arriba mientras se desvestía.

—Te voy a hacer gozar mucho esta noche. Me gustas mucho.

El pudor —y mi editor— me impide continuar tan deleitable narración propia de un espectáculo del gran Teatro Shangai; sin embargo, quede constancia que aquella noche singular quedó grabada en mi memoria con tinta indeleble, conocida entonces como tinta china o tinta rápida, con la que más de un cristiano perdió la vida abrevándola en aquel desespero que —según dicen— precede al suicidio.

Pero no todo en la Playa de Marianao era lubricidad, prostitución y mala vida; ¡no! En la Playa también estaba el famoso Yacht Club; allá iban mujeres de la high con sus adoradas hijas y sobrinas. Allá iban los futuros pilares de la sociedad a buscar maridos de buena cuna, y todo esto promovido por las mamás, siempre las mamás convertidas ahora en asesoras amorosas de sus hijas. Sin embargo, era un juego de valor entendido, no mal visto por la sociedad, pues se trataba simplemente de perpetuar la especie buscando el mejor acomodo posible para una señorita de sociedad con un caballero de inmensa dignidad, o cuando no, al menos de caudaloso bolsillo, como se encontraban en la Isla en aquellos días republicanos.

Cierto fin de semana en el Yach, la vi de nuevo a ELLA, bella, radiante como un sol; venía caminando alegremente por el mismo muelle en que la había visto un par de años atrás. Me pasó por al lado de nuevo sin ni siquiera mirarme, aunque podría haber jurado que sus ojos, maravillosamente azul turquesa, me sonrieron.

—¡Buenos días, belleza!— me aventuré a susurrar cuando me pasó por al lado.

Por supuesto, no dijo ni pío. Así eran las mujeres de entonces; se hacían de rogar.

De regreso a la Academia el lunes, me pasé noches pensando en ella y en cómo podría abordarla, pero que me respondiera algo esa vez. «Por le menos tengo que llegar a primera base», me dije «de lo contrario estoy frito; no dormiré nunca más».

Por fin llegó el domingo, no había habido salidas ese fin de semana, por lo tanto, esperábamos al guarinero por la cerca del frente, la de al lado de la portería, por donde se escondían algunos cadetes para fumar. Y quién te dice a ti, que en una de esas, cuando menos me lo esperaba, yo ahí sentado en un banco saboreando mentalmente el perro caliente que le iba a comprar al guarinero, que se aparece ELLA, de nuevo: iba en la ventanilla de la guagua del Merici Academy, escuela de señoritas; seguramente que regresaban de misa, como era domingo. Todos los cadetes a mi alrededor y un servidor comenzamos una carrera loca siguiendo el ómnibus que viajaba paralelamente a la cerca. Al mismo tiempo que corríamos, saludábamos con el quepis en la mano y gritábamos piropos tan rápido como nos permitía la respiración. Finalmente, la cerca del costado nos impidió seguir la carrera, y todos nos quedamos, aferrados a los alambres galvanizados de la cerca, mirando tristemente cómo se desvanecía aquella guagua en la distancia y, con ella, nuestros sueños y esperanzas.

Pero noté que mi suerte empezaba a cambiar; noté que ELLA me miró fijamente esta vez; ¡sí! me había mirado fijamente a los ojos. «Hoy, creo en Dios!», balbucí, remedando a un viejo poeta español.

El siguiente fin de semana era de salida; me porté lo mejor que pude en mis clases y cumplí con todas mis obligaciones durante la semana para que no me fueran a dejar castigado y poder salir para ir al Yacht y tratar de verla allá; la rubia de mi sueño. Me sentía completamente quemado por ELLA;

ahora no sólo me pasaba las noches pensando en ELLA, sino también los días. Al fin llegó el viernes, mi día favorito de la semana.

Cuando vi a tío Ababo que venía a recogerme, corrí hacia su carro con mi bolsa de ropa sucia al hombro, y antes de ni siquiera abrir la puerta, le pregunté a boca de jarro:

—¿Me llevas al Yacht mañana, tío Ababo?

—No, imposible; tenemos planes mejores...

—¿Qué planes? —le pregunté incrédulo.

—Vamos a Varadero, a la playa de verdad. Alquilamos una casa por el fin de semana entre los padres de Pancho y Carlos y yo.

¡Qué depresión! Me senté calladamente al lado del tío y me resigné a no verla ese fin de semana.

El viaje a Varadero fue más bien aburrido. La tía Maíta me hacía preguntas sobre la Academia, las que respondía maquinalmente. Me la pasé mirando por la ventanilla del asiento de atrás pensando que no la vería en todo el fin de semana, y que si me hubiera quedado en la Academia, al menos podría haberla visto en la guagua el domingo cuando regresara de misa.

Cuando llegamos a la casa de la playa, ya estaba oscureciendo. Pancho y Carlos ya estaban sentados a la mesa y comenzaban a cenar. Me hicieron un lado entre ellos, y me sirvieron un plato de picadillo con arroz blanco y plátanos maduros fritos.

Pedí el ketchup y empecé a esparcirlo generosamente sobre el arroz como era mi costumbre. Pancho y Carlos se quedaron boquiabiertos ante tal revelación, y, acto seguido, imitaron mi invención culinaria, la probaron, y la aprobaron con un «¡Qué rico!» al unísono. Los adultos seguro que pensaron que yo era un joven muy raro, pero no le di gran importancia; tenía cosas de mayor peso en qué ocuparme; de manera que, acabado de comer, pedí permiso para levantarme de la mesa, y me fui a acostar.

Muy de madrugada un sol muy potente me despertó a través de unas cortinas casi transparentes y ligeramente amarillas. Abrí la ventana y una infinidad de pajaritos trataban de alegrarme la mañana, pero ni eso pudieron, ya que mi depresión por no poder verla a ELLA era depresión con «D» mayúscula. Así que decidí hacer de tripas corazón y me fui a desayunar a la cocina.

Allí ya estaban Pancho y Carlos enredados con los *pancakes* de Aunt Jemima y sirope de savia de arce.

—Ven y siéntate, que todavía están calientes —me dijo Pancho.

—Oye ¿a esto también se le pone ketchup? —preguntó Carlos.

Los tres nos echamos a reír.

Después del breve desayuno, fue el ponernos las trusas, agarrar las toallas y salir corriendo para la playa.

El mar estaba plato; ni una ola. Introduje el pie en la orilla para investigar la temperatura del agua: estaba excelente, como en una bañadera.

—¡Al agua, pato! —dije deshaciéndome de la toalla en la arena y echándome a correr hacia el mar. Era verdaderamente maravilloso aquel mar de la Isla, aquella arena finísima y blanca. Un verdadero paraíso terrenal, que se nos ofrecía casi virginalmente. ¡Quién lo habría previsto! En un futuro no muy lejano, todo eso que veíamos entonces sería controlado por capital extranjero —español es su mayoría— y asequible solamente a ricos turistas canadienses, europeos y mexicanos, a quienes no les importaba contribuir con sus dólares a la perduración del marxismo.

Al salir de la playa, camino de regreso a la casa para el almuerzo, pasamos por un laguito y —¡SORPRESA!— allí estaba ELLA, jugando croquet con unas amigas.

—¡Hola, Pancho! —gritó una de las muchachas, saludándolo con la mano libre—. ¿Quieren jugar con nosotras?

No pude creer lo que estaba escuchando. Alguien del grupo conocía a Pancho, quien al momento se convirtió en un héroe para mí. No sólo lo conocían, sino que alguien de entre ellas nos invitaba a participar, a acercarnos a aquella diosa de cabellos dorados como doblones de oro. Era verdaderamente un milagro que ELLA se encontrara allí, frente a mis ojos y, esta vez, sonriendo.

—Dile que sí, dile que sí— le susurré a Pancho entre dientes.

—Hola, Martica— respondió Pancho saludando con la mano—. Sí, nos encantaría jugar al croquet con ustedes.

—¡Chévere! —dijo la tal Martica—. Pueden entrar por allá, por aquel lado de la cerca... hay un hueco...

Una vez dentro del recinto del laguito, comenzaron las presentaciones. ELLA se llamaba Diana, como la cazadora mitológica. Y, como aquella diosa, había atinado en el blanco: el centro de mi corazón. Ese día no sólo creí en Dios, sino también en todos sus santos, habidos y por haber.

Después del juego de croquet, a Pancho se le ocurrió la maravillosa idea de invitar a las muchachas a nuestra casa para tomar refrescos. Ellas asintieron, pero que tenían que pasar por sus casas en camino para pedir permiso. Así se hizo.

En el camino, Pancho iba al lado de Martica, Carlos marchaba al lado de la tímida Magnolia, y yo caminé al lado de Diana todo el tiempo que me pareció muy corto.

—¿Gritan siempre tanto los cadetes de tu colegio cuando ven muchachas? —preguntó Diana rompiendo el silencio.

—No —dije tratando de reír para esquivar el dardo de la Cazadora—, sólo cuando hace mucho tiempo que no ven muchachas, como una semana.

—Pero tú me acababas de ver en el Yacht; te vi con el rabo del ojo, incluso me tiraste un piropo— dijo sin pelos en la lengua en su segunda saeta.

—Es que... es que... —balbuceé sin saber qué decir; hablaba como una abogada—. Es que, mira, ¿para qué te voy a mentir? Me encantaste desde el primer día que te vi en el Yacht.

—Y ¿les dices esto a todas las muchachas que conoces? —me pegó con su tercera flecha.

—¡No, no, por supuesto que no! —me defendí como jicotea boca arriba—. Lo que pasa es que me la paso pensando en ti y en cómo podría llegar a conocerte.

—Pues ya me conociste... y ¿ahora qué? —dijo, pero ahora en ton de coqueteo.

Había dejado el carcaj a un lado por el momento, pensé.

—Me gustaría volverte a ver. ¿Crees que sería posible? —pregunté en voz baja.

— ...

Llegábamos a casa de Diana y su madre estaba en el portal, sentada en un sillón de playa hondo hecho de madera. Al vernos llegar, dijo:

—Diana, me alegro que llegues. Apúrate y cámbiate; tenemos que salir en seguida a Cárdenas a recoger a tu papá... Oye, no presentas a tus amigos.

Pancho, Carlos y un servidor fuimos presentados a la madre de Diana, quien se excusó por tener que salir corriendo sin poder invitarnos a pasar a tomar algo.

—La próxima vez... sin falta— dijo despidiéndose de nosotros rápidamente. Se veía que estaba de prisa.

Las otras dos chicas siguieron con nosotros a nuestra casa como habíamos convenido. Yo, desgraciadamente, me quedé sin respuesta a mi pregunta, pues Diana no me contestó y yo no me atreví a preguntarle otra vez delante de la madre.

El fin de semana llegaba a su fin. Rondé la casa de Diana varias veces el sábado varias horas después de que se había marchado con su mamá, y así lo hice también el domingo, pero... nada. No había señales de vida en la casa. Simplemente no habían regresado de su viaje.

—Bueno, nos vamos —dijo el tío recogiendo matules—; mira que todavía tengo que llevarte a la Academia.

Esa semana en la Academia me la pasé bastante deprimido. No tenía modo de comunicarme con Diana. Sabía que estaba en el Merici, pero eso era todo. No tenía número de teléfono, ni manera de conseguirlo. Para empeorar la situación, ese fin de semana no era de salida; así que tendría que conformarme con, quizás, tener suerte el domingo y saludarla de lejos con la mano cuando pasara, si es que pasara, delante de la reja del patio del frente en la guagua del Merici, regreso de misa.

Pero el sábado por el mediodía, mientras tomábamos la merienda, el sargento Martínez llegó al comedor:

—¡*Abjob*! — gritó sonriendo—. Necesito unos voluntarios para una misión muy delicada...

Todos nos quedamos en suspenso en cuanto a qué se referiría Martínez, pues hizo una pausa bastante más larga de la que siempre hacía cuando comenzaba a hablarnos en público; quizás para cerciorarse de que lo escuchábamos.

—Como decía —continuó Martínez—; necesito unos voluntarios para que vayan al dormitorio, se bañen, se pongan el uniforme de gala y salgan inmediatamente en una hora para un baile que da el Merici Academy... bueno, ¿algún voluntario?

—Todos nos levantamos de la mesa gritando «¡Yo, yo, yo!»

—Bueno, ¡en marcha!— dijo Martínez—. ¡Paso doble corto... *job*!

Todos salimos corriendo hacia el dormitorio a paso doble largo, desobedeciendo la última orden de Martínez.

El Merici Academy estaba a menos de diez minutos de la Academia. Eran unos edificios más modernos que los nuestros, pero más pequeños, puesto que albergaba un estudiantado de menor número que el nuestro. La piscina sí era tan grande como la de la Academia y, recuerdo, tenía un pequeño bote de remos, fuera del agua, cerca del trampolín.

La pista de baile quedaba contigua a la piscina; era un pequeño jardín con algo de superficie de cemento donde se podía bailar. Alguien se ocupaba de poner y cambiar discos en un tocadiscos acoplado a un sistema de altoparlante. Algunos jóvenes ya estaban bailando, pero había mucho más muchachas que muchachos.

—¡Aquí hacemos la zafra! —comentó Filiberto.

Dejamos las gorras militares en una mesa en la entrada del jardín. Inmediatamente mis ojos vagaron ávidamente por todo el jardín buscando a Diana; no la veía; empecé a preocuparme.... «Y, ¿qué tal si tuvo salida y se fue a su casa el fin de semana?», me pregunté. ¡Pero, no! Ahí estaba... venía de entrar en el jardín.

Tan pronto como nuestras miradas se cruzaron, avancé hacia ella con la mano extendida.

—Eh, y ¿tú qué haces por aquí, muchacho? —dijo sorprendida.

—Nos reclutaron en la Academia para una misión imposible: salvar el baile de esta tarde —dije sonriendo mi más esmerada sonrisa.

—Ah, pues, a buena hora llegan ... ya yo me iba al dormitorio, pues esto estaba de lo más aburrido...

—¿Quieres bailar? —le pregunté sin más preliminares.

—Bueno —respondió dándome la mano.

Johnny Mathis cantaba *«It's not for me to say»*. Era sin duda un *tête à tête* así que aproveché la oportunidad que me brindaba la música y la apreté entre mis brazos. Ella no objetó. Se dejó llevar al vaivén de la música recostando la cabeza en mi hombro. Sentía que le gustaba tanto como ella me gustaba a mí, o incluso más.

—Hoy te encuentro más bella que la vez pasada cuando te conocí en Varadero... simplemente te adoro...

—Es peligroso decirme esas cosas —dijo con un dejo lastimero.

—Y, ¿por qué tan triste de repente? ¿qué dije? ¿Algo que no debí haber dicho? —pregunté sorprendido, después de que todo iba tan bien entre nosotros.

—No, no es eso —continuó más calmada—; es que ....

Me soltó la mano y salió corriendo del jardín. Corrí tras ella pero se metió en el salón de damas. No tenía ni la más vaga idea de lo que estaba ocurriendo. «Las mujeres, ¡qué invención!», me dije entre dientes, y me senté en un banco a esperar que abriera la puerta, pero nunca la abrió. El sargento Martínez ya estaba haciendo la ronda y reclutándonos para volver a la Academia. Sabía que había perdido este *round*.

Muchos años más tarde —después que la URSS abandonara la Isla, al ser liberada la primera por el CAPITAL, gracias al lúcido entendimiento y rápida acción del superhombre Gorbachov, quien, con una movida espectacular del ajedrez internacional Este-Oeste, disolvió todo el Imperio del Mal, devolviendo algunos estados secuestrados por los Bolcheviques —y sus herederos— a su origen socioeconómico primitivo, algunos aún anterior a la época de los zares—, muchos años más tarde, mucho después de los días del Merici y de la Academia, la *«P'tite Andalouse»* se apuntó como turista en una gira de la Isla, la cual, contra viento y marea, se mantenía marxista-leninista.

KΔPITΔL / CAPITAL

Llegó a la Isla por México, cuyos empleados públicos confabulados con los del servicio de inmigración de la Isla se las arreglaban para no acuñar visa de entrada o salida a la Isla en el pasaporte de turistas residentes de la Unión Americana, a quienes, desde hacía ya algunos años, se les había prohibido que visitaran un país que impunemente había robado millones de dólares a inversionistas tanto criollos como extranjeros allá por el año 1959 ó 1960, y que, para colmo, se vanagloriaba y alardeaba de haber tenido la fuerza moral de hacer tal acto de piratería comercial a nivel internacional.

La *P'tite Andalouse* era española, de padres andaluces. Había hecho su doctorado en la U de Madrid, pero trabajaba de profesora adjunta en la Unión Americana. Estuvo casada con un mejicano, pero, loca al fin, se la pasaba viajando entre Madrid y Nueva York hasta que el marido le dijo «¡Basta! ¿O Madrid o mi cama?» La *P'tite Andalouse* no optó por ninguno de los dos lugares; simplemente le planteó el divorcio y lo obtuvo en cuestión de meses. Libre y sin muchas preocupaciones, como deudas o «críos» —como ella llamaba a los niños— frisando los cuarenta y tantos años y sin haber visto mucho mundo, se las ingenió para visitar la Isla, entusiasmada por amigos de tendencia izquierdista como ella y por su padre, que había sufrido prisión bajo Franco por alianzas hispano-soviéticas de juventud; pero que, sin embargo, con los años vio las ventajas que le brindaba el capital y se hizo empleado público del Estado Español, traicionando —gracias a Dios— todas las ideas marxistas de su juventud, las que le habían carcomido el cerebro, como los libros de caballería el de Don Quijote.

Un viejo autobús de hechura Europa del Este la recogió a ella y a su grupo en el Hotel Nacional, donde se hospedaban en la Urbe Capitalina; después de un pequeño tour por calles estrechas flanqueadas de edificios dilapidados, el autobús paró en medio de la Plaza de la Revo, en donde los ocupantes fueron informados que podían bajarse y tomar fotos a su antojo.

El calor era agobiante pues estaban en medio de uno de los veranos más calientes de que tenían noticias en la Isla. La *P'tite Andalouse* se bajó ya malhumorada por el calor (el aire acondicionado no funcionaba) y empezó a ponderar si debería seguir en el tour y convivir con aquel grupo de turistas (de la USA, Canadá y México principalmente) sus dos semanas de vacaciones o salirse del contrato y buscarse alojamiento y compañía por su cuenta.

Caminó un poco por la plaza cavilando lo dicho y, agobiada por la sed, se dirigió a un café que no estaba muy lejos de donde se había estacionado el *Ikarus* húngaro.

Al entrar en el café, engurruñó los ojos para habituar la vista a la oscuridad interior que contrastaba con la claridad afuera de un sol que rajaba piedras.

—Tome asiento, señorita — le dijo uno de los mozos apartando una silla para que se sentara.

—Gracias —dijo ella sentándose—. ¿Me podría traer un vaso de agua bien fría? Con hielo preferiblemente.

—En seguida, señorita.

Miró a su alrededor ahora que sus ojos estaban completamente acostumbrados a la casi total oscuridad del recinto, y notó que más que un café era un bar quizás preparado para turistas. Vio que estaba casi vacío a excepción de una pareja joven —sin duda norteamericanos— que bebían cerveza, se reían mucho y se besaban a hurtadillas, después de lo cual se reían más.

Cuando ya había bebido más de la mitad de su agua mineral con hielo, notó que desde el fondo del café-bar se le acercaba un joven, alto y apuesto, de facciones ligeramente negroides y pelo ensortijado. Tendría a lo sumo unos 23 o 25 años.

—Buenos días, señorita —dijo amablemente preparando una silla para sentarse al lado de la *P'tite Andalouse*—. ¿Me permite sentarme un momento?

La *P'tite Andalouse* quedó boquiabierta por no decir totalmente patidifusa ante la osadía de aquel hombre que se le insinuaba tan descaradamente a pesar de la gran diferencia de años entre ellos. Pero controlando su primera inclinación de levantarse y salir corriendo hacia el autobús, simplemente sonrió al gallardo y joven desconocido, y le indicó con la mano y con la sonrisa que sí podía sentarse a su lado.

—Permítame presentarme, señorita, soy Iván Pérez, pero mis amigos me llaman Ivanhoe por el héroe de una película muy famosa aquí en la Isla hace muchos años.

—Mucho gusto —dijo ella, ahora metamorfoseada en una *Putica* Andaluza, sintiendo que —para su asombro— se le humedecía rápidamente la entrepierna.

Hacía tiempo que no conocía hombre, aún desde antes del divorcio, pues su relación con su ex en los últimos meses del matrimonio consistía en ella ponerse a ver la tele echada en la cama, él que se le acostaba al lado, le quitaba los *panties* y se ponía a practicar un prolongado cunnilingus hasta que ella se entregara a un orgasmo jadeante. Acto seguido, ella se daba vuelta, se tapaba con la sábana y se echaba a dormir, sin importarle satisfacer las necesidades de su marido.

—Usted no es de aquí, ¿verdad? Se le nota un acento extranjero... ¿española?

—Sí, soy de Madrid, aunque nací en Andalucía de donde son mis padres ... pero hace años que vivo en la Unión Americana ... acabo de divorciarme y vine aquí de vacaciones. ¿Y Ud.? ¿A qué se dedica?

—Mire, yo estoy en la industria del turismo ... en el área de entretenimiento ... me gusta entretener a mujeres hermosas como usted.

—Oh, ¡qué amable! Gracias por el piropo.

—No, no es piropo, es la verdad. Usted es maravillosamente bella, y me gustaría invitarla a cenar esta misma noche. ¿Le gustaría?
—Bueno, no sé... es que vengo en un tour y...
—Ah, pero eso se puede arreglar en el acto... usted déjemelo de mi cuenta, yo se lo arreglo y la llevo a ver la Urbe Capitalina a través de mis ojos.
—Bueno, de ser así quisiera que nos tuteáramos.
—Bueno, de acuerdo. ¿En qué hotel te hospedas?
—En el Nacional.
—Bueno, regresa al tour y te encuentro allá a eso de las seis o seis y media de la tarde. Escríbeme tu nombre aquí en esta servilleta. ¿Te va bien?
—¡Vale! ¡Estupendo! —dijo empinando las últimas gotas del agua mineral. Escribió lo que le pidió el joven. Luego salió del bar bajo un sol despiadado.

A las seis en punto llamaron a su habitación en el Hotel Nacional. Un mozo le traía una tarjeta con un recado en una bandeja. La leyó y le dio una propina al chico. Se arregló un poco el cabello en el espejo, agarró la llave y salió sin prisa a tomar el elevador. Una vez en el vestíbulo, vio a Iván sentado en una cómoda butaca en el pasillo de la entrada. Se le acercó y dijo:
—Bueno, aquí estoy, tío. ¿Nos vamos a pasear?
La llevó al Paseo del Prado y ahí empezaron a caminar cogidos de la mano. Muchas parejas jóvenes iban y venían también cogidos de la mano. Le parecía que estaba en un paraíso de amor en donde Cupido disparaba saetas a diestra y siniestra sin ver a quién ensartaba. Ella se sintió especialmente vulnerable aquella tarde, o más bien noche, pues ya iba oscureciendo.
—¿Nos sentamos un rato en este banco? —le preguntó el mulato buen mozo.

—Sí, está bien.
Una vez sentados, él le pasó el brazo por el hombro y empezó a besarle una mejilla; primero lentamente, después con un poco más de arrebato. Le volteó la cara y la besó en la boca. Ella se dejaba hacer sin protestar. Una amplia sonrisa de placer se desplegaba en su cara.
Despacito y muy disimuladamente, él le tomó una mano y se la llevó hasta posarla sobre la bragueta de su pantalón. Ella, sorprendida, la retiró instintivamente, pero no dijo nada. El la besó de nuevo en la boca; un beso profundo con un fuerte entrelace de lenguas. Ella se sentía ahora sumamente excitada, y, ella misma, sin que él la dirigiera, le puso la mano en la bragueta y empezó a acariciarla con un movimiento rotatorio. Inmediatamente, él le metió la mano en el pecho y encontrando uno de sus pezones, empezó a acariciarlo con la yema de los dedos. Para entonces ella ya estaba gimiendo calladamente de placer.
—Vamos a mi apartamento, no queda lejos de aquí —le sugirió el bello mulato.
—¡Bueno, vamos! —añadió la *Putite Andaluse* ya fuera de sí.
Caminaron abrazados de la cintura por gran parte del Prado desviándose en un momento para coger rumbo hacia la Catedral, por donde Iván tenía su apartamento en un viejo edificio decimonónico convertido en casa de vecindad o solar.
Subieron las escaleras de uno en fondo, él dirigiéndola de la mano pues estaba muy oscuro; el foco estaba fundido. Al llegar al tercer piso, Iván sacó sus llaves y tanteó la cerradura con el índice de la otra mano. Metió la llave y abrió la puerta. Una vez adentro prendió la luz y se miraron a la cara. Se abrazaron y se besaron. No perdieron tiempo en el sofá; él la llevó a su habitación siempre cogida de la mano. Una vez allí la desvistió toda menos los *panties* que se los dejó puesto. Luego la hizo sentar en la cama. Él se desnudó por com-

pleto y le puso, cerca de la boca, lo que a ella le pareció ser, en la penumbra de la habitación, una enorme anaconda.
—Bésamela —ordenó el mulato.

Ella obedeció como una colegiala; la besó varias veces, se metió en la boca de un bocado tanto como le cupo del enorme ofidio, mientras que con la mano derecha, después de encerrar en el puño la parte del tallo que no tuvo cabida en su diminuta boca, empezó a acariciarlo de arriba a abajo con movimientos continuos y regulares.

El gemía ahora de placer a medida que ondulaba su cintura, pero después de unos minutos, se la sacó rápidamente de la boca, la agarró por los hombros y la hizo arrodillar en la cama de manera que le quedaran las posaderas apuntando hacia él. Ella se inclinó hacia delante y puso las dos manos en la cama. Iván se arrodilló en el piso tibio de su habitación, y con las dos manos le bajó los *panties* hasta las rodillas; entonces sin vacilar un instante, introdujo el dardo de su lengua en aquel sol opaco que coronaba la grupa de la *Putite Andaluse*. Al mismo tiempo que esto hacía, empezó a acariciarle el clítoris con la yema del pulgar hasta que la *Putite Andaluse* no pudo contenerse más y se entregó a un orgasmo profundo, gimiente y duradero.

Así pasaron todo el resto de la noche, en juegos eróticos desconocidos totalmente para ella. Era como si por vez primera tuviera conciencia de su sexualidad y las posibilidades infinitas —según le parecía— que adquiría el placer.

El canto de un gallo los despertó muy de mañana, pero, muertos de cansancio, se dieron la vuelta, se abrazaron, y se volvieron a dormir hasta muy entrado el mediodía.

Así transcurrió toda la primera semana de vacaciones de la *Putite Andalouse*; ni siquiera se molestó en darse de baja del tour. El sábado fueron a cenar a un restaurante exclusivo para turistas; al principio no quisieron dejar entrar a Iván, pero ella habló con el camarero y, tras ofrecerle una buena propina, vio que el mozo les indicaba que lo siguieran. Así lo hicieron, y llegaron a ocupar la mejor mesa del restaurante con una vista fabulosa a la bahía, que se iba poblando a aquella hora de pescadores en botecitos de remo algunos, y la mayoría flotando en neumáticos con su caña de pescar.

El camarero les trajo el menú, pidieron el arroz con pollo para dos, ensalada mixta y maduros.

¿Y de beber? —preguntó el camarero.

—A mí me trae una Tropicola —dijo ella.

—A mí, la cerveza más fría que tengas, caballo.

Cuando se quedaron solos, se agarraron las manos sobre la mesa y se miraron fijamente a los ojos.

—No sé por dónde empezar —dijo Iván—, pero hay algo muy importante que tengo que decirte.

—Ya lo sé... que me quieres mucho y que quieres que me case contigo —dijo ella interrumpiéndolo.

—No, mira, esto es serio... yo... yo te dije que trabajaba en la industria del turismo...

—Sí, y ¿qué?

—Pues, mira, soy un jinetero... saco a las turistas a bailar, a pasear, me acuesto con ellas y hacia el final del día les paso la cuenta...

—¿Qué? ¿Cómo te atreves a engañarme así, después de todo lo que nos dijimos e hicimos? —casi gritó con las lágrimas en los ojos.

—Espera, espera, no fue así contigo... contigo fue diferente... contigo... no sé... me llegaste al alma... es lo que estoy tratando de decirte... quiero sincerarme contigo, por eso te lo digo... que no haya secretos entre nosotros... ni secretos ni mentiras.

Ella le agarró una mano con sus dos manos y se la besó sonriendo. Dos grandes lagrimones le corrieron por las mejillas manchando el mantel blanco almidonado. Se sentía sumamente vulnerable.

—Quiero irme contigo... lo tengo todo planeado... nos casamos, te vas y me reclamas desde allá para que me den visa de inmigrante.

Y así lo hicieron. Ella regresó a la Unión Americana con su tour, él se quedó a la espera de la visa y un pasaje de ida en un avión de Mexicana. Era el HOMBRE NUEVO de que hablara tanto el Prisionero de Félix; el HOMBRE NUEVO que no podía esperar el día de salir de aquella horrible pesadilla económica en que se había convertido su Isla, poco a poco, día a día, año tras año, para abrazar el capital redentor que lo esperaba del otro lado del mar, en el Norte, frío y cruel, sí, a veces, pero lleno de posibilidades en la cual Iván y otros hombres nuevos podrían forjarse un futuro para ellos y para su familia.

—Oye, 305, qué cuento más interesante, chico... y ¿te lo contó ella misma? —me preguntó Fili entre trago y trago aquella noche en la cantina de Bongos en Miami.

—Así mismo me lo contó, caballo, pero ahí no paró la cosa... la bola pica y se extiende... quién te dice a ti que el tal Iván a la semana de llegar a la Unión Americana, después de pasar la frontera mejicana por allá por El Paso, pues recuerda que había salido de la Isla en un avión de Mexicana, después de una semana con ella, que empieza a llegar tarde por las noches, que a veces no llega pues se iba a quedar en casa de unos amigos de la Isla que se había encontrado en la calle y que le iban a ayudar a buscar trabajo. Y no pasó ni una semana más y la deja por una jovencita de 19 años, camarera en un Howard Johnson. ¡Imagínate! Todo lo que te cuente es poco.

—¡Coño, qué descaro, tú! Este tipo no es un HOMBRE NUEVO ni un carajo, chico; éste lo que es es un chulo de

aquellos de la vieja escuela, de aquellos de cuando éramos chiquitos en la Isla antes que nos mandaran pa'cá pa'l Norte.
—En efecto, Fili; y he aquí mi tesis: el hombre nuevo del que tanto habló el Prisionero, no era ni más ni menos que el mismo gato, pero con diferente collar, ¿qué te parece?
—¡No, no, de película, 305, de película! Y, lo irónico de todo esto son los tantos muertos, las tantas intervenciones y robos de propiedad, los tantos cientos de miles de ciudadanos forzados al exilio, las tantas familias desbaratadas, y todo eso ¿para qué? para forjar un hombre nuevo que no es más que una caricatura barata del hombre viejo, del hombre de siempre, del que se buscaba la peseta como el que más o el que menos en aquellos tiempos republicanos. Y ni hablar de la prostitución; uno de los pilares de la Revo era erradicar la prostitución y lo único que se logró fue erradicar el nombre de «puta», eso sí; ahora son «jineteras»... ¡Hazme el favor, tú!

15

PATRIA Y RELIGIÓN

> Siempre fue el cielo copia de los hombres [...]
> y cada pueblo imagina un cielo diferente.
>
> *J.M.*

«PATRIA Y RELIGIÓN» debió haber sido más bien el lema del escudo de la Academia, sin embargo, alguien entre los fundadores escogió «Vincit Amor Patriae» por pensar que las cosas patrias eran más importantes que las del espíritu. Ese alguien no pudo estar más errado, ya que, ¿de qué servía tener una patria libre e independiente si no se contaba con una religión lo suficientemente robusta y profunda en el espíritu del pueblo como para mantener a la patria a flote, sobre todo en momentos difíciles como los que pasaba la Isla en aquella década del cincuenta?

La tía Maíta siempre estuvo muy clara en este asunto, aunque no tanto por razones maquiavélicas como la sugerida arriba. Así, un día le dijo a mi padre:

—José Manuel, es muy importante que tu hijo tenga educación cristiana en la Academia. Acuérdate que es nuestro deber como padres velar por la educación de nuestros hijos y ver que se les eduque bajo la religión católica, apostólica y romana. Estamos obligados a cumplir este precepto bajo pena de excomunión.

—Sí, ya lo sé, Maíta. No te preocupes, ya me ocupé de que lo inscribieran en clases de religión.

—Ah, ¿dan clases de religión en la Academia? ¿Estás seguro de que no son protestantes?

—No, no, tienen un padre que había sido capellán en el Ejército. Ya lo conocí personalmente. Es muy amable e inteligente.

—¡Ay, menos mal! A mí siempre me preocupa eso de la religión, pues ¿de qué sirve tener todo en la vida si no se tiene religión?

Mi padre asintió sin mucha convicción, como siempre hacía cuando se trataba de materia de religión. El tenía su propia religión, y veía que a la Divinidad se le podía llegar por diferentes caminos.

No obstante, mi padre fue educado básicamente por los jesuitas, quienes habían entendido desde siglos atrás que una patria sin religión era como pez fuera del agua. Al mismo tiempo, no le llevó mucho tiempo a la Compañía de Jesús darse de cuenta, avisado por Loyola, antiguo capitán del Emperador Carlos V, de que la religión sin una patria (es decir, sin una enorme maquinaria de estado que la sostuviera y sin un ejército poderoso que la protegiera) sería como arar en el desierto.

Así que un día, antes de llevarme a la Urbe Capitalina para iniciar los trámites para mi ingreso en la Academia, mi padre me dijo:

—Mientras no te hayas forjado una religión propia como yo ya he hecho, tendrás que seguir las pautas de la Iglesia de Roma.

Las clases de religión en la Academia no tenían una base obligatoria como en los Maristas; al menos, así nos lo daban a entender la mayoría del profesorado, quien, llegado el día y la hora señalados para esta práctica, nos anunciaban en cualquier clase que estuviéramos, que los que quisieran participar en la clase de religión, recogiésemos nuestros libros y útiles, y nos dirigiéramos ordenadamente hacia un salón indicado de antemano para aquel propósito.

El Capellán, como todos llamábamos al padre Perdomo, era algo grueso, de pelo crespo muy negro con grandes entradas en la frente. Muchos años más tarde en el Norte, le encontré, retrospectivamente, un gran parecido con el Father Joe, quien nos exhortaba en la tele para donar nuestros viejos autos, barcos y aún aviones para su labores de beneficencia para los niños pobres.

Un día, el Capellán nos habló de los peligros de otras religiones que no eran católicas; especialmente nos previno contra la santería.

—Es una religión de negros —dijo el padre—; vino del África con los esclavos. Usan brujería, hierbas venenosas, y animales inmundos para hacer sus encantamientos. Hay que estar siempre prevenido contra el poder ñáñigo.

—¿Qué cosa es *ñáñigo*, Capellán? —preguntó un cadete de los pequeños.

—Son los miembros de una sociedad secreta de Abakuá; vinieron del África como esclavos. Practican brujería mala. Hacen despojos a sus amigos y echan mal de ojo a sus enemigos.

El miedo reinó de repente en la clase; un silencio sepulcral inundó la habitación.

—Pero, no tengan miedo, cadetes —añadió el Capellán seguro que al notar el terror reflejado en la cara de todos—. Déjenme contarles un caso de santería y de cómo intervino el Espíritu Santo para ayudar a una víctima de un ñáñigo.

Todos prestamos atención silenciosamente.

—Hace muchos años —prosiguió el cura—, yo conocí a una mujer joven de unos 20 años cuando yo era capellán del Ejército por allá por Regla. Esta jovencita sufría de dolores de cabezas crónicos y los médicos no daban con el remedio para curarla. Alguien le recomendó que fuera a consultar a un ñáñigo muy conocido en Regla. Pues ella fue y empezó un tratamiento de santería con el ñáñigo, quien le hacía tomar infusiones, le daba fricciones por todo el cuerpo y hasta baños de agua con hojas de laurel. En fin, que de tanto tratarla y tratarla que la muchacha queda embarazada del ñáñigo. Cuando se dio cuenta de que estaba embarazada y de que no se le habían quitado los dolores de cabeza, la pobre muchacha invocó la ayuda del Espíritu Santo. Así que vino a mi iglesia buscando socorro. Yo, como era mi deber, la ayudé en todo lo que pude. La confesé y traté de enseñarle el camino del Señor. Reporté el caso a las autoridades y el ñáñigo fue castigado severamente por un tribunal competente. Había gente en Regla que, cuando se enteraron de lo que había hecho con aquella muchacha, querían lincharlo, pero las autoridades lo impidieron, afortunadamente. Así acabó la historia de esta pobre mujer. El niño que tuvo del ñáñigo fue dado a la Casa de Beneficencia para darlo más tarde en adopción. Es un caso muy triste y todo por desviarse de la vía del Señor y meterse en santería con brujos y hechiceros. No son más que charlatanes. Así que ustedes, cadetes, tengan mucho cuidado en el futuro y miren bien con quién se meten.

    El timbre finalizando la clase sonó de repente, y todos salimos corriendo del aula para prepararnos para Deporte o Infantería, según nuestros horarios individuales.

    De eso hace ya mucho, mucho tiempo. Muchos años después, de visita en la Isla durante el gobierno provisional democrático, instalado a raíz de la muerte del Caballo, le hice el cuento del Capellán a Tamargo y a Muñoz, quienes no asistían a la clase de religión en la Academia.

    Habíamos llegado Fili y yo a la Urbe Capitalina un 19 de mayo después de varias décadas de exilio en la Unión Americana. Nos hospedamos en el Hotel Plaza, y mientras arreglábamos la cuestión de las reservaciones en la carpeta, entraron de repente Tamargo y Muñoz. Tamargo era uno de los pocos antiguos compañeros de la Academia que se habían quedado en la Isla.

—¡*Abjob*!— gruñó Muñoz al vernos, cuadrándose y llevándose la mano derecha a la frente para darnos un saludo militar.

A Tamargo no lo reconocí en seguida; había envejecido horrores.

—¿Ya no te acuerdas de mí? —me dijo abrazándome.

Todos los cuatro nos saludamos efusivamente después de tanto tiempo sin vernos. Alguien sugirió la barra del Plaza, y allí nos instalamos después de despachar las maletas a nuestra habitación.

Entre trago y trago, rememoramos el pasado común en la Academia. Tamargo se quedó pensativo un rato después de escuchar mi cuento del Capellán y el moreno ñáñigo, entonces dijo:

—¿Se acuerdan del negro Pampas? A veces me pregunto la verdadera razón por la que lo botaron de la Academia ¿Sería por ser negro?

—¡No, por negro no, por bugarrón! —contestó Muñoz enérgicamente.

—Ja, ja, ja —todos reímos con la respuesta inesperada de Muñoz.

—No, en serio —continuó Tamargo reponiéndose de su ataque de hilaridad—; la política y la religión también tienen colores.

—Sí, pero no tan bien definidos —aclaré—; es más bien en el área gris donde se unen la patria y la religión... Mira, todo empezó con Constantino.

—¿Con quién? ¿Con el gallego Constante, el conserje del cuarto de los hombres en el Yacht? —se burló Tamargo.

—¡Ay, no jodas, chico! —dije—. Con Cosntantino el Grande, coño, el que hizo casi oficial el cristianismo en el Imperio Romano.

—¡Ah, ese cabrón! Buen cristiano era... mandó a estrangular a su cuñado después que le había prometido que respetaría su vida si se rendía, luego mandó ejecutar a su hijo mayor y a una de sus esposas por razones que no quedan claras —añadió Tamargo.

—Es verdad; no fue buen cristiano, pero sí buen «católico» —añadí—; pues le dio el impulso necesario al cristianismo para llegar a ser la religión dominante del Imperio y empezar a lavar cerebros a diestra y a siniestra hasta que ya no quedó ni un pagano en la administración pública.

—En efecto —intercaló Muñoz—, ni más ni menos que lo que hizo el Caballo aquí: implantó el marxismo-leninismo como la religión oficial de la Isla, y mandó a sus secuaces a lavarle el coco a cuanto niño o adulto se les pusiera por delante.

—No, y casi en seguida se instala el sistema represivo con el G2, ¿te acuerdas? Era como una inquisición puesta a quemar herejes, excepto que aquí no los quemaban, sino los fusilaban —añadió Tamargo.

—Sí, al principio de la Era Cristiana —dije—, los herejes eran excomulgados como castigo, pero más tarde, cuando el cristianismo se hace la religión estatal, los herejes empiezan a ser considerados enemigos del estado y por lo tanto candidatos a la exterminación. Ni más ni menos que lo que pasó aquí en la Isla.

—Y la religión antigua choca con la nueva, estremeciendo el sistema y causando una reacción por parte de los del *ancien régime*, quienes empiezan a armarse y a hacer contra revolución o contra lo que sea imperante en ese momento determinado —continuó Tamargo.

—Sí —dije—, así pasó con la Revolución Francesa, pero de una manera acelerada; pues las facciones se sucedían unas a otras vertiginosamente no sin antes guillotinar a cuantos enemigos de la salud pública podían echarle el guante.

Así llegaron al llamado Reino del Terror, durante el cual, según historiadores, la sangre llegó hasta las mismas puertas de la Asamblea Nacional rodando por calles y callejuelas parisienses desde la Plaza de la Concordia, en donde estaba instalada Doña Guillotina, bien lubricada y hambrienta de hombre como una meretriz cualquiera.

—Y todo por crear al hombre nuevo; siempre se trata de eso, el hombre nuevo, el hombre nuevo... tantos horrores y excesos que se cometen en su nombre; y tantos muertos que siempre lleva crear un hombre nuevo —dijo Filiberto que había estado callado hasta entonces.

—Y lo irónico, para seguir con el ejemplo de la Revo Francesa —continué—, es que el único hombre nuevo que produjo la Toma de la Bastilla fue Napoleón Bonaparte, un super militarista, para quien no existía el progreso sin ser precedido por balas de cañón.

MÉJICO, 1929:
Tina Modotti, amante de turno del dirigente comunista Julio Antonio Mella, se hallaba revelando las últimas fotos que le había sacado a éste días antes en el Bosque de Chapultepec.

—Oye, ya, apúrate que tengo que usar el baño.... ¿Qué coño estás haciendo ahí desde hace media hora? ... ya abre la puerta y no me jodas la vida —gritó Mella desaforadamente pateando la puerta del baño.

—Ya va, ya va... no puedo abrir ahora mismo que estoy en medio de revelar las fotos del otro día.

—¡Abre, coño! —arremetió Mella con el hombro contra la puerta, impulsándose con todo el cuerpo con tanta fuerza que la puerta cedió haciendo añicos la cerradura y dando un gope seco contra la pared.

Tina gritó despavorida ante la sorpresa, cubriendo las fotos a medio revelar como mejor pudo.

—¡Canalla, cómo te atreves... eres un bruto! ... ¡*Stronzo!*

—¡Ya cállate, putarraca! ...que me estoy meando — gritó Mella disponiéndose a usar el inodoro.

La relación amorosa entre Mella y Tina habían ido de mal en peor desde que llegaron a la Ciudad de Méjico escapándose de la policía secreta del Presidente Machado en la Isla. Tina seguía con él seguro porque pensaba que con el tiempo la actitud de Mella hacia ella cambiaría una vez que se diera cuenta de que ella lo consideraba el amor de su vida.... Y ¿por qué no? ¿Acaso no era ella bella, inteligente, toda una artista con la cámara, y sus fotos eran publicadas en revistas de difusión mundial?

Aparentemente, Mella tenía otra idea de quién era Tina Modotti, una camarada más que le había brindado su cuerpo a los pocos días de haberla conocido en la Ciudad Universitaria de la Isla... sí, era bella y sensual... sin duda, pero de inteligente no tenía un pelo... estaba ahí para cumplir la función de cualquier camarada femenina: subordinarse a las necesidades del camarada revolucionario, ayudarlo en su programa, complacerlo sexualmente... y nada de sentimientos sublimes típicamente burgueses como el amor.... ¡Qué asco! ¡Qué inmundicia! ¡Qué herejía anti revolucionaria!

Fue poco después de esta última disputa entre los amantes, que a Tina se le acercó un tal Vittorio Vidale, también conocido como Enea Sormenti, Jacobo Hurwitz Zender, y Carlos Contreras. Era un frío día de noviembre de 1928 en una reunión del Buró Político Comunista Mejicano, donde después de presentársele muy caballerosamente, y dándose cuenta de que compartían el mismo idioma —el italiano— Vidale se atrevió a decirle sin más ni más lo siguiente:

—Oiga, permítame que le diga que tenga cuidado con el camarada Mella... pues sus ideas trotskistas no son bien vistas por el Komintern...
¿Qué me cuenta? —reaccionó Tina.
—Ya le he dicho muchas veces que se mantenga al margen de esas disputas... y que se apunte con los ganadores... con Stalin... pero ya sabe lo terco que es él.

Con el tiempo, Vidale logró establecer cierta «amistad» con los amantes; salían juntos a pasear por las calles de la capital azteca y muchas veces se daban cita en el Zócalo para irse de ahí a cenar o a ver una película.

Vidale aprovechó la oportunidad de haber presenciado el maltrato que le daba Mella a Tina para establecer cierta complicidad con ella.... como la de un hermano mayor o un viejo amigo. Un día hallándose a solas con ella le dijo:

—No te dejes tratar así por Mella... No tiene derecho... ¡es un *stronzo*!

Tina no pudo ocultar más su tristeza y se echó a llorar apoyando la cabeza en el pecho de Vidale. Éste la sostuvo con los dos brazos y la estrechó cariñosamente.

—Tina, no llores... te quiero mucho... eres la mujer de mis sueños... me paso el día pensando en ti... —le confesó Vidale en un arranque de emoción.

Tina paró de llorar de repente, se separó bruscamente de Vidale y le miró a los ojos fijamente. No estaba enojada, sólo sorprendida pues no esperaba tal comportamiento de Vidale; sobre todo debido al poco tiempo que se conocían. Sin decir más, Vidale la agarró de nuevo por los brazos, la atrajo hacia sí y la besó en la boca.

Tina no opuso resistencia. Se dejaba hacer. No dijo nada, solo se dejaba besar y acariciar la cabeza. Finalmente se abrazó fuertemente a Vidale.

—No sé qué decirte —dijo en italiano—; quisiera deshacerme de Mella, sé que me trata muy mal, pero no puedo... es una fuerza muy potente la que me atrae hacia él... sé que tarde o temprano será mi perdición...

—No te preocupes, Tina. Yo te voy a ayudar a olvidarlo... te quiero mucho... mereces algo mejor que ese engreído que se cree mejor que los demás.

Así pasaron mucho tiempo juntos Tina y Vidale mientras que Mella estaba ocupado en sus quehaceres políticos, especialmente en preparar la campaña a favor de Trotsky en contra de Stalin, sin darse cuenta de que Trotsky y sus ideas de revolución permanente eran mil veces peores que Stalin y las suyas. No sólo hablaban de cosas del alma los nuevos amantes, sino que poco a poco Vidale le fue inculcando ideas revolucionarias drásticas hasta el punto en que un camarada prefiere sacrificar a otro por un ideal político. Además, Vidale contaba con una mujer cuyo amante la trataba como a una perra. Recordó aquel pasaje shakesperiano que reza: «El infierno no conoce furia tal como una mujer desdeñada».

Y así sucedió aquella fatídica noche del 10 de enero de 1929 en la esquina de Abraham González con Morelos mientras caminaban los tres, Mella, Tina y Vidale, discutiendo la película que acababan de ver: *Octubre* por el director ruso Grigori Aleksandrov.

De repente, y sin que ni Tina ni Mella se dieran cuenta, Vidale sacó de su impermeable un revolver calibre 38, lo apuntó hacia Mella y disparó dos veces, prácticamente a boca de jarro. La primera bala le atravesó el codo izquierdo y el intestino, la segunda le perforó un pulmón. Mella se desplomó en medio de los gritos espantosos de Tina. Vidale echó a correr hacia la calle donde lo esperaba un auto con la puerta abierta. Montó de un salto en él y desapareció sin dejar rastro.

Tina fue deportada a Suiza. De ahí se unió con Vidale, ahora conocido como Carlos Contreras alias el Comandante Carlos, participando ambos en la Guerra Civil Española. La guerra terminó con la derrota de los peores, de manera que no les quedó otra a la pareja que refugiarse en la URSS hasta que, años más tarde, apareciera la noticia de la muerte de Tina en un auto de alquiler en la Ciudad de Méjico en 1942.

El Komintern logró fructuosamente achacar el asesinato de Mella al General Machado, el mejor presidente que tuvo la Isla, aunque después de negarse a abandonar el poder, se convirtió en uno de sus peores dictadores.

En una de las pocas entrevistas que daba a la prensa, respondió a la pregunta de quién había sido el culpable de la muerte de Mella de esta manera:

—¿La culpa? Bueno, la culpa la tuvo el totí.

—No, no, si así son estos comunistas... inclusive el mentado Lenin.... aprobó las ejecuciones en masa promulgadas por la *Cheka* y fue el culpable de la muerte por hambre de cientos de miles de campesinos rusos que se negaban a contribuir al desastre económico característico de todo sistema socialista —comentó Fili.

—¡El Terror Rojo! ¡El Terror Rojo! —contribuyó Tamargo—. Empezando con el asesinato del Zar y su familia: mujeres y niños... Aquí, en la Isla, comenzaron a fusilar a miembros del *ancien régime* primero, después siguieron los fusilamientos de contrarrevolucionarios... luego suspendieron los fusilamientos a favor de largas penas en campos de concentración... a donde fueron a parar infinidad de cristianos, homosexuales y gente en general que no se tragaban la píldora dorada de la Revo.

—Oigan, hablando de facciones y partidos políticos, ¿Ya han pensado por quién van a votar en las próximas elecciones? —indagó Tamargo.

—Yo —dijo Fili—, como ya me acostumbré a la vida del Norte después de décadas por allá, yo le voy al Partido Anexionista.

—¿Anexionista? ¿Tú estás loco, tú? O sea, ¿vamos a vender la patria al extranjero otra vez? ¿Qué pasa, tú? —se quejó Tamargo.

—No, no se trata de eso —se defendió Fili—, ya la historia de este país ha demostrado que en más de cien años esta nación necesita algo más grande que la mantenga en buen camino, sin las matanzas políticas, sin las purgas de elementos de la oposición, sin los extremistas, de derecha o de izquierda, no importa, apoderándose del poder para luego hacer lo que quieran aun en contra a los principios por los cuales fueron electos. Ah, y eso, suponiendo que fueran electos legalmente sin trampas ni compra de votos. ¿Me explico?

—Bueno, a mí me parece que tu punto de vista está un poco exagerado. Nuestro vino es agrio, pero es nuestro vino. Yo, que siempre viví en la Isla, me apunto con Ortiz, candidato presidencial por el Partido Demócrata Cristiano... —dijo Tamargo.

—Y ¿eso por qué? —preguntó Fili.

—Pues, Ortiz propone que nosotros somos básicamente un pueblo cristiano de individualistas, a nadie aquí le gusta que le digan lo que tiene que hacer. Eso del socialismo fue una aberración de la historia; al país se le agarró de sorpresa, atolondrado con la dictadura del Indio, y, ¡paf! vino el Caballo y le dio un garrotazo a la nación con aquello de que si los yankis no nos daban chance para progresar, de que los rusos sí ayudaban y le dejaban mandar, y que patatín patatán —contestó Tamargo.

—Sí —interrumpí—, los rusos lo dejaban mandar dentro del país, pero afuera le dictaban la política a seguir. ¿Te acuerdas de las guerras del África y luego Nicaragua, por no decir nada de Granada? No hay banquete gratis en este mundo. Tarde o temprano el que te da una mano, te pasa la cuenta con la otra.

—Pues, mira —dijo Fili— yo prefiero que esto sea otro estado de la Unión Americana, protegido por las leyes y la constitución; en donde yo sepa que me voy a levantar por la mañana con el mismo gobierno bajo el cual me acosté a dormir la noche anterior.

—Además —añadí—, por muchos factores la Isla siempre ha sido, de facto, una especie de apéndice de la Unión Americana; comercialmente, culturalmente, aunque muchos lo nieguen, siempre imitábamos a los yankis, aun durante el reino del Caballo, los Levis era los reyes de la calle; los jóvenes daban lo que no tenían por un par de pantalones mecánicos, y ni hablar de la música, ¿se acuerdan del Rock an' Roll y del Rey?

—Bueno, bueno, no exageremos —dijo Tamargo—, hay muchas diferencias culturales a un nivel más profundo que la música y el vestido... lo nuestro es una tradición básicamente española; a base de orégano y aceite de oliva.

—Ja, ja, ja —rió Fili en son de burla—; y que no se te olvide el mojo de ajo y la yuca criolla; tan criolla como las palmas... Mira, date cuenta, Tamargo, que eso se come lo mismo en Nueva York; hasta los yankis le meten en la costura a los moros con cristianos y platanito maduro frito. Lo más importante ahora son las garantías constitucionales; el derecho a libre expresión; lo demás es bobería; en su casa, cada uno hace lo que quiera con la cultura, pero en la calle, yo quiero que se me respete como yo respeto a los demás. Para mí, la única solución es la anexión y pronto.

—Bueno, bueno —añadió Tamargo—, no olvidemos que, como dijo uno de los yankis de la Primera Intervención, «Dios nos hizo vecinos, pero la justicia no nos ha hecho amigos». Ha habido mucho relajo en este país desde aquellos días, y la cosa se fue empeorando con el tiempo.

—Ah, claro —continuó Fili—, pero date cuenta que en aquel tiempo una intervención era más o menos como explotar una colonia... yo hablo de una anexión total, con los mismos derechos y deberes que cualquier otro estado; como La Florida, por ejemplo, tiene su bandera, su gobernador, sus leyes estatales; pero, al mismo tiempo, tiene una CONSTITUCIÓN federal que te protege al ciudadano cien por ciento. Así sí que seremos amigos.

—¡Sálvame de mis amigos! como diría Voltaire —concluyó Tamargo.

—Yo creo— dije— que lo más importante para la Isla en estos momentos es desarrollar la economía, y después, ya veremos, ¿no? Y hablando de economía, ¿saben lo que me dijo un profesor español del Canadá que había vivido un tiempo en la Isla?

—No, ¿qué te dijo? —preguntó Tamargo.

—Me dijo lo siguiente: que el socialismo en la Isla había tenido logros sobresalientes en la educación y en la salud, los que se le ofrecen gratis al pueblo; pero lo que no funcionaba del socialismo era la economía, y no sólo en la Isla, sino en todo el campo socialista.

—Un momento, no tan rápido —dijo Tamargo—; sería errado pensar que la educación y la salud sean gratuitos en la Isla; de hecho, un trabajador que reciba el equivalente de 20 dólares de salario al mes está pagando impuestos exorbitantes al estado; por lo tanto no podemos decir que la educación y la salud sean gratuitas en la Isla, nunca lo han sido; a mí me consta, ya que viví aquí siempre.

—Todo esto podría organizarse de otra manera, a lo capitalista —dijo Fili—; recuerdo que en la Isla republicana había clínicas privadas donde uno se abonaba por una cuota mensual y tenía una especie de seguro médico que lo cubría en caso de enfermedad. Por ejemplo, estaban los sanatorios de la Colonia Española.

—Sí —intervino Muñoz—, pero si uno no tenía trabajo, digamos uno estaba en pleno tiempo muerto, ¿con qué diablos iba a pagar las cuotas mensuales de la clínica?

—Bueno —dijo Filiberto—, ahí volvemos a la cuestión económica que te dijo el español que no funcionaba en el socialismo, pero tampoco funcionaba para una parte de la sociedad durante la república, como el ejemplo de Muñoz indica.

—Oye —dijo Tamargo cambiando un poco el tema—, ¿de qué sirve tener una fuerte economía si no se tiene religión? Cuando murió mi padre me sumí en un vacío espiritual; fue en aquel momento cuando envidié sobremanera la simple fe del creyente. Nunca pensé que le echaría tanto de menos a la religión de mi niñez. Fue en aquellos días lúgubres que me empaté de nuevo con la fe de mis abuelos, y empecé a ir a misa y comulgar.

—¿Así fue como te metiste en problemas con la Revo? —pregunté.

—Así mismo fue... todo empezó muy inocentemente en una reunión de antiguos miembros de la Acción Católica... no sabíamos que estábamos infiltrados por agentes del DSE.

—¿Del qué?

—Del DSE, chico, el Departamento de la Seguridad del Estado

—Y ¿qué? ¿los arrestaron en seguida?

—No, al principio no. Nos dejaron seguir reuniéndonos, pero siempre vigilados sin que nosotros lo supiéramos, por supuesto.

—Y ¿qué hacían en las reuniones?

—Nada, rezar más que otra cosa... y hacer listas de infracciones de la Revo contra los derechos humanos para después reportarlas a organismos internacionales.

—Y ¿supieron quién los traicionó?

—Sí, fue un joven de Placetas; Vicentico se llamaba. Trabajaba para el DSE según averiguamos demasiado tarde.

—Qué lástima, tú. Y ¿qué les hicieron?

—Nada, nos hicieron juicio y me metieron a mí y a otros tres del grupo; o sea, a los dirigentes, en el Combinado del Este.

—¡No me digas, tú! Oye, eso era como un campo de concentración según tengo entendido.

—¡Lo dirás jugando! Así mismo era. Al principio nos daban palizas diarias para ablandarnos y que habláramos, pero como no teníamos más que decir, sino lo de las listas y rezar como te dije, pronto nos dejaron tranquilo. A mí me pusieron en una celda con un mulato albañil, bien buena gente. Faustino se llamaba.

—¿También estaba en tu grupo?

—No, él no. A él lo agarraron quejándose de que no encontraba material para su oficio; así hablando en una cola mientras esperaba su turno para pollo o algo así. Y quién te dice a ti que ahí mismo estaba un jefe del comité del barrio, pero ni siquiera de su propio barrio, sino de otro. Ese fue el que dio el chivatazo y ahí mismo se lo llevaron.

—Y ¿qué tiempo le echaron?

—Le salieron dos años, pero como tenía oficio al principio no lo mandaron al Combinado, sino que lo pusieron en un destacamento especial de presos asignados a obras públicas. Pero como seguía quejándose, pronto acabó conmigo en el Combinado. Oye, las cosas que me contó ese mulato... no, no, es para caerse pa' trás.

—¿Qué te contó, chico? —preguntó Fili.

—Que qué me contó... pues mira, que un día estaban asfaltando una calle por allá por Luyanó, y llega la hora del almuerzo. Había un negro grande y fuerte en su destacamento y lo único que estaban dando pa' comer era un pozuelito de plástico con arroz con frijoles. Al moreno se le ocurre pedir dos, alegando que el era muy grande y fuerte... El que repartía la comida le dijo que se olvidara de eso y que siguiera moviéndose que estaba demorando la fila. Quién te dice a ti que el negro se enfurece y le suelta una trompada en los mismos hocicos del guardia, que cae para atrás. Inmediatamente, dos guardias que estaban por ahí, ven el incidente y calan sus bayonetas. Uno de ellos se le acerca y le dice:

—¡Atrás, negro, atrás! —amenazándolo con la bayoneta.

Pero el negro ya estaba fuera de sí, con el hambre, el mal trato, la sangre que veía correr por la cara del guardia que estaba en el suelo... ya nada ni nadie podría sujetarlo; así que decidió seguir avanzando hacia la comida. En eso que el guardia le raja el vientre con la bayoneta y el negro cae de rodillas al suelo, pero con las dos manos se agarró los intestinos que ya empezaban a desenrollársele a medida que se le salían por la herida.

«¡No te tires al suelo, negro, levántate!» —le empezaron a gritar los demás prisioneros; pues era sabido que una vez que los intestinos tocan el suelo se infectan y eso sí que es gravísimo. Casi siempre muere la víctima. De manera que el moreno se levantó como pudo, y casi al acto trajeron un camión, lo montaron en él boca arriba y se lo llevaron al Calixto García.

—Y ¿murió el moreno? —indagó Fili.

—No, pa' que tú veas como son las cosas, después alguien le dijo a Faustino que había sobrevivido; pero eso sí, nunca más podría tener hijos.

—Y ¿qué más viste? —le pregunté a Tamargo.

—Pues ya te puedes imaginar: abusos y más abusos. Así son las cárceles en todo el mundo, me imagino. Lo único que aquí no tenías quién te protegiera o abogara por ti. Por ejemplo, en la celda de enfrente a la mía, había un jovencito como de dieciocho o diecinueve años y era un poco gallito, no se quedaba callado sobre todo por la noche después del toque de queda. Vinieron tres combatientes...

—¿Combatientes?

—Sí, así le llamaban a los soldados, a los guardias en la jerga de la cárcel.
—Ah, OK.
—Bueno, vienen tres soldados y lo sacan a patadas de la celda. El muchacho aun así no se calla; al contrario, les mienta la madre, y ahí fue Troya. Agarraron los bastones que siempre llevan a la cintura y me le han dado un subi que pa'qué te cuento. Imagínate que tuvieron que llevárselo pa' la enfermería, donde finalmente no le pudieron salvar un ojo que se le había salido de la órbita con la mano de palos que le dieron.
—¡Qué horror! Y ¿esos son los ejemplos del hombre nuevo, Tamargo?
—Sí, ahí está el HOMBRE NUEVO, el soldado de la Revo es un ejemplo clásico de como un movimiento que tenía como uno de sus principios acabar con las diferencias entre el militar y el civil, que se vieran y trataran como hermanos, degeneró en estos actos de barbarie... ¡peor que en tiempos del Indio!
—Demasiado poder, Tamargo; demasiado poder en manos de unos cuantos nada más —añadí—. Ese fue el problema principal de la Revo; quizás empezó con muy buenas intenciones, pero pronto se convirtió en un dragón echa candela.
—Lo que yo viví en ese Combinado no tiene madre: hacinamiento en las celdas; empezamos Faustino y yo, pronto éramos diez en una celda para cuatro. Dos veces al día te daban de comer, pero casi nada: sopa de gallo; que es agua sucia con azúcar, y picadillo de soya, a veces. De postre un dulce hecho de harina y azúcar na'más.
—Oye, ¿y cómo sobrevivían? —preguntó Fili.
—Bueno, yo tenía la suerte que en mi familia nadie fumaba ya, y, como tú sabes, los cigarros era el dinero en la prisión. Todas las semanas, cuando venía mi familia a visi-

tarme me traían cantidad de cigarros... yo hice capital con los cigarros; compraba de todo en el mercado negro, que también reinaba en el Combinado. Así sobreviví los tres años y dos meses que me salieron por rezar y hacer listas para las organizaciones de derechos humanos.

Una bella rubia, muy alta, de ojos azules entró taconeando duramente en el piso de la barra del Plaza. Los cuatro detuvimos la conversación y volteamos la cabeza para observarla. Pasó rápidamente por al lado de nuestra mesa, saludó a alguien en una mesa lejana a donde se dirigió.

—¡Qué ejemplar de belleza nórdica! —dijo Muñoz.

—Está como pa' comérsela —continuó Fili.

—Oye, 305, me acuerdo vagamente que tú estabas enamoradizo de una bella rubia de ojos azules como ésta, a la que todos perseguíamos desde lejos cuando pasaba en la guagua del Merici —interrumpió Tamargo.

—¡Coño, qué memoria tienes, Tamargo. Ni un elefante! —le dije.

—Oye —continuó él—, y ¿qué se hizo de ella? ¿La volviste a ver después de aquel bailecito en el Merici?

—Sí, la vi varias veces —dije barajando la memoria para encontrar el naipe indicado—; pero, para que veas lo que son las cosas, esa fue mi única experiencia religiosa de aquellos tiempos...

—¡No me vengas a contar que te pasó como al Dante! —añadió Fili empezando la jarana.

—No, no —dijo Tamargo más en serio—, el enamorarse es muy similar a la experiencia religiosa según muchos estudiosos de la materia. Pero, en fin, dinos qué pasó con ella.

—Pues, nada, que en aquel baile del Merici, me dio a entender como que era peligroso aventurarme en plan amoroso con ella; al mismo tiempo, con los ojos me ponía la luz verde como diciéndome «¡Atácame, atácame. Me gustas mucho!».

—No, así son las jevas, caballo —metió la cuchara Fili—; el tira y afloja eterno. Cuando te dicen que no, quieren decir que sí, y viceversa ...

Diana no se dejaba ver. Por mucho que corriera y gritara su nombre al lado de la guagua del Merici los domingos, no conseguía verla, aunque suponía que venía escondida detrás de otras muchachas.

Cuando tenía salida, me las ingenié para ir al Yacht, pero ni rastro de ella. Se la había tragado la tierra, y por lo tanto, mis depresiones iban de mal en peor. En una de esas salidas, tío Ababo que me llama por teléfono a la Academia, y me dice:

—No te olvides de traer tu uniforme de gala, pues este sábado hay un baile formal en el Yacht, y quisiéramos, tanto tu tía como yo, que nos acompañaras.

—Sí, tío Ababo, ya tendré todo listo. Te espero en la entrada de la Academia.

El sábado como a eso de las ocho de la noche, tío Ababo, Maíta y yo llegamos al Yacht. La orquesta tocaba en el jardín un viejo danzón, mientras varias parejas de todas las edades bailaban al compás de la música.

Pensé que posiblemente Diana no se aparecería por allí aquella noche, ya que había desaparecido por completo de mi vida. Sin embargo, para mi sorpresa, allí estaba. Lejos de la tarima arriba de la cual tocaba la orquesta, Diana bailaba con un hombre mucho mayor que ella, como de unos 30 años. Aunque vi que ella me miró a los ojos momentáneamente, no quise acercármele. Algo me decía que ella no quería verme en aquel momento, que algo le impedía seguir el llamado de Cupido, y que ese llamado de Cupido era yo.

Pretendí no verla y me fui a tomar algo a la barra. Después salí al jardín con mi trago y me senté en una mesa a mirar distraídamente la noche sin estrellas que cubría, allá arriba, todo el firmamento.

De repente siento un toquecito en el hombro, me volteo y ahí está ella, como si nada, desplegando su bonita sonrisa de adolescente sin ningún problema en la vida, pero algo me decía que sí había problema, y ¡bien grande!

—¿Qué haces por aquí? —dije pretendiendo que no la había visto antes.

—Nada... —dijo con los ojos ya llenos de lágrimas.

—¿Qué pasa? —pregunté sorprendido, levantándome y dejando el vaso en la mesa.

La agarré de los brazos y la estreché en mi pecho. Ella se dejaba hacer. Lloraba. Saqué el pañuelo y le sequé los ojos.

—No llores. Dime qué es lo que pasa... no es el fin del mundo.

—Estoy... estoy aquí con mi prometido...

—¡Qué dices!

—Con mi prometido.... Te he mentido mucho... ya sé que nunca me perdonarás.

—¿Prometido, prometido, qué prometido? —tuve que bajar la voz pues algunas parejas lejanas se voltearon hacia mí.

—Perdóname... no sabía cómo decírtelo... estoy comprometida con un hombre al que no quiero... es una cosa de nuestras familias...

—Bueno, no llores más... eso se puede arreglar.

—No, no tiene arreglo... pero yo nada más que te quiero a ti —dijo apretándose contra mí.

La besé en los ojos que sabían a sal. Busqué su boca y la besé en los labios primero, y después le introduje la lengua en la boca hasta encontrar la suya. Titubeando, se apartó violentamente de mí, y salió corriendo a refugiarse, como en aquel baile en el Merici, en el cuarto de las damas. Esta vez no la iba a dejar irse sin una explicación cabal a todo lo que ocurría entre nosotros. Ya estaba harto de tonterías, pensé.

Mientras esperaba, vi que el hombre con quien estaba, el prometido, regresaba al jardín con dos vasos en las manos. Era alto y delgado. Tenía un bigotico tipo Clark Gables. Me di cuenta que la buscaba con la vista, y al no encontrarla, puso las bebidas en una mesa, y se sentó en una silla a esperar.

Sin saber qué hacer sin que él nos viera en caso de que ella saliera del cuarto de las señora, me armé de valor, conté hasta tres y me metí en el cuarto de las señoras.

—Diana, Diana, ¿dónde estás? —empecé a buscar de cubículo en cubículo.

Dos jóvenes muchachas que se peinaban en frente del espejo, recogieron sus cosas a la carrera y salieron corriendo del local sin chistar. Al fin, en el último cubículo desde la entrada, la encontré sentada en la tapa del inodoro. Estaba soplándose una nariz muy roja.

—No nos podemos ver más —me dijo entre hipos histéricos—; alguien le dijo a mi mamá que te habían visto bailar conmigo en el baile del Merici, y mi mamá me prohibió terminantemente verte más.

—Bueno, pero esto se puede arreglar, ¿no? Es cuestión de hablar con tus padres y ...

—No, no, tú no entiendes... ellos no van a entender tampoco cuando tú les hables de nosotros... así son, chapados a la antigua... No hay nada más que hacer ni que decir...

Se sopló la nariz de nuevo y comenzó a llorar.

—Mira, allá afuera está tu prometido, vamos a salir por allá atrás, por la ventana esa, ¿OK? Así podremos hablar tranquilos por la piscina... no hay casi nadie por allá.

—Bueno —dijo levantándose y dándome la mano.

Una vez fuera, Diana se me abrazó fuertemente. Estábamos recostados a un enorme árbol; la luz era casi inexistente. La besé dos o tres veces.

—No puedo verte más, no puedo verte más... esto me está volviendo loca —dijo repentinamente y me abandonó corriendo hacia el edificio principal.

—Inútil fue todo lo que hice por verla de nuevo —dijé—; desapareció por completo de mi vida. Alguien me dijo que ya no iba al Merici, se salió a medio semestre. Otros me dijeron que la mandaron al Norte a estudiar. Lo cierto es, que nunca más la vi, y me dejó una llaga muy profunda en mi alma... fue sin duda una experiencia religiosa para mí, y nunca jamás tuve una semejante... pero ¿cómo pasamos a este tema? ¿No estábamos hablando de economía y política?

Sí, pero todo va junto: el amor, la economía, la patria, la religión —dijo Muñoz.

—Estoy de acuerdo —recalqué—; y un ejemplo clásico de esto es la relación que tenía el Caballo con la Revo; era su novia, su amante, su único amor... en fin, era su religión.

—Sí —añadió Tamargo—, y, por eso siempre se mantuvo tan celoso de la Revo y no dejaba a nadie que la dirigiera, sólo él podía tocarla.

—Así mismo fue; pero si te pones a pensar —dije— ¿a qué hombre le gusta compartir a su mujer con otros? ... ¡A ninguno! Lo mismo le pasó también a Hitler con su mujer; y no me refiero a Eva Braun, no; ella no fue nunca su verdadera mujer, su verdadera esposa siempre se llamó Alemania. Vivió, sufrió y murió por ella. Como todo enajenado consumido por su tema. Toda una experiencia religiosa, si me preguntan... pura mística... si San Juan de la Cruz hubiera sido político, hubiera quemado más herejes que el mismo Torquemada... Mira a Savoranola... otro loco visionario... se aferran a una idea fija, ya sea el poder del estado, los pobres, una mujer, la misma idea de Dios; y todo lo que les digas en contra es pérdida de tiempo. Sólo tienen ojos para su amante, la cual nunca puede hacer nada mal ni equivocarse.

—Bueno, en fin, vuelvo a repetir mi pregunta —dijo Tamargo—, ¿de qué sirve tener una fuerte economía si no se tiene religión?

—No, si tienes toda la razón —contesté—; sin religión no puede haber patria, y lo opuesto es también una verdad irrefutable; es por eso que yo, todas las noches, le rezo a mis santos tutelares; empezando con San Dólar Americano... mi letanía es simple:

—San Dólar Americano ... *roga pro nobis.*
—Santa Hipoteca
— *¡Roga pro nobis!* —respondieron todos en coro.
—San Interés Compuesto
— *¡Roga pro nobis!* —continuaron la broma.
—San Peso Criollo
— *¡Roga pro nobis!*
—Santa Bolsa de Valores
— *¡Roga pro nobis!*
—Santa Wall Street
— *¡Roga pro nobis!*
—Santa Marina Mercante
— *¡Roga pro nobis!*
—Beato J. Pío Morgan
— *¡Roga pro nobis!*
—SAN CAPITAL —concluí—, ¡LIBÉRANOS SEÑOR! ¡Y AMPÁRANOS DEL MARXISMO! ¡PER SECULA SECULORUM!

—¡AMÉN! —gritamos todos levantando los vasos a manera de brindis.

16

REUNIÓN

No nos resignamos a vivir sin patria.
J.M.

LA REUNIÓN de la Legión Jíbara en la capital de la Isla se había propuesto para el mes de mayo, principalmente por el simbolismo del 20 de Mayo, cumpleaños de la República, y también para que la visita coincidiera con que Tamargo y Muñoz estuvieran de vacaciones de las obligaciones laborales impuestas por sus cargos en el recién instaurado Ministerio de Hacienda, en donde, décadas antes, habían ocupado altos cargos sus respectivos padres: don Tamargo y don Muñoz.

Después de la visita de Muñoz y Tamargo en el Hotel Plaza, Fili y yo nos dispusimos a subir a nuestra habitación, y prepararnos para el resto del día, puesto que todavía era temprano en la tarde.

El Hotel Plaza no había cambiado nada desde la última vez que mi padre y yo nos hospedamos en él hacía más de medio siglo; las chucherías para los turistas se exhibían como antaño en los mostradores situados en los portales del hotel; piel de caimán casi todo. Y, claro, el salón de juego con las mesas y los *croupiers*, las máquinas traganíquel, verdaderas bandidas de un solo brazo, habían todos desaparecido, y en su lugar, el salón albergaba un pequeño restaurante estilo cafetería yanki.

Nos habían dado una habitación en el segundo piso. Era amplia y ventilada, como recordaba que eran casi todas en aquel hotel criollo clásico de a principios del siglo XX. Los techos, muy altos y adornados, delataban un no se qué de grandezas pasadas.

Después de un corto descanso, bajamos para irnos a comer algo. Caminamos por el Prado y luego llevé a Fili a ver si el restaurante chino, donde fui tantas veces con mi padre a almorzar, estaba todavía en pie. Para mi sorpresa, ahí estaba, a sólo unas cuadras del Plaza. Entramos y pedimos el famoso chop suey del Dragón Dorado.

El camarero, que era también el nuevo dueño, nos dijo que el dueño de antaño fue al exilio por segunda vez con toda su familia; primero escapó de las hordas rojas de Mao y más tarde pidió asilo en Miami huyéndole al Caballo. Murió en el exilio; rico, dueño de un suntuoso restaurante chino en Daytona Beach.

Después de almuerzo, nos fuimos en el carro de Fili a pasear por la capital. Hacía cerca de medio siglo que ni Filiberto ni yo poníamos pie en aquella antiquísima y grandiosa ciudad.

La capital estaba totalmente desconocida —contrastada con ciertas fotos y videos que habíamos visto de ella en el Norte a través de los años— después de que el capital avasallador había hecho su entrada triunfal en casi todos los ámbitos mercantiles del país hacía apenas unos meses. El PESO parecía rejuvenecido con las inyecciones de capital que había recibido la Isla a manos de inversionistas extranjeros, después de más de cincuenta años de devaluación continua. En la calle, había recibido el apodo de «El Libertador» —mote que no tenía nada que ver con el «bolívar», el cual había estado declinando vertiginosamente en el mercado internacional durante años debido a los desastres económicos perpetrados por el gobierno del oscuro «libertador» bolivariano del Siglo XXI, fallecido recientemente.

Decidimos reunirnos en el viejo plantel de la Academia, o lo que quedara de ella; ya que de escuela de la Revo había sido convertida en un balneario y spa de belleza; primero para satisfacer exigencias «pequeño burguesas» de altos miembros del politburó soviético, y luego, después de la desintegración total del Imperio del Mal, fue utilizado principalmente por turistas canadienses, europeos y mejicanos, quienes, aprovechando la tasa de cambio favorable a sus respectivas monedas, no tenían escrúpulos de contribuir con sus dólares al mantenimiento de una dictadura totalitaria de izquierdas que diezmaba lentamente a su pueblo, ya que esas divisas iban directamente a las arcas del gobierno, y no al pueblo.

Durante nuestro paseo notamos que las obras públicas encaminadas a la recuperación del, ahora en ruina, patrimonio arquitectónico de la capital —abandonado antiguamente a favor de armas y aviones según viejas obsesiones de algunos dirigentes de la Revo— estaban en su apogeo ahora por dondequiera que se transitara; por ejemplo, un grupo de obreros retiraba los barrotes que apuntalaban los balcones en declive de una mansión de fines del XIX después de haber hecho las reparaciones correspondientes a toda la casa. Al mismo tiempo, se veía la labor del nuevo Ministerio de Obras Públicas en el saneamiento de toda la capital, revitalizando cañerías, reparando cloacas, y haciendo mejorías salubres en el Basurero Municipal.

A propósito del «Basurero Municipal», fue precisamente en aquellos días de nuestra llegada a la capital, cuando se discutía qué hacer con la momia del Caballo, que había estado expuesta, desde su muerte hacía ya algún tiempo, en un mausoleo especial en medio de la Plaza de la Revo — bautizada recientemente Plaza de la Libertad.

Un blog en el Internet había comentado al respecto:

«La momia estalinista del Caballo yacía en capilla ardiente al estilo del Kremlin. Un cáncer, tal como el que había corroído a la Isla por más de cincuenta años, finalmente había hundido sus garras en el colon del Caballo, reduciéndolo, de bello ejemplar de atleta greco-latino, a un miserable guiñapo humano, a quien se le había visto de vez en cuando, en noticieros internacionales, disfrazado con un mono azul, rojo y blanco, exhibiendo una vez más los colores patrios de la Isla. Con esta indumentaria, arrastraba una pierna tras otra sobre una rueda de ardilla, tratando en vano de alardear de su salud, aun dadas las circunstancias médicas —bien conocidas por todos— en que se encontraba».

Muchos ciudadanos eran partidarios de que la momia fuese abandonada en el Basurero Municipal, otros preferían que fuera enterrada en el Estercolero Público sin más contemplaciones. Por fin, el nuevo gobierno provisional republicano decidió convocar una subasta internacional entre distintos museos y venderla al mejor postor. Es de notar que un senador propuso, en reunión plenaria de la Cámara y el Senado, que además de notificar a los muchos museos del mundo, se les informara también a otros tantos circos del planeta, quienes posiblemente estarían dispuestos a participar en la subasta, y quizás, hasta con mayor capital disponible que los museos, entidades gubernamentales al fin y al cabo.

La metamorfosis monumental que iba llevándose a cabo en la Isla no tuvo lugar de la noche a la mañana, ¡no! Todo empezó cuando el Congreso de la Unión Americana resolvió casi unánimemente suspender el llamado «bloqueo» de la Isla, el cual, establecido hacía varias décadas, no sólo no había hecho mella alguna al gobierno totalitario imperante, sino que, indirectamente, había fortalecido a aquél, al presentarle la oportunidad de controlar totalmente el poco capital con que contaba la Isla para abastecerse. Así, el gobierno podía tomar la libertad de expedir libretas de racionamiento, por ejemplo, y decidir, en último término, quién comía y quién no. Después de todo, decían los marxistas, era culpa de los yankis que el pueblo no comiera, y no del gobierno totalitario que utilizaba a su favor los errores de economías mal entendidas cometido por su vecino del norte.

Una vez fallecido el Caballo, los caciques revolucionarios empezaron a repartirse el botín; algo así como lo que sucedió en la antigua Yugoslavia una vez desaparecido Tito. Algún diputado del gobierno de la Revo propuso a la Asamblea Nacional extender una invitación más generosa al capital extranjero para invertir en la Isla, concediendo, por supuesto, ciertas garantías a tales inversiones, y aun compensando a antiguos inversionistas extranjeros, quienes habían sido víctimas de expropiaciones no compensadas durante el período «comecandélico» de la Revo, allá a finales de la década de los cincuenta y principios de la de los sesenta.

Detrás de todos estos cambios estaba un tal Josep Torres Catalán (alias «Pepito») español de nacimiento. Pepito había sido el dueño de una infructuosa agencia de viaje en Barcelona. Antes de quebrar dicha agencia, tuvo contactos con pejes grandes vinculados con el tejemaneje de algunos generales de las fuerzas armadas de la Isla.

Entre mujeres, tragos y cocaína, aprendió de muchas de estas operaciones turbias en que estaban involucrados altos miembros de la nomenclatura nacional.

En una de sus muchas visitas a la Isla, en medio de una tremenda borrachera, se dispuso, con un compañero de juerga a desarmar una máquina ATM, que ya comenzaban a aparecer en la Capital.

Al ser arrestado, balbuceó algo de dichas operaciones y los agentes de la policía lo reportaron a la Seguridad del Estado. En fin, Pepito acabó en una celda de Villa Marista, en donde miembros de la Seguridad esperaban a que estuviera sobrio para interrogarlo cabalmente.

Después de una buena paliza, Pepito cantó como un canario. Mencionó algo de una tal «Operación Salsipuedes» que tenía que ver, según él, con la producción de DVD pornográficos destinados al mercado extranjero. En su delirio, Pepito mencionó ciertos nombres de ciertos generales, lo cual fue causa de que lo condujeran a un salón con una mesa muy larga en el centro, rodeada de sillas de tijera. Pepito esperaba el fin del mundo

Aún esposado, lo sentaron en una de las cabeceras de la mesa. Acto seguido, empezó a entrar una serie de oficiales de alto mando a juzgar por sus galones.

Pepito explicó lo mejor que pudo su situación y balbuceó algo de que lo perdonaran, y que la borrachera de la noche anterior le había aflojado la lengua y que nunca volvería a suceder. Al mismo tiempo, se le ocurrió mencionar algunos de los negocios que había hecho en la Isla y nombres de algunos antiguos socios, quienes, según dijo, responderían por él.

Uno de los generales salió del salón y Pepito pensó que iría a verificar su historia. Cuando regresó como en unos veinte minutos iba acompañado de un agente de la Seguridad.

—Quítele las esposas —dijo sonriente— y tráigale algo de tomar.

—Gracias, general —añadió Pepito, sintiéndose mucho más calmado.

—A ver, Torres, cuéntenos algo de su vida —continuó el general siempre sonriente.

—Pues bien, usted ya debe saber quién soy y a qué me he dedicado en los últimos quince años... viajes y paquetes de turistas a la Isla. Ahora tengo un proyecto que les va a interesar a todos aquí. Se trata de montar industrias ligeras en lugares claves de la Isla.... fábrica de pilas eléctricas, de zapatos, de productos alimenticios, etc.

Todos se echaron a reír estrepitosamente al mismo tiempo.

—Ah, y quizás también una fábrica de ventiladores pa' vendérselos a los esquimales —dijo uno de los generales.

Ahora el salón se cayó de la risa. Todos tenían la vista fija en Pepito, quien, atónito, dirigía la mirada de una cara a otra.

—Tengo un socio en Miami, Gaspar Pumarejo Junior, que está muy bien relacionado en los Estados Unidos —dijo tratando de ocultar su ignorancia del origen de aquella risa que repercutía contra las paredes del salón.
 «¿De qué se reirá toda esta gente», pensó sin atreverse a preguntar.
 —Amigo, ¿usted ha oído hablar del bloqueo que el Coloso del Norte ha impuesto sobre la Isla?
 —Sí, señor. Lo conozco. Pero hecha la ley, hecha la trampa. Como dije, mi socio tiene muy buenas relaciones políticas en el Norte. Con su ayuda se puede burlar fácilmente ese bloqueo.
 —A ver —dijo el general que parecía dirigir el grupo—. ¡Explique!

Al cabo de media hora de conferencia, se abrió la puerta del salón y los oficiales salieron. Unos segundos después dos agentes entraron en el salón, condujeron a Pepito a la pequeña oficina a la entrada del edificio, le devolvieron sus pertenencias y le indicaron dónde cambiarse antes de dejarlo en libertad.

Pepito apenas podía creer la buena suerte que había tenido en este asunto. Viajó a Miami, y lo primero que hizo fue llamar al Puma —como llamaban a Junior Pumarejo— y contarle su aventura en la Isla.
 —Ven, ven a mi casa en cuanto puedas —le dijo el Puma—. Esto hay que hacerlo pero que ya, ahora que todavía está caliente.

En pocas semanas, el Puma y su familia ya estaban instalados en la Isla en una de las suntuosas mansiones de Miramar. El Estado le había concedido toda una hora de programación en el Canal 6, desde donde anunciaba no sólo los nuevos proyectos industriales de la nación, sino su propio producto, confeccionado recientemente en la Isla bajo contrato especial con el gobierno: los famosos CHORIPANES, como los que promovía su padre en los cincuenta en el entonces Canal 12.

No le llevó mucho tiempo al Puma, con su don de la palabra y su carisma sin igual, para convencer a muchos miembros de la Asamblea Nacional, y a los generales con los que había comenzado sus negocios de industrialización, a promover la apertura de la misma a la pluralidad de partidos políticos. Este hecho fue el principio del fin de la Asamblea que acabo disolviéndose a sí misma adoptando un gobierno provisional bajo las líneas de la Constitución del Cuarenta.

El propio Puma formó con antiguos miembros de la Asamblea y unos cuantos generales el Partido Capitalista Popular (PCP), aprovechándose así de esta sigla para darles en la cabeza a los comunistas, que tuvieron que adoptar otra vez el viejo nombre de su partido: el Partido Socialista Popular.

Desde aquel momento, el CAPITAL entraba a borbotones en la Isla.

Junto con el capital, llegamos nosotros a la Isla: Filiberto y yo. Habíamos hecho la travesía del Estrecho de la Florida en el *ferry* desde Cayo Hueso —restaurado recientemente— para darnos cuenta de cómo eran esos viajes en los años cincuenta desde la ciudad americana hasta la Urbe Capitalina. Además, Filiberto quiso llevar su carro, ya que en la Isla era difícil conseguir alquilar uno debido a la tremenda afluencia de turistas norteamericanos y naturales de la Isla. Estos últimos regresaban del exilio desde que, como ya mencionamos, el nuevo gobierno provisional republicano había sido establecido en la Isla hacía sólo meses, y había revivido la Constitución del 40. De esta manera, se abría el camino para futuras elecciones libres, en las que, por supuesto, se permitiría la participación de innumerables partidos políticos de derecha, centro y, aún, de izquierda. Al mismo tiempo, se establecía un plazo limitado de tiempo para que candidatos que se hallaran en el exilio tuvieran la oportunidad de trasladarse a la Isla y participar en los comicios.

Desgraciadamente, la transición no fue exenta de excesos y atropellos: turbas en la Urbe Capitalina acorralaron a ciertos miembros de la ya difunta Asamblea Nacional y, atándolos por los pies de la defensa de carros, los arrastraron sin misericordia hasta que sus cuerpos semejaban una pulpa sanguinolenta. Algunos abuelos decían que estos incidentes les recordaban la caída de Machado por allá por el 33. Muchos de los linchados ahora habían sido tristemente célebres como diputados del Partido Comunista. También fueron arrastrado algunos dirigentes del ejército y la milicia. El mismo hermano del Caballo, el Número Dos, escapó milagrosamente una turba que saqueó más tarde su casa, arrastrando a edecanes y perros. Alguien de la Asamblea le pasó el aviso de su disolución inminente, y, antes de que esto ocurriera, se escapó en un avión y pidió asilo a los herederos del dictador bolivariano, viejo amigo del Caballo.

Pero el capital avasallador, como hiciera el Nevado del Ruiz en Colombia en el 85 con ríos de lodo, seguía empujando con su flujo la economía nacional, sin que nada ni nadie pudiera detenerlo; por doquiera que pasaba dejaba sus frutos liberadores: aquí surgía una bodega de la esquina, allá una venduta china, acullá un puesto de Cafeteras Nacionales, donde hermosísimas hembras avisaban con un timbre que ya estaban colando. Más allá abría sus puertas una botica de barrio. Toda una serie de vendedores ambulantes peinaban las calles de las ciudades inundándolas con sus pregones; entre ellos se distinguía al afilador de tijeras, quien venía cuesta abajo tocando su filarmónica. Las quincallas, verdaderos Five Cents Stores, pretendían hacerles la competencia a los grandes comercios como Fin de Siglo, El Zorro y El Encanto reabiertos recientemente. Los vendedores de durofrío se batían con los heladeros Guarina, que subían las cuestas empujando sus carritos refrigerados llenos de helados al compás de sus múltiples campanillas. Las fábricas de Cuquito, Ironber y Materva empezaron a funcionar, empleando centenares de hombres y mujeres.

Después de mucho pasear por la Urbe Capitalina y notar grandes cambios económicos, regresamos al Plaza a descansar, pues se hacía tarde y estábamos exhaustos.

Al día siguiente, el 20 de mayo, iniciamos nuestro viaje a la Academia, en donde habíamos quedado de encontrarnos con Muñoz, Tamargo, Montaner y Félix. Una vez en el carro de Fili, continuamos notando y comentando él y yo todos los cambios que veíamos en la Urbe.

La Lotería Nacional, por ejemplo, quedó constituida por orden del nuevo gobierno, pero, contrariamente a la usanza antigua, se organizó una comisión para supervisar la distribución de los fondos involucrados en este juego de fortuna para así cerciorarse de que iban a aumentar el caudal de la Beneficencia y Obras Públicas, y no que fueran malversados como antaño.

—Sí, eso fue un gran mal de la república cuando era república —dijo Filiberto estacionando su carro en la parada de ómnibus «La Playera» en la Playa de Jaimanita—; para qué negarlo: la malversación era rampante en aquel entonces.

—Bueno, Fili, eso se aprendía en la escuela —dije medio en serio—; figúrate que allá en los Maristas había un muchacho al que le decían Juan Pescao, y a la hora del recreo, cuando todos estábamos jugando en el patio, se metía en el aula por una ventana y se robaba el dinero para las «misiones» que el hermano recaudaba todos los días prometiéndonos muchos años, y a veces hasta siglos, de indulgencia para la otra vida.

—¡Qué bárbaro, tú! Verdad que hay que ser perverso para rebajarse a tanto.

—No, y lo más bonito del cuento es que Juan Pescao, en vez de quedarse callao, salía al patio con su botín y se iba en seguida a comprar su merienda diciendo: «¡Qué misiones ni niños del África ni un carajo! Yo tengo hambre y ¡basta!»

—Oye, y ¿nunca lo agarraron robando?

—No, porque, el muy vivo, se las sabía todas. Sin embargo, de vez en cuando lo veíamos deprimido y cabizbajo, como que no quería hablar ni jugar con nadie. Era su conciencia que lo carcomía por su maldad. Entonces se refugiaba en la religión; pero eso era de vez en cuando; casi siempre prefería hacer el mal.

Caminamos unos metros y nos montamos en una de las guaguas de «La Playera», que ya estaba calentando el motor para salir hacia la Academia. Decidimos ir en guagua para así recordar mejor el pasado repitiendo acciones de antaño.

Antes de montar, miré alrededor de mí, y vi un letrero lumínico que anunciaba un bar de la playa: «El Gallito».

—Fili, ¿Te acuerdas de aquella noche que nos escapamos de la Academia, y el chofer amigo de Garry, ¿cómo se llamaba?, nos trajo aquí precisamente al «Gallito»?

—Como no me voy a acordar, muchacho, si me empaté con una jeva riquísima aquella noche. Nunca más la vi. Sí, el chofer se llamaba Cheo.

—A la vuelta, si te parece bien, entramos en «El Gallito» y nos tomamos un trago. Yo invito.

—Está bien, no hay problema.

Montamos en la guagua, y ni siquiera nos habíamos sentado cuando arrancó rápidamente para las Alturas de Jaimanita. Íbamos subiendo, lo sentía por la presión en los oídos.

En menos de diez minutos ya estábamos en la parada de la Academia. Se veía muerta; ni un carro, ni una persona, ni siquiera un perro callejero. A lo lejos, como a una cuadra de la entrada, cerrada con una cadena, se veía el viejo Buick de Tamargo. Nos bajamos y la guagua siguió su ruta. Saludamos a Tamargo con la mano. Él nos hizo señas que nos acercáramos al carro. Muñoz estaba dentro de la máquina, y al vernos venir, abrió la puerta y salió.

—Oye, ¿Y no venían en el carro de Filiberto?

—Sí —dijo Fili dándole un abrazo sonoro a Tamargo—, pero lo dejamos en la estación de «La Playera».

—Y ¿eso pa' qué, caballo?

—Na', cosas de 305; quería recordar el pasado a ver qué asociaciones le traía el viajecito. Está hecho todo un perro de Pavlov.

—Ay, ¡No jodas, chico! ¡Qué manera de comer mierda!— dijo Tamargo.

—Bueno, cada cual la come a su manera —le dije a Tamargo estrechándole la mano.

Muñoz se nos acercó y nos saludó efusivamente como había hecho el día anterior en el Plaza. Hacía una pila de años que no nos veíamos. Los miembros de la Legión Jíbara habíamos sido desparramados por todo el mundo: Muñoz en sus negocios en Nueva York, antes de que Tamargo le consiguiera el puesto en el ministerio. Tamargo clavado en la Isla por más de cincuenta años, Fili en Miami, yo en California, Félix trabajando para la CIA y Montaner de periodista en España por tantos años que a veces mezclaba su acento criollo con el de un español. No, no, aquello había sido la diáspora del siglo.

—Oye, ven acá, tú, y ¿dónde está Félix? ¿No vino con ustedes? —pregunté.

—No, yo creía que venían con ustedes —respondió Muñoz.

—No —dije—, nosotros no lo vimos en el Plaza. Supimos que estaba hospedado allí, pero no lo vimos. El gerente nos dijo que había salido temprano, después que se desayunó en el hotel.

—Bueno, se habrá entretenido en algo, ya llegará —dijo Tamargo—. Y Montaner me llamó diciendo que viene un poco tarde porque tiene que trabajar en el documental ya que hoy es 20 de Mayo. Así que ¿por qué no entramos para ir adelantando?

—¡Cómo vamos a entrar si aquí no hay nadie! La entrada principal tiene cadena —dijo Fili.

—Pues, vamos a entrar por donde nos escapábamos en los viejos tiempos —sugerí lleno de nostalgia.

—Yo no sé si pueda trepar la cerca como antes —dijo Muñoz frotándose la barriga con las dos manos.

Todos nos reímos y nos encaminamos hacia la cerca. Era la misma cerca metálica de siempre, trenzada en forma de pequeños rombos en los cuales apenas cabía la punta del zapato para poder subirla y saltarla tratando de no engancharnos el pantalón en el alambre de púa que coronaba la cerca.

—Miren cómo ha crecido la maleza por aquí; casi no se ve la cerca. Se ve que han tenido esto bien descuidado por años—dijo Tamargo.

—La última vez que oí de alguien que vino de visita, me dijeron que tenían montado un spa lleno de rusos —añadió Fili.

Comenzamos a rodear la cerca buscando como entrar en los terrenos de la Academia.

—Miren —dije— ya me acuerdo del lugar por donde nos salíamos por las noches. Es hacia atrás, ¿se acuerdan?

Una vez ahí notamos una especie de hueco en la cerca; alguien antes de nosotros había cortado un pedazo de cerca con un alicate o algo así...

—Ah, sí, ya me estoy acordando —dijo Fili adelantándose y luchando por abrirse paso entre la maleza que se hacía cada vez más espesa a medida que avanzábamos.

—Cuida'o no te salga un jubo y te meta un fuetazo, muchacho —advirtió Tamargo—. ¿Se acuerdan como estaban escondidos por allá por la piscina?
—Cómo no me voy a acordar... por ahí andaban agazapados casando sapos.
—Miren, por aquí nos podemos colar, caballeros —dijo Fili, despejando la maleza con una mano para dejar al descubierto otra brecha más amplia en la cerca, la cual usábamos antaño.
—¡Coño, qué memoria tienes, Fili —le dije—; ni que fueras un cabrón elefante!
De modo que entramos a los terrenos de la Academia gracias a una brecha —igual que se aprovecharon los ingleses por allá por el 1762 cuando, rompiendo una brecha en la muralla del Morro, tomaron la Urbe Capitalina—, y lo primero que distinguimos a la distancia fue la piscina, y detrás de ella, el asta de la bandera totalmente desnuda.
—¡Caballeros, qué soledad! ¡Da grima esto! —dijo Fili.
—Sí, ¡está tétrico esto! —añadí.
—Miren, allá a lo lejos... por la piscina —dijo Muñoz en voz baja, agachándose para que no lo vieran.
Todos nos agachamos después que él y miramos hacia donde nos indicaba con el dedo.
—¡Allá, allá! ¿Lo ven? —añadió asustado—. Es el sereno, el sereno resucitado.
—Ay, no jodas, Muñoz, yo no creo en fantasmas. A los vivos es a los que hay que tenerle miedo —dije incorporándome.
—Oye, no, no, chico, fíjate que es igualito al sereno que mataron... ¿Cómo se llamaba? —comentó Fili.
—No me acuerdo ahora —contestó Tamargo irguiéndose—, ahora, eso sí, se le parece muchísimo. Yo tampoco creo en fantasmas, ni un carajo.

Tamargo y yo decidimos dirigirnos a la piscina y hablar con el sereno, quien, al vernos venir, empezó a caminar hacia nosotros.

Filiberto y Muñoz se levantaron de donde estaban agachados, y se quedaron mirándonos a medida que nos alejábamos.

—Buenas tardes, somos antiguos alumnos de la Academia ... vimos la puerta cerrada y todo abandonado y... —dije.

—Buenas —dijo el sereno sonriendo al ver que éramos «personas decentes»—. ¿Por dónde entraron?

—Oh, tuvimos que brincar la cerca, por allá —contesté apuntando con la mano hacia por donde habíamos entrado.

—No hay problema. Me hubieran llamado y les hubiera abierto. Hay otra entrada en la reja del jardín japonés, donde está la fuente.

—Ah, sí, ya me acuerdo, y ¿todavía tienen peces ahí? —dije para entablar conversación amistosa con el sereno.

—No, esos se murieron antes de yo empezar aquí. Antes había aquí un balneario con gimnasio y salones de belleza. Pero todo eso se fue acabando poco a poco después que se fueron los rusos.

—No me diga —dijo Tamargo, extendiendo la derecha y presentándose.

—Mucho gusto —dijo el sereno dándonos la mano.

—¿Usted tendría inconveniente —continuó Tamargo— si mis amigos y yo damos una vuelta por lo que queda de la Academia? Hace tantos años que no venimos por aquí y tenemos tantos recuerdos de este lugar que no es pa' juego.

—¡No faltaba más! —dijo el sereno amablemente—. Si necesitan algo, na' má' me llaman.

Después de darle las gracias, hicimos señas a Muñoz y a Fili para que se acercaran. Se habían mantenido a la distancia por miedo a un fantasma.

Después de saludar al sereno y darle la mano cerciorándose de que era de carne y hueso, Muñoz y Fili nos siguieron para comenzar así nuestra gira por la Academia.

La puerta del dormitorio estaba sin llave. La empujamos y cedió chirriando un poco. Ya el sol estaba declinando lentamente, pero todavía había bastante luz en el dormitorio. Habían mantenido las literas. Me encaminé hacia donde estaba la mía y muchos recuerdos se agolparon de repente en mí. Sentí un escalofrío recorrerme todo el cuerpo.

—Aquí estaba la mía —dije indicando con una mano.

—Y la mía era allá, en el rincón —dijo Muñoz— allá al lado de la litera de Campanería... ¿Se acuerdan de Campanería?

—¡Sí, pues no! —dije—. Él tenía una carroza de esos modelos de armar, de cuando la coronación de la Reina Isabel. Se pasaba todo el tiempo libre armándola. Había una peste a *pegalotodo* que no te puedes imaginar.

—A su hermano lo fusilaron en La Cabaña, allá a principio de los sesenta —dijo Tamargo que se sabía la vida y milagros de todos.

—No me digas, chico —dijo Fili—, yo era buen amigo de él. Jugábamos básquet durante el recreo cuando me dejaban castigado a dormir aquí. Y ¿por qué, tú? ¿Por qué lo fusilaron?

—Lo agarraron conspirando. Él era del Directorio, y muy católico. Murió gritando «Viva Cristo Rey».

—¡Coño, qué lástima, tú! ¡Con lo buena gente que era! ¡Qué canallas! —se quejó Fili.

—No, no, así era la cosa entonces. En un monstruoso Leviatán se convirtió la Revo, ni Moby Dick le hace nada. Se apoderó de todo el país —me atreví a filosofar—. A cambio de paz, el individuo tenía que abandonarlo todo, como las hormigas que sacrificaron hasta el sexo con tal de tener el hormiguero siempre en orden. ¡Qué jodienda! Sólo a la reina le es permitido coger... sólo el Caballo mandaba, el resto del país ... a obedecer... «Protego ergo obligo».

Las carcajadas rebotaron fuertemente contra las paredes descascaradas del dormitorio, resonaban como un eco fantasmal.

—¿De qué diablos se ríen? —pregunté a mis colegas que seguían doblados de la risa.

—Ya sabía que tarde o temprano saldrías con tus filosofías baratas —dijo Tamargo tratando de aguantar la risa para poder hablar—. No has cambiado nada.

—Bueno, bueno, no es para tanto, amigos. A ver, vamos a dar una vuelta por el comedor —sugerí tratando de cambiar la conversación.

El comedor mantenía las mesas laminadas con formica, donde comíamos y luego, por la noche, hacíamos la tarea ahí mismo, pero convertido en estudio.

—¿Se acuerdan de la huelga del emperador? —inquirió Tamargo.

—¡Coño, la huelga del emperador! ¡Qué jodienda! Nunca entendí cómo muchos participaron en esa huelga, con lo sabroso que era ese pescao. Ganas de joder na'más —dije acordándome de los tenedores clavados a manera de arpones sobre los filetes.

—Ahí fue donde jodieron a Alvarado —dijo Tamargo.

—Sí, la primera vez, después lo jodieron de verdad y para siempre —puso en claro Fili.

—Pobre tipo alocao... tuvo mala suerte —añadió Muñoz.

—Sí, así es la vida... llena de casualidades y de cosas inesperadas —filosofé otra vez—. Había tipos que se metían en medio de una balacera y salían ilesos, en cambio otros que no se metían en nada ni con nadie, y PUM, ahí mismo le metían el tiro ...

—Es bobería, caballeros, cuando te llega la hora no te salva ni el médico chino —dijo Fili.
—Así mismo es —dijo Muñoz pensativo.
—Oigan, lo que son las cosas —dije cambiando la conversación—, a mí lo que más me gustaba de todo lo que servían aquí era el picadillo... qué rico, chico, así con papitas picadas en cuadritos y pasas y aceitunas... ése sí que era picadillo, muchacho.
—Ah, pues yo me moría por aquel postre que era una especie de compota de guayaba o de mango —dijo Fili.
—¡Coño, Fili, que compota ni un carajo! ¿Ya se te olvidó es español en el Norte? No jodas, chico, eso se llama MERMELADA —dijo Tamargo.
—Eso, mermelada de mango, esa era mi favorita —dijo Fili sin percatarse del regaño que le acababa de echar Tamargo, tan adentrado en su memoria estaba que continuó hablando—. ¿Se acuerdan que la vaciábamos en el vaso de leche y la removíamos con la cucharita?
—Sí, era un batido delicioso. Me acuerdo una noche en el comedor que el profe Sainz pasó por mi lado, me agarró el vaso con mi batido, y se lo regaló a un cadete de la mesa de enfrente, preguntándole, «¿A ti te gusta esto?»
—Coño, qué desgraciao... seguro que venía con mala leche aquella noche —dijo Fili.
—¿Ustedes saben de lo que me estoy acordando ahora? —preguntó Muñoz.
—¿Cómo coño voy a saber? —dijo Tamargo—. ¡A ver, ya dilo, coño!
—Aquí los sábados que no había salida era donde ponían las películas, casi siempre de guerra. ¿Se acuerdan? —continuó Muñoz.
—Sí, y qué buenas películas —comenté—; John Wayne, Victor Mature, Tyrone Power... No, no, de película, chico!

—*Action packed! Action packed movies!* Eso era lo que eran —añadió Filiberto.

—Bueno, caballeros, ¿qué les parece si hacemos una caminata hasta el asta de la bandera? —preguntó finalmente Tamargo—. Miren que ya se va haciendo tarde.

—Pues *vamos pa'llá, vamos pa'llá*—dijo Fili entonando la cancioncita.

Cuando salimos del comedor, vimos a Montaner en la distancia. Venía manejando muy despacio un viejo pisicorre por el campo de la Academia. El sereno iba en el estribo y se dirigían hacia el pabellón como nosotros.

El pisicorre nos alcanzó a medio camino del poste de la bandera y se detuvo junto a nosotros. En el asiento de atrás venían dos jóvenes con cámaras de video y todo tipo de equipo electrónico. Seguro componían parte del *crew* del documental que preparaba Montaner.

—OK, monten, hay puesto para todos —gritó Montaner.

Nosotros cuatro montamos en los estribos del pisicorre haciéndole compañía al sereno, quien trató de explicarnos la presencia de Montaner y su *crew*:

—Llegaron cuando hacía mi ronda por la portería, los dejé entrar por la entrada de servicio, por el costado.

Cuando llegamos al asta de la bandera, todos nos apeamos rápido. Los dos jóvenes ya tenían ensayado qué hacer pues armaron luces, cajas de controles, cámaras… ¡el copón divino!

Entre la maleza un poco crecida, resaltaba una lápida conmemorando la muerte de Alvarado y su compañero Macau, ambos caídos en la lucha contra el *ancien régime* anterior a la Revo. Montaner se preparó ante las cámaras y comenzó a narrar.

—Esta placa conmemorativa nos recuerda el valor de antiguos alumnos de la Academia, quienes, ofrecieron su vida por una patria mejor. Afortunadamente para ellos, no vi-

vieron para ver la traición escalofriante que sufrió su causa en manos de una manada de lobos hambrientos de poder, quienes, pisoteando el ara de nuestra constitución, hicieron de la patria un pedestal para sus ideas totalitarias.... ¡Vale! ¡corten!

Montaner detuvo momentáneamente la narración, y sacó una pequeña placa del pisicorre. Se dirigió de nuevo a la cámara de video.

—¡Listo —gritó uno de sus ayudantes—, cámara, acción!

—He aquí una pequeña placa que nosotros, antiguos alumnos de la Academia, deseamos presentar en público a otro cadete héroe caído luchando contra la dictadura, pero esta vez, contra la dictadura marxista que sustituyó con el tiempo la antigua dictadura. Su nombre: Virgilio Campanería; su hazaña: defender con su vida los valores cristianos con los cuales se crió. Cayó fusilado por las huestes rojas en 1960.

—¡Corten! —gritó el joven director ahora.

El otro joven paró la cámara.

—Bueno, muchachos —dijo Montaner a su *crew*—, ahora me hacen un *pan* de toda la Academia, así de derecha a izquierda, bien despacito, y arrancamos pa' la Avenida de los Presidentes, que tenemos que filmar el desfile.

—¿Qué desfile? —preguntó Fili.

—¡Ah, coño, pero no lo sabían! ¡El desfile del 20 de Mayo! ¡Va a estar de hostia, me dijeron! ... ¿Qué? ¿Se animan a venir? —aclaró e indagó Montaner.

—Pues, sí, sería interesante —me aventuré a decir—, pero y ¿Félix? Todavía estamos esperando al Félix.

—¡Ah, qué se joda, el Félix! Seguro que se empató con una jeva o se fue a darse unos tragos con antiguos compañeros de armas ... siempre es lo mismo con Félix —dijo Fili.

—Bueno, haberlo llamado por teléfono, ¡hostias! —dijo Montaner.

—¡Qué teléfono ni cuatro cuartos, si salió del hotel primero que nosotros ! —añadió Fili.

—A su celular, coño, a su celular —dijo Montaner sacando su celular.

Oprimió unos cuantos botones y ya estaba hablando con Félix.

—¿Félix? ... Montaner. ¿Dónde coño estás metido? Te estamos esperando en la Academia... —dijo fingiendo enojo—. ¿Dónde? ... ¿En la Rampa? ... Bueno, nos vamos al desfile, ¿vas a venir? ... No, no creo que vayan a servir tragos ... ¿Cómo? Habla más alto, apenas te oigo... Bueno, vale, te llamamos desde la Quinta Avenida... ¡adiós!

—¿Dónde estaba? —preguntó Tamargo.

—En La Zorra y el Cuervo —respondió Montaner.

—¿Qué te dije? —dijo Fili—. Siempre es igual con él: tragos y jevas.

—Bueno, nos vamos, que no vamos a llegar a tiempo —recalcó Montaner.

—Bueno, allá nos vemos —dijo Tamargo.

Cuando llegamos a la Avenida de los Presidentes ya el desfile había empezado. Montaner y su *crew* ya tenían montado su equipo y estaban entretenidos filmando. Tamargo y Muñoz ya estaban en la esquina de la Estatua de la India. Llegamos justo cuando empezaban a desfilar las carrozas.

La primera carroza era una verdadera alegoría: aparecía en primer plano un niño como de unos diez años con un pulóver con un letrero en letras grande que decía «MARXISMO». Venía de la mano de sus padres, también en camisetas con letras grandes que rezaban respectivamente: «ENVIDIA» y «RESENTIMIENTO». Esta alegoría es seguida de otra, las dos en la misma carroza. Ahora aparece una mujer en cadenas; es fina, joven, bonita; en su cabeza, un gorro frigio. Es la República encadenada por el marxismo. La sigue el CAPITAL, vestido tradicionalmente con frac y chistera negros, tratando de liberar a la República de sus cadenas tirando enormes PESOS de cartón a diestra y siniestra.

En un tercer plano hacia atrás, en la misma carroza, se ve a K-Listo Kilowatt, quien, después de décadas en el exilio, viene prendido como un foco de luz intermitente, apagándose y encendiéndose a medida que recoge algunos de los Pesos que lanza el Capital.

—¡Oye, viene caliente este K-Listo Kilowatt! —dije.

—Sí, y fíjate quien viene atrás de él —añadió Fili.

Al final de la carroza, venía Liborio en su humilde traje de guajiro, sonriendo a medida que iba recogiendo los Pesos que tiraba el Capital y que, sin darse cuenta, se le escapaban a K-Listo.

A esta carroza alegórica la seguía la de la cerveza Hatuey. El indio de siempre venía con sus plumas saludando a diestra y siniestra con una botella de su cerveza en la mano.

La carroza de la cerveza Cristal, aunque le seguía a la de Hatuey, le llevaba muchas ventajas a ésta, pues al lado de una botella gigante de *papier maché* venían tres bailarinas en trajes de vedettes bailando de lo lindo, al mismo tiempo que un locutor, sosteniendo un micrófono con la mano derecha, anunciaba con voz de terciopelo: «!Señoras y señores, nos complacemos en presentar a la sin par cerveza Cristal, clara, ligera y sabrosa!» a medida que decía esto, miraba a las bailarinas y les guiñaba un ojo.

La siguiente carroza era totalmente política, patrocinada por el FCN, Frente Cívico Nacional, uno de los tantos partidos políticos que regresaron del exilio en el Norte. Aquí venía un anciano cabezón con luenga barba blanca —sin duda, Karl Marx— quitándole el pan de la boca a sus dos hijos pequeños para poder publicar sus mamotretos, los cuales daba, hoja a hoja, a su compinche, el viejo Engels, quien las pretendía imprimir en una vieja imprenta accionada con una palanca enorme.

КДРІТДL / CAPITAL

Detrás de la carroza del FCN, venía otra alegoría: la del Peso y su primo hermano, el Dólar Americano. Ambos venían caballeros en sendos caballos blancos, que hacían parar en dos patas a medida que saludaban al público con el sombrero como en las viejas películas del oeste.

—Ya tenemos bastante material —gritó Montaner a sus ayudantes—, ya pueden recoger todo. Miren, aquí está la llave del pisicorre, se lo pueden llevar, yo me voy con mis amigos. ¡Vale!

—Y ¿de Félix qué has sabido? —le pregunté a Montaner.

—Nada. Ahora mismo lo voy a llamar otra vez —dijo abriendo la tapa de su celular.

Habló un par de minutos tapándose el otro oído con la otra mano. No se escuchaba lo que decía, tanto era el bullicio del desfile.

—Dice que si no tenemos nada más que hacer que lo encontremos en La Zorra y el Cuervo, y que él invita la primera ronda de tragos —por fin gritó Montaner.

—*Vamos pa'llá, vamos pa'llá* —canturreó Fili.

—Bueno, trae el Buick, Tamargo —dijo Montaner—. ¿Vale?

El bar La Zorra y el Cuervo estaba muy animado y concurrido considerando que era el 20 de Mayo y que todo el mundo estaba en la calle festejando con el desfile de carrozas que todavía seguía su rumbo.

—Caballeros, pidan lo que quieran que ya esto está pago —dijo Félix sin quitarle un brazo que le había pasado por los hombros a una rubia oxigenada de unos 20 años.

—Oye, Félix, presenta a tu amiga, ¿no? —se quejó Filiberto.

—Mara, te presento a mis amigos de la Academia: *John, Dick and Harry* —dijo Félix, la voz tomada por el trago—.

Sobre todo *Dick*, que es lo que son todos —y reventó en una carcajada.

Todos saludamos a Mara, dando nuestros nombres. Acto seguido, pedimos tragos al mismo tiempo. Nos hicieron lugar en la barra, donde Félix y Mara ya estaban sentados.

—Mara era jinetera antes, durante la Revo... también era dentista, y todavía lo es —dijo Félix así de repente.

Todos desviamos la mirada de la cara de Mara, pretendiendo que no habíamos escuchado a Félix con sus tonterías de alguien a quien se le había pasado los tragos.

—Sí, es verdad —afirmó Mara con aplomo, como quien dice «Me parece que va a llover hoy»—. Lo que pasa es que antes teníamos que jinetear para complementar el sueldo de profesionales que éramos; ahora sólo me acuesto por placer —añadió desplegando una sonrisa que, bueno, sólo una dentista podría desplegar.

Tres bellas jóvenes se le acercaron a Mara. Acababan de entrar en el bar.

—Oiganme, qué bien se tardaron —las regañó Mara sonriendo.

—El tráfico, mi amiguita, el tráfico que estaba de película —dijo la más joven de ellas, otra rubia oxigenada, besando a Mara en los dos cachetes.

Las otras dos tomaron turno para besar a Mara.

—Y ¿a mí no me besan? —preguntó Félix levantándose de su banqueta.

Todos nos pusimos de pie y empezamos a presentarnos y a dar la mano.

Cuando acabamos Félix empezó a contarnos:

—A ver ... uno... dos... cuatro... ¡ay, se me olvidó el tres!

Tamargo se dirigió al barman:

—Oigame, joven, nos podría conseguir una mesa, mire que somos diez, ¿no? —dijo mirando alrededor.

—En seguida, caballero —contestó el barman amablemente haciendo señas a uno de los mozos que se ocupaban de mantener orden en el bar.

En un santiamén nos pusieron dos mesas juntas y cupimos los diez a las mil maravillas. Fili les pasó unos billetes a los mozos agradeciéndoles lo de las mesas.

—Bueno —dijo Mara, después que todos estábamos sentados—, déjenme decirles algo de mis amigas. Tere es pediatra, Vivian es abogada y Olga, enfermera. Y todas eran jineteras antes, como ya les dije que yo también era. Antes cobrábamos por jinetear, ahora cabalgamos por placer.

Las chicas estaban como si nada después que Mara reveló sus «secretos del pasado» y apetencias presentes. «Caballeros», pensé, «como han cambiado los tiempos».

Después de muchas rondas de tragos y abundante conversación, las chicas se despidieron porque tenían que levantarse temprano para trabajar. Pero ya habíamos intercambiado números de celulares para lo que se presentara en el futuro.

Acto seguido, Félix puso la cabeza sobre los brazos cruzados arriba de la mesa, y se quedó dormido como un bebito. Roncaba.

Ya era de madrugada cuando salimos de «La Zorra y el Cuervo». Engurruñé los ojos para acostumbrarlos a la luz solar incipiente; a lo lejos, clavados en postes de la luz, se veían varios pasquines políticos. Posé los ojos en ellos momentáneamente. Uno resaltaba entre todos los demás con absoluta desenvoltura y contundente autoridad, era el del Partido Capitalista Popular; su enunciado recalcaba en dos líneas una verdad tan grande como una casa de curar tabaco:

«SOLO EL CAPITAL NOS HARÁ LIBRE»
«VOTE POR EL P. C. P.».

EPÍLOGO

Vamos pa'llá, vamos pa'llá...
Filiberto

—Lo encontré, lo encontré— dijo Montaner entrando en el lobby del Plaza en donde nos encontrábamos Fili y yo disfrutando de sendos mojitos el día siguiente de las fiestas patrias del 20 de Mayo.
—¿A quién encontraste, muchacho? —preguntó Fili.
—A Mario Pérez... al Profe... No lo van a creer, pero se volvió loco... lo localicé en Mazorra.
—¿En el Hospital Psiquiátrico? No, no lo puedo creer —dije incrédulo.
—Sí, es verdad, 305, yo tampoco podía creerlo al principio hasta que llamé por teléfono a Mazorra y me dijeron que sí podíamos visitarlo, pero sólo durante las horas de visita de 10 a 12 de la mañana, o por la tarde de 4 a 6. Yo diría que tenemos tiempo para ir hoy por la tarde... ¿qué les parece?
—Sí, sí, por mí no hay problema —dijo el Fili entusiasmado.
—Por mí tampoco... Coño, ¿qué le habrá pasado al Profe?, tan cuerdo y coherente que siempre parecía—dije.
—Vente tú a saber —dijo Montaner—, pero lo averiguaremos esta tarde.
—Bueno, déjame decirles a Muñoz y Tamargo —dijo Fili—. Ustedes se ocupan de encontrar a Félix, ¿no?
—Bueno, sí, no hay problema, lo voy a llamar en seguida —dije.

El camino a Mazorra necesitaba reparación inmediata; los baches eran profundos y copiosos. No pudimos localizar a Félix, pero sí a Tamargo y a Muñoz que iban con nosotros en el carro de Fili.

Cuando entramos al edificio propio de Mazorra, o sea el salón de entrada donde estaba la recepción, no pude contener un sentimiento de depresión agudo al ver algunos enfermos mentales deambulando por los corredores. De nuevo me preguntaba incrédulo el cómo Mario Pérez pudo haber acabado en ese lugar.

De repente, me vino a la memoria, como un fogonazo, el final de la historia de Carbó: De Villa Marista fue conducido a la sala Carbó Serviá, en donde eran recluidos casos políticos. Allí, bajo la dirección de El Enfermero, sufrió Carbó los peores tratamientos «psiquiátricos», entre ellos las temidas sesiones de electrochoque, en las que más de una vez se encontró Carbó volviendo en sí de su estupor en medio de la sala rodeado de otros cuerpos desnudos revolcándose en sus propias heces y orines.

Al menos Mario Pérez había sido recluido en el pabellón general de hombres. Las salas Carbó-Serviá y la Castellanos habían sido clausuradas por el gobierno provisional tan pronto asumió el poder.

—Habitación 23, segundo piso. El elevador no funciona, así que suban por las escaleras aquí a mano derecha —dijo la enfermera recepcionista.

Seguimos sus instrucciones y pronto nos encontramos en el pasillo del segundo piso. Aquí la locura había hecho estragos mayores que los que había notado en la planta baja; algunos dementes gritaban desaforadamente, otros hablaban con el aire o quizás con fantasmas que un humano común y corriente no podría ver ni oír. ¿Quién sabe? En fin, estos pasillos de Mazorra no tenían nada que envidiar a cualquiera de los círculos infernales de que nos habla el Dante.

La puerta de la habitación número 23 estaba entreabierta. Toqué con los nudillos y, al no oír respuesta, la empujé suavemente hasta que se abrió por completo produciendo un chirrido estridente.

—Buenas tardes... ¿se puede? —atiné a decir al ver a un hombre sentado en una silla de ruedas con la espalda hacia mí y mirando por la única ventana hacia un patio interior de donde venía un bullicio como de juego de pelota.

Mis otros condiscípulos entraron detrás de mí. Todos guardaban silencio como si entraran a un templo en medio de una misa.

—¿Profesor Mario Pérez? ¿Es usted? Somos antiguos estudiantes de la Academia que vinimos a visitarlo —dije.

—¿La Academia? ¿La Academia? —inquirió Mario Pérez volteándose hacia nosotros con una rápida maniobra en su silla de ruedas.

—Sí, la academia militar —dije.

—¡Ah, la Military! Sí, sí, ya me acuerdo... hace tantos años de eso, muchachos. Pero siéntense —dijo Mario Pérez amablemente, señalando hacia la cama.

Al sentarme en la cama, pude mirar por la ventana y vi en el patio de abajo el «juego de pelota»; sí, se oía el bullicio de los peloteros, pero jugaban sin bate, sin guantes y sin pelota; corrían de una base a otra, pichaban, bateaban, trataban de robarse bases, y, lo más absurdo, el umpire se calentaba cuando alguien hacía trampa según él, o, cuando los espectadores —porque también había espectadores— se agolpaban contra él cuando ellos pensaban que él era el que había hecho trampa. No, no... ¡la locura total!

—Y ¿qué hacen por aquí, muchachos? —preguntó el Profe apretando contra las piernas con una mano un libro de carátulas rojas.

—Pues, vinimos a reunirnos después de tantos años unos cuantos cadetes de los años cincuenta —dijo Montaner—. Me enteré que usted andaba por aquí; no fue fácil encontrarlo.

—Sí, hijo, me las he visto muy mal desde hace ya años; esto no ha funcionado como yo tenía previsto; en un comienzo todo iba a pedir de boca según las predicciones de Marx, pero después, cuando la cosa se puso dura, empezaron los abusos, los atropellos, las purgas; fue la etapa estalinista, en vez de minas de sal, las víctimas eran mandadas a la llamada «agricultura»...

Mario Pérez devenía más y más agitado a medida que progresaba en su diatriba. De repente, dejó caer el libro que apretaba tanto con la mano. Me lancé de la cama para recogerlo del piso, y pude ver el título en alemán: «DAS KAPITAL». Se lo entregué sin hacer ningún comentario, y él volvió a apretarlo ahora con las dos manos contra las piernas. Se veía que era muy importante para él mantener aquel libro muy cerca de sí; tal parecía que era el único recurso, la última tabla de salvación que le quedaba al viejo marxista para no sucumbir por completo al derrumbe total del sistema rojo, del cual, de cierta manera, había sido más víctima que verdugo.

De repente, nos miró aterrado y comenzó a sollozar en voz baja, como un niño perdido en un inmenso parque oscuro de altos árboles semejando gigantes.

Muñoz se le acercó y trató de sosegarlo.

—No llore, Profe, todo se va a arreglar... hay que tener confianza en el futuro... su situación no puede seguir así por siempre; recuerde, Profe, no hay mal que dure cien años ni cuerpo que lo resista. Hay nuevo gobierno ... ya se ven cambios —le dijo.

Mario Pérez lo miró fijo a los ojos como tratando de ubicarlo entre tantos cientos, quizás miles de estudiantes que pasaron por su aula. Pronto noté en aquellos ojos avejentados, cansados, tristes que no daba pie con bola. Finalmente, Mario Pérez dijo:

—Me van a perdonar, compañeros, pero me siento cansado, necesito reposar; quizás puedan venir otro día cuando me sienta más fuerte.. han sido años muy duros para mí... muy duros.

Nos despedimos todos dándole la mano y luego parándonos en atención a la usanza de la Academia. Cuando salimos de la habitación nadie dijo ni una palabra. El viaje de regreso al Plaza transcurrió en absoluto silencio.

Fili parqueó su carro no muy lejos de la puerta del hotel; se había puesto dichoso, pues alguien acababa de salir con su carro dejando un espacio vacío delante de nosotros.

—¡Coño, qué suerte, caballo! —gritó el Fili sonriendo a medida que maniobraba el carro en el espacio vacío.

No habíamos ni siquiera bajado del carro cuando Montaner dice:

—Lo que tenemos que hacer es ir a darnos unos cuantos palos en la barra más cercana.

—Sí, sí, vamos ya —añadió Muñoz.

—Mira aquí cerca queda el «Sloppy Joe», ¿por qué no vamos ahí? —sugerí.

—Bueno, vamos pa'llá —asintió Fili, cerrando el carro con llave.

El Sloppy Joe estaba casi vacío. Nos sentamos en la barra.

—Nos pones una botella de añejo, la más cara que tengas, y cinco vasos —pidió Montaner.

Al principio nos dimos dos o tres tragos rápido y en silencio; luego vinieron los comentarios.

—¿Se fijaron el libro que tenía el Profe en las piernas? ¿Alguien vio el título por casualidad? —preguntó Muñoz.

—Estoy seguro que no era la Biblia —dijo Tamargo con cierto sarcasmo.

—¡Claro que no! —dije—. Era Das Kapital en su original alemán. Leí el título cuando le recogí el libro del piso.

—¡Ay, no jodas! —dijo Montaner—. ¿Cómo puede todavía seguir creyendo en esa gilipollada después de todo lo que ha sufrido aquí?

—Se le derrumbó su mundo al Profe —dijo Tamargo.

—No, nunca fue su mundo —corregí—. A mí me parece que su mundo estaba sólo dentro de ese libro que apretaba tanto con las manos, y también estaba en su cabeza, por supuesto. El sólo se imaginaba que se estaba hilvanando un marxismo puro en la Isla, sin darse cuenta de que todo era el tira y afloja de siempre: los políticos, los burócratas en la papa, con sus diplotiendas, sus privilegios de clase, y del otro lado, el PUEBLO; o sea, el «yo bien y los demás que se jodan» de siempre.

—Yo creo que a él le pasó eso mismo —asintió Montaner—; imbuido de las ideales de la Revolución Francesa de *liberté, egalité, fraternité* no se da cuenta de que en todo sistema, sea marxista, capitalista o lo que sea, no se da cuenta de que en todo sistema que pregona la igualdad, siempre te vas a encontrar gente que es «MÁS IGUAL» que otras...

Todos nos reímos con una risa nerviosa exacerbada por el ron.

—¿Me pregunto cómo interpretaría el Profe algunos de los preceptos de Karlito? —preguntó Fili—. Como aquel que reza que el estado comunista es la dictadura del proletariado. ¿Se lo creería el Profe de verdad?

—Ya lo creo que se lo creía; no tengo duda... el Profe era un puro, siempre fue un puro —les recordé—, ¿qué, ya se te olvidó cómo siempre ponía de jefe de clase al que sacara las mejores calificaciones cada mes y no al que tuviera grados más altos como se estilaba en otras clases?

—Sí, es verdad —asintió Tamargo—. Me acuerdo que Benet, que era sargento, se enfurecía cada vez que ponían a un simple cadete de jefe de clase por el sólo hecho de haber sacado el mejor expediente ese mes en cuestión.

—Pues, ¡hostias! se las vería negras el Profe cuando la Revo empezó a implementar el marxismo, no según el libro de Karlito, sino como lo han implementado siempre estos come-candelas... ¡Imagínate! Que le reinterpreten lo de la dictadura del proletariado y se la conviertan en la dictadura de los burócratas, que son los que, después de todo, mandaban en el país.

—Lo que yo me pregunto —dijo Muñoz— es que cómo el Profe, tan inteligente y sabiondo como siempre fue, no se diera cuenta de antemano de esa contradicción básica entre el dogma encerrado en Das Kapital y la aplicación del mismo en la Isla... ¡Manda huevos esto!

—Sí, ¡manda huevo! —añadió Montaner—Y ni hablar de aquello de la plusvalía que, según Karlito, se le debe dar íntegra al obrero; sin embargo, aquí no sólo no se le daba, sino que se le INCITABA al obrero —y al campesino también, sea dicho de paso— a practicar trabajo «voluntario», sin paga... y ni hablar de plusvalía...

Sólo Filiberto no hacía comentarios; tal parecía que había desaparecido en el mundo del ron al fondo de su vaso. Estaba callado y taciturno.

—Fili, ¿por qué tan callado? ¿Te comieron la lengua? —preguntó Tamargo.

Fili pareció regresar del mundo en que se hallaba sumergido.

—Fue víctima de la peor enfermedad social del siglo XX —dijo siempre con la mirada fija en el fondo de su vaso.

—¡Hostias! ¿De qué coño hablas, Fili? —preguntó Montaner.

—Ni la sífilis, ni la gonorrea, ni el SIDA... el MARXISMO, la peor peste del siglo XX se llevó a Mario Pérez.

Todos guardamos silencio al notar lo serio y angustiado que aparentaba Fili. Le había llegado al corazón la horrible situación del Profe y trataba de encontrar sus causas.

—Lo dirás jugando, Fili —le dije dándole una palmadita en la espalda para animarlo un poco—. *Marxismus terribilis*, la mayor enfermedad social del siglo XX; tú lo has dicho, Fili. Y lo peor es que no hay vacuna contra esta peste; la víctima se salva al final o sucumbe por completo a ella, como le pasó al pobre Mario Pérez.

—¡Yo no me quedo aquí ni loco! —dijo Fili con la vista siempre en el fondo del vaso de ron.

—Ni yo tampoco —dije palmeándolo en la espalda otra vez para animarlo a salir de la minidepresión a la que estaba sucumbiendo poco a poco.

—¡Esto huele mal! —prosiguió Fili—, aquí hay gato encerrado. Mucha apertura, mucho *glásnost*, pero me parece que esto va a ser el mismo perro con diferente collar...

—¿De qué cojones hablas, Fili? Estás diciendo que esto va a seguir en plan de marxismo, o ¿qué hostias? —interrumpió Montaner—. ¿No ves cómo está entrando el capital en la Isla que jode?

—No, no es eso lo que dije —contestó Fili finalmente sacando las narices del vaso de ron—. Pero aunque la política aquí de un viraje de 180 grados, los que entren en la papa van a hacer lo mismo...

—¿Cómo que lo mismo, Fili? —preguntó Tamargo interesado de repente en la conversación.

—Lo mismo —repitió Fili—, lo mismo. Un capitalista va a tratar de comprar votos, un burócrata socialista te va a forzar a hacer «trabajo voluntario»; no hay salida...

—Yo estoy de acuerdo con Fili —añadí—. Lo que pasa en la Isla es que nunca nos enseñaron, ni a nosotros ni a los que se quedaron atrás de nosotros, a respetar el gobierno de la LEY. Aquí siempre mandó el más fuerte, y a lo descarado... «hago lo que hago porque me da la gana».

—Bueno, sobre eso hay opiniones —dijo Tamargo—. Yo me considero católico y siempre obedecí la ley; una ley superior a la humana... la ley que estableció Jesucristo... ella nos protegerá.

—¡Qué ley ni que hostias, Tamargo! —interrumpió Montaner—. Aquí mandaron los fuertes a puro huevos. Mira lo que pasó con el Caballo... con su carisma inigualable se apoderó del corazón de millones que lo siguieron ciegamente al desastre total: económico y luego, espiritual. Y todo a puro huevo... «Aquí el que manda soy yo, y al que no le guste, que se vaya», era su lema: «Dentro de la Revo, todo; fuera de la Revo, nada».

—Cierto —respondió Tamargo—, pero me refería a una ley interior, una ley espiritual, más fuerte y duradera que ninguna ley humana.

—Sí, de acuerdo —dijo Muñoz—, pero ¿de que valía esa ley interior, llámala cristianismo o como quieras, a la hora de enfrentarte con la realidad cotidiana de un burócrata marxista que interprete a Karlito a su manera y se cague en la teoría de que la plusvalía pertenece al obrero, y se quede con ella pasándola a enriquecer al Estado?

—No, un momento —dije—, no hay que ir tan lejos; para empezar, todo este sistema está basado en un gran fallo de Karlito al tratar de llevar la filosofía al campo de la realidad, ¿a quién se le ocurre pensar que en ningún momento un ser humano va a regalar su trabajo a nadie todo el tiempo? No quito que, de vez en cuando, todos nos sentimos imbuidos con el espíritu de la Navidad o el que sea, y nos gusta regalar aquí y allá, a éste o a aquél, esto o aquello, pero pasar de esa filantropía pasajera a que uno vaya a trabajar para el Estado TODOS LOS DÍAS con el mismo afán de un comecandela,

—o de un mojigato—, porque, al fin y al cabo, es lo mismo uno que otro, de eso se trata, de un fanatismo sin freno. En fin, pensar así, como pensó Karlito, es, en realidad, soñar despierto.

—No, y volviendo a Karlito —interrumpió Montaner— y su idea central: la explotación del trabajador por medio de la plusvalía, ahí ya uno se daba cuenta de que íbamos errados, ¡hostias!

—¿Cómo es eso de la plusvalía? Explica —preguntó Tamargo.

—Mira, tío, Karlito se empeña en hacernos creer que el valor del trabajo aportado por un trabajador al crear un producto cualquiera es mayor al que recibe del capitalista que lo emplea...

—Bueno, en papel parece ser así, ¿no? —comentó Fili.

—Sí y no —continuó Montaner—. Es verdad, el obrero completa, digamos, en cuatro horas de trabajo el suficiente valor para cubrir sus necesidades; y si trabaja ocho horas, pues le está regalando cuatro horas al patrón. Pues Karlito se empecina en que ese valor de las cuatro horas de más, o sea la plusvalía, el capitalista se las roba al obrero.

—Pero, sí es verdad que se queda con ellas —interrumpió Fili.

—Sí, nadie lo niega, pero si te pones a analizar la cuestión, ningún patrón está ahí invirtiendo SU capital, arriesgando SU pellejo para, no sólo proveer al obrero con que cubrir sus necesidades, sino arriba de eso, regalarle la plusvalía al obrero. Ya basta con lo que le dan y que le sirve para vivir.

—Mira, Fili, —añadí— lo que pasa es que a Karlito no se le ocurrió, o, mejor dicho, no quiso contar el valor del RIESGO del capital, el cual es un valor tan válido como cualquier otro que entra en la confección de un producto.

—Además —prosiguió Montaner— reduzcamos el argumento de Karlito *ad absurdum*; partamos del supuesto de que el patrón no arriesgue su capital, ni gaste sus esfuerzos en idear, organizar y dirigir un lugar de producción que emplee obreros. Entonces, en un caso así, ¿de dónde coño va a sacar el supuesto obrero el sustento de cada día? Evidentemente, esa «plusvalía» es el costo que debe pagar el obrero por tener un lugar en donde trabajar.

—Mira, unas horitas más o menos en la fábrica, ¿qué más da siempre y cuando tenga con qué suplir sus necesidades? —dije.

—No, y es más —prosiguió Montaner—, vamos a salvar a nuestro obrero en cuestión de las garras del capitalista, vamos a ponerlo en un paraíso socialista, como el que se supone acaba de terminar aquí en la Isla, dime tú ¿qué va a hacer el obrero después de que cumpla sus, digamos, cuatro horas de trabajo? ¿eh? ¡Dime!

—No, dime tú, no sé —dijo Fili.

—Bueno, primero no puede irse de compras, porque no hay ni puñetas que comprar en un país socialista; y esto sucedía no sólo aquí en la isla paradisíaca del Caribe, sino en todos los países comunistas del Este de Europa e incluso en la China Roja, hasta que sus burócratas vieron la luz, se les encendió el bombillo, y empezaron a dejar que el capital liberara la economía del país hasta cierto punto.

—Pero en realidad —metí la cuchara yo— el obrero socialista no trabajaba las cuatro horas de nuestro ejemplo, sino, digamos, las ocho horas de una jornada de trabajo... así que ya perdía la plusvalía al Estado y además, arriba de eso, el Estado tenía los huevos de obligarlo a hacer trabajo «voluntario». ¿Qué más quieres?

—No, ya entiendo —dijo Tamargo—, ya voy entendiendo.

—Mira —dije—, cuando yo llegué al exilio, mi primer trabajo fue lavando platos en El Gordo, un restaurante mejicano en la playa de St. Pete; o sea, no empecé de capitalista, sino como obrero, como lumpen, casi, aunque, claro, mantenía mi conciencia de clase, y sabía que no sería lumpen toda mi vida.

—Sí, claro, pero te pagaban una miseria y se quedaban con tu plusvalía —dijo Muñoz medio en broma.

—Es verdad, no lo niego, pero ¿a mí qué coño mi importaba que Pepito —que así se llamaba el dueño— se quedara con la plusvalía siempre y cuando me pagara lo suficiente para cubrir mis necesidades...?

—¡Eso, tío —interrumpió Montaner—, eso! Lo demás es sólo ENVIDIA y RESENTIMIENTO, como en la carroza de ayer, ¿se acuerdan? Los padres del marxixmo...

—¡Exacto! —asentí— «envidia y resentimiento», los padres del marxismo, o, para seguir la metáfora de Fili, son los dos factores que favorecen el desarrollo de la enfermedad social más horrible del siglo XX.

En resumidas cuentas, tío —dijo Montaner—, DAS KAPITAL es el instrumento que usa el poder absoluto para esclavizar al hombre.

—En efecto —dije—. Y, paradójicamente, ¡sólo el CAPITAL te hará libre!

—A ver —dijo Montaner al barmán—, joven. Nos pone otra botella de añejo, por favor.

—¡Sí, cómo no! —dijo el mozo complaciente.

—Bueno, basta ya de caras largas, ¡hostias! Ni que estuviéramos en un funeral —dijo Montaner elevando el vaso de ron a manera de brindis.

Todos chocamos nuestro vaso contra el suyo.

—¡Salud y pesetas, coño! —exclamó Montaner.

Sólo Filiberto mantenía una cara de mil demonios, aunque participara en el brindis.

—¡Yo no me quedo aquí ni loco! —dijo Fili volviendo la vista al fondo del vaso de ron—. Voy a renunciar a mi ciudadanía criolla. Me avergüenza representar a este país. Sólo quiero ser americano.

—No digas tonterías, Fili —le dijo Muñoz—. ¿Qué tiene que ver una cosa con otra? Uno es lo que nace siendo, nadie te lo puede quitar... un pedazo de papel no quiere decir nada, Fili. Cálmate, por Dios.

—¡Coño, sí, no jodas, tío! —le aconsejó de repente Montaner—. Mira, un papel de ciudadanía es pa' limpiarse el culo con él. Olvida eso, tío. ¡Venga, a beber, coño! ¡A ver! ¡Dame un abrazo, mi arma!

Montaner abrazó a Fili palmoteándole la espalda. Bebimos un poco más hasta que Muñoz, empinando su vaso, dijo:

—¡Calabaza, calabaza, cada uno pa' su casa!

Pagamos y nos fuimos.

Al día siguiente, Fili no tuvo la suficiente fuerza espiritual para ir a visitar a Mario Pérez por última vez antes de nuestra salida del país.

—No puedo ir otra vez a ese lugar — dijo Fili—. Es deprimente ver tanta gente loca... Además, quisiera mantener el recuerdo del Profe que siempre tuve desde que salí de la Academia.

—Okay, Fili. Te comprendo —dije.

Mira, aquí tienes la llave. ¡Maneja tú! —me dijo.

Tamargo y Muñoz se mantenían callados mientras Fili hablaba. Félix ya había salido temprano por la mañana. Ni siquiera le habíamos preguntado si quería ir a visitar al Profe, ya que en realidad nunca estuvo en su clase; sólo lo conocía por referencias que nosotros le aportamos. En fin, sólo Tamargo, Muñoz, Montaner y yo tuvimos el valor para montarnos en el carro y hacer una segunda visita al Profe.

Camino a Mazorra, notamos que había mucho movimiento militar en la calle; camiones de asaltos llenos de soldados con armas largas nos interrumpían el paso o nos pasaban precipitadamente. De repente al doblar una esquina, tuvimos que detenernos ante la figura de un soldado armado hasta los dientes que nos dio el alto con la mano. Cuatro soldados armados de AK-47 respaldaban al que ahora se aproximaba a mi ventanilla y me pedía identificación.

—¿Qué es lo que pasa, sargento? —le pregunté mirándole los grados—. ¿Por qué hay tanto personal en la calle?

—Estado de emergencia en el país —contestó examinando mi pasaporte—. El General Martín del Campo es el nuevo jefe del estado desde esta madrugada. Están suspendidas la garantías. Hay toque de queda a partir de las seis de la tarde...

—¡No me diga! —dije sorprendido.

Montaner, Muñoz y Tamargo guardaban silencio.

Como se habían agrupado varios carros detrás del nuestro, el soldado no se cuidó de pedir identificación al resto de nosotros. Sólo miró a los tres pasajeros, me devolvió el pasaporte y dijo:

—Pueden seguir su camino, pero les recomiendo que no pasen mucho tiempo en la calle.

—¡Oye, qué relajo! —dijo Muñoz mientras dejábamos atrás la barrera militar—. Ahora sí que nos jodimos. Este es el tipo más hijo de puta de todos los generales de la antigua guardia. ¿Y ahora se apodera del Estado?

—Sí —interrumpió Tamargo—, y te apuesto que él y sus compinches van a tratar de instalar la «dictadura del proletariado» otra vez.

—¡Ponle el cuño a eso, caballo! —añadió Muñoz—. El mismo perro con diferente collar.

—Bueno, no hay que preocuparse tanto... vamos a ver qué va a pasar... hay mucha gente que está en contra de lo que ha imperado en la Isla por más de cincuenta años... vamos a ver qué pasa —dijo Montaner optimista.

—Lo mejor —dije— es visitar al Profe rápido, regresar al hotel y arrancar pal' cará antes que nos agarre otra guerrita en la Isla. Esperemos que no hayan cancelado el ferry.

Al presentarnos e identificarnos a la entrada de Mazorra, tal parecía que la recepcionista ya nos estaba esperando, pues, nos dijo que un tal doctor Urrutia quería hablar con nosotros.

—Por favor, pasen a mi oficina— dijo Urrutia después de presentarse. Abrió una puerta y nos pidió que nos sentáramos.

—Señores, tengo una mala noticia que darles— continuó. Se veía nervioso y apenado—. El profesor Mario Pérez falleció anoche...

—¡Cómo! ¿Qué dice? Si lo vimos apenas ayer y parecía muy bien... un poco cansado y deprimido, pero estaba bien— dije.

—Se ahorcó con las sábanas —dijo Urrutia mirando distraídamente al piso. No se atrevía a mirarnos a los ojos. Parecía avergonzado de haber fracasado en su trabajo.

—No lo puedo creer— interrumpió Montaner de repente. Se levantó bruscamente y se le acercó a Urrutia que seguía sentado detrás de su escritorio mirando al piso.

—¿No había nadie de guardia? ¿Le dieron algún antidepresivo? ¿Qué cuidado le dan a los pacientes aquí?— preguntó Montaner irritado.

—Dejó este sobre para ustedes— interrumpió Urrutia, entregándole un sobre amarillo grande a Montaner.

Montaner lo abrió inmediatamente, sacó un pliego de papel de carta de él, y comenzó a leer en voz alta.

Queridos antiguos discípulos:

Cuando abran esta carta ya no me encontraré entre ustedes. Quizás les parezca extraña mi última decisión, pero ya no me queda otro remedio después de haber presenciado dolorosamente la transformación de mi patria de un paraíso de trabajadores a un averno dantesco manipulado por burócratas ineptos y corruptos. Mi cuerpo y mi alma están igualmente rotos. Ante la incertidumbre del futuro político del país, no me queda otra alternativa que la salida final. Me explico:

Como saben, desde que la Revo tomó el poder, a mí se me nombró director del plantel que antes ocupara la Academia, después convertido en Instituto de Capacitación para Jóvenes Rebeldes. El Instituto tenía como labor primordial la de formar a dichos jóvenes en las artes y las ciencias desde una orientación académica marxista-leninista, preparándolos así para entrar como oficiales al frente de diferentes cuadros militares organizados por el Ministerio del Interior.

Pronto, empecé a denunciar los horrores y abusos de poder del gobierno absoluto que imperaba en la Isla; sobre todo los fusilamientos, los asesinatos, y muy en particular, el asesinato de los dos hermanos Radelá, todos antiguos estudiantes míos, formados por mí, quienes fueron sacados a la fuerza por brigadas de acción inmediata de la Embajada Chilena, en donde habían pedido asilo político, y, como todos sabemos, los acusaron falsamente de haber matado a un escolta, lo cual era falso, y los fusilaron después de un juicio sumarísimo. Esto fue ya el colmo para mí; renuncié a mi cargo, hice declaraciones públicas, me internaron en Villa Marista para interrogarme, desde donde, después de unos días, me envían a Mazorra para evaluaciones sicológicas y me declaran demente para despresti-

giarme y finalmente encarcelarme aquí, en donde resido desde entonces.

Soy, siempre he sido y seré marxista hasta el último día de mi vida, pero por lo mismo no puedo tolerar, ni mucho menos aceptar, los atropellos a los derechos humanos que este régimen se empeña en perpetuar desde hace muchas décadas.

¡Adiós, compañeros! ¡Hasta la victoria siempre!

Mario Pérez

Era evidente que Mario Pérez vivía todavía en un pasado insoportable para él, el cual lo empujó a quitarse la vida. Ni siquiera estaba al tanto de los muchos cambios que ocurrían vertiginosamente en la Isla.

Al día siguiente, la despedida en el muelle del ferry para Cayo Hueso fue emocional considerando la muerte trágica de Mario Pérez. Muñoz y Tamargo vinieron a despedirnos a Fili y a mí. Montaner se había excusado debido a su trabajo: «Poderoso caballero era don Dinero»; entrevistaba al nuevo magnate de la revivida cadena de radio y televisión CMQ, Junior Pumarejo, a quien trataría de venderle cierto documental en que había estado trabajando hacía ya un tiempo. Quedó en vernos en Miami en las Navidades. De Félix nunca supimos más durante el tiempo que nos quedamos en la Urbe Capitalina después de nuestra reunión en el Sloppy Joe.

—Bueno, cadetes, ya saben que aquí tienen su casa —dijo Tamargo parándose en atención y saludando militarmente.

—Y yo —añadió Muñoz— me quedo atrás pa' vigilar a Tamargo que no meta la pata en el ministerio.

—Me alegro por los dos; son valientes... más valientes que nosotros —dije—. No podemos arriesgarnos a vivir con la posibilidad de un segundo exilio; no después de haber vivido más de cincuenta años en el Coloso del Norte. Les deseo lo mejor... siempre...

—Gracias, hermano —dijo Tamargo, abrazándonos fuertemente a Fili y a mí.

Muñoz hizo lo mismo. Se le aguaron los ojos.

—*I'll take my chances with the Yankis* —dijo Fili.

Montamos en el carro y nos pusimos en la fila para abordar el ferry. Puse el radio. Sería un viaje largo; sin embargo, el parte meteorológico hasta Cayo Hueso era reconfortante:

MAR CARIBE: Mitad Occidental:
Vientos del Norte cerca de 10 Km/h. Habrá olas entre
0,38 – 0,763 metros cerca de la costa. Más allá del arecife de 1,22 a 1,83 metros. Dentro del arecife cerca de 0,305 metro. Cerca de la costa mar ligeramente picado.

Durante el viaje, traté de confortar a Fili; siempre habría otros 20 de Mayos, otras Navidades y otros Años Nuevos; la Isla quedaría atrás, tanto para Fili como para mí, como un lugar más donde ir de vacaciones.

Una vez acomodado en un asiento de cubierta, me dispuse a escuchar un CD que había comprado en un mercado de la Plaza de Armas. Era una copia de una grabación vieja de *María la O*. Al poner el disco noté que estaba algo rayado, pero no le di importancia. Me puse los audífonos de mi equipo portátil, y cerré los ojos para disfrutar mejor de la música:

Un cubano habrá de nacée...
que va tumbar toitica la 'bana.
Y que la muralla va derrumbá ...
pa' con ella un prado hacée ...
un prado hacée ... un prado hacée ...
un prado hacée ... un prado hacée ...

FIN

www.ingramcontent.com/pod-product-compliance
Lightning Source LLC
Chambersburg PA
CBHW020358080526
44584CB00014B/1082